Uwe Wolfinger

Einbindung von Content Management Systemen in Portale

Uwe Wolfinger

Einbindung von Content Management Systemen in Portale

Ein Ansatz basierend auf JSR-286 und JSR-170

Südwestdeutscher Verlag für Hochschulschriften

Impressum/Imprint (nur für Deutschland/only for Germany)
Bibliografische Information der Deutschen Nationalbibliothek: Die Deutsche Nationalbibliothek verzeichnet diese Publikation in der Deutschen Nationalbibliografie; detaillierte bibliografische Daten sind im Internet über http://dnb.d-nb.de abrufbar.
Alle in diesem Buch genannten Marken und Produktnamen unterliegen warenzeichen-, marken- oder patentrechtlichem Schutz bzw. sind Warenzeichen oder eingetragene Warenzeichen der jeweiligen Inhaber. Die Wiedergabe von Marken, Produktnamen, Gebrauchsnamen, Handelsnamen, Warenbezeichnungen u.s.w. in diesem Werk berechtigt auch ohne besondere Kennzeichnung nicht zu der Annahme, dass solche Namen im Sinne der Warenzeichen- und Markenschutzgesetzgebung als frei zu betrachten wären und daher von jedermann benutzt werden dürften.

Verlag: Südwestdeutscher Verlag für Hochschulschriften GmbH & Co. KG
Dudweiler Landstr. 99, 66123 Saarbrücken, Deutschland
Telefon +49 681 37 20 271-1, Telefax +49 681 37 20 271-0
Email: info@svh-verlag.de

Zugl.: Linz, Johannes Kepler Universtität, Dissertation, 2011

Herstellung in Deutschland:
Schaltungsdienst Lange o.H.G., Berlin
Books on Demand GmbH, Norderstedt
Reha GmbH, Saarbrücken
Amazon Distribution GmbH, Leipzig
ISBN: 978-3-8381-2886-3

Imprint (only for USA, GB)
Bibliographic information published by the Deutsche Nationalbibliothek: The Deutsche Nationalbibliothek lists this publication in the Deutsche Nationalbibliografie; detailed bibliographic data are available in the Internet at http://dnb.d-nb.de.
Any brand names and product names mentioned in this book are subject to trademark, brand or patent protection and are trademarks or registered trademarks of their respective holders. The use of brand names, product names, common names, trade names, product descriptions etc. even without a particular marking in this works is in no way to be construed to mean that such names may be regarded as unrestricted in respect of trademark and brand protection legislation and could thus be used by anyone.

Publisher: Südwestdeutscher Verlag für Hochschulschriften GmbH & Co. KG
Dudweiler Landstr. 99, 66123 Saarbrücken, Germany
Phone +49 681 37 20 271-1, Fax +49 681 37 20 271-0
Email: info@svh-verlag.de

Printed in the U.S.A.
Printed in the U.K. by (see last page)
ISBN: 978-3-8381-2886-3

Copyright © 2011 by the author and Südwestdeutscher Verlag für Hochschulschriften GmbH & Co. KG and licensors
All rights reserved. Saarbrücken 2011

Inhaltsverzeichnis

1	**Einleitung**	**5**
1.1	Problemstellung und Relevanz	5
1.2	Motivation	6
1.3	Forschungsziel	9
1.4	Forschungsmethodik	11
1.5	Abgrenzung	13
1.6	Überblick	14
2	**Problembeschreibung**	**17**
2.1	Ausgangslage	18
2.2	Portale	20
	2.2.1 Definition von Portalen	22
	2.2.2 Klassen von Portalen	24
	2.2.3 Einordnung von Unternehmensportalen	25
2.3	Portletcontainer	26
	2.3.1 Allgemeine Ansätze	28
	2.3.2 J2EE basierter Ansatz	32
2.4	Content Management Systeme	35
	2.4.1 Definition von Content Management Systemen	36
	2.4.2 Einordnung von Content Management Systemen	37
	2.4.3 Funktionsumfang von Content Management Systemen	39
	2.4.4 Web Content Management Systeme	43
	2.4.4.1 Definition und Abgrenzung	43
	2.4.4.2 Kernaspekte	45
2.5	Zugrunde liegende Standards	48
	2.5.1 Widgets	48
	2.5.2 JSR basierter Standard	50
	2.5.3 JSR-168	51
	2.5.3.1 Portlet Lifecycle	52
	2.5.3.2 Deskriptoren	54
	2.5.3.3 Portlet Objekte	56
	2.5.4 WSRP	58

	2.5.5	JSR-286 59
	2.5.6	JSR-170 63
	2.5.6.1	Repository Model 65
	2.5.6.2	Compliance Level 1 66
	2.5.6.3	Compliance Level 2 67
	2.5.6.4	Optionale Funktionen 68
	2.5.7	JSR-283 69
2.6	Betrieb von Content Management Systemen und Portalen 70
	2.6.1	Content Management System neben Portal 71
	2.6.2	Content Management System in Portal 71
	2.6.3	Content Management System als Portal 72
2.7	Integrationslösungen und Einschränkungen 74
2.8	Lösungsansätze auf Basis von JSR-168 76
	2.8.1	Arbeiten 77
2.9	Stärken und Schwächen der Ansätze 78

3 Fallbeispiele 81

3.1	Methodischer Zugang 81
	3.1.1	Quellen 82
3.2	Zeitliche Einordnung 84
3.3	Die elektronische Sozialversicherung – eSV 85
	3.3.1	Umfeld und Ausgangssituation 86
	3.3.1.1	Österreichische Sozialversicherung 86
	3.3.1.2	Competence Center eSV 87
	3.3.2	Portal der österreichischen Sozialversicherung 88
	3.3.3	Eingesetzte Architektur 90
	3.3.3.1	Komponenten 91
	3.3.3.2	Lösungsansatz 98
	3.3.3.3	Vor- und Nachteile der Lösung 100
	3.3.4	Offene Probleme 102
3.4	Oberösterreichische Gebietskrankenkasse – Intranet 104
	3.4.1	Umfeld und Ausgangssituation 104
	3.4.1.1	Oberösterreichische Gebietskrankenkasse 105
	3.4.1.2	IT-E / eServices 107

3.4.2		Intranet Portal der OÖGKK	108
3.4.3		Eingesetzte Architektur	109
	3.4.3.1	Auswahlverfahren	110
	3.4.3.2	Komponenten	111
	3.4.3.3	Lösungsansatz	114
	3.4.3.4	Vor- und Nachteile der Lösung	116
3.4.4		Offene Probleme	117
3.5	Projekt Konzernportal		118
3.5.1		Umfeld und Ausgangssituation	119
3.5.2		Portal des Konzerns	119
3.5.3		Eingesetzte Architektur	120
	3.5.3.1	Auswahlverfahren	121
	3.5.3.2	Komponenten	122
	3.5.3.3	Lösungsansatz	124
	3.5.3.4	Vor- und Nachteile der Lösung	127
3.5.4		Offene Probleme	129
3.6	Abschließende Betrachtung		130
3.7	Schlussfolgerungen für die Entwicklung einer Content-Bridge		131
4	**Lösungsvorschlag – Content-Bridge**		**133**
4.1	Methodischer Zugang		134
4.2	Portlet Bridges		135
4.3	Content-Bridge		138
4.3.1		Allgemeine Funktionen	140
	4.3.1.1	Definitionen	140
	4.3.1.2	Methoden	141
4.3.2		Konfigurationsparameter	142
	4.3.2.1	Definitionen	142
4.3.3		Datenablage	143
	4.3.3.1	Definitionen	143
	4.3.3.2	Methoden	144
4.3.4		Navigation	147
	4.3.4.1	Definitionen	147
	4.3.4.2	Methoden	150

	4.3.5	Anzeige/Darstellung	153
	4.3.5.1	Definitionen	153
	4.3.5.2	Methoden	157
	4.3.6	Zentrale Services	161
	4.3.6.1	Definitionen	161
5	**Anwendung der Content-Bridge**		**166**
5.1	Methodischer Zugang		166
5.2	Evaluierung		168
	5.2.1	Definitionen	169
	5.2.2	Methoden	173
	5.2.3	Kriterien	176
	5.2.4	Die elektronische Sozialversicherung - eSV	178
	5.2.4.1	Datenablage	178
	5.2.4.2	Navigation	179
	5.2.4.3	Anzeige / Darstellung	180
	5.2.4.4	zentrale Services	181
	5.2.4.5	Übersicht	182
	5.2.5	Oberösterreichische Gebietskrankenkasse - Intranet	183
	5.2.5.1	Datenablage	183
	5.2.5.2	Navigation	184
	5.2.5.3	Anzeige / Darstellung	185
	5.2.5.4	zentrale Services	186
	5.2.5.5	Übersicht	187
	5.2.6	Projekt Konzernportal	188
	5.2.6.1	Datenablage	188
	5.2.6.2	Navigation	189
	5.2.6.3	Anzeige / Darstellung	190
	5.2.6.4	zentrale Services	191
	5.2.6.5	Übersicht	192
	5.2.7	Zusammenfassung	192
6	**Zusammenfassung und Ausblick**		**194**
6.1	Ergebnisse der Arbeit		194

6.2 Ausblick 198

7 **Abkürzungsverzeichnis** 199

8 **Literaturverzeichnis interne Dokumente** 201

Abbildungsverzeichnis

Abbildung 1: Schematischer Aufbau der Arbeit..15
Abbildung 2: Ebenen der Integration von Applikationen..21
Abbildung 3: Portalarchitektur nach [Gurzki2003]...22
Abbildung 4: Klassifikation von Unternehmensportalen..26
Abbildung 5: Magic Quadrant für Portal Produkte...27
Abbildung 6: Schichten des Cloud Computing...31
Abbildung 7: Zusammenhang Portal – Portletcontainer - Portlet......................................33
Abbildung 8: Aufteilung einer Portal Page ([Abdelnour2003])...34
Abbildung 9: Ablauf der Erzeugung einer Portal Page...35
Abbildung 10: Information Management Lifecycle..39
Abbildung 11: Funktionen eines Content Management Systems aus [Rothfuss2003]....40
Abbildung 12: Begriffsabgrenzung nach [Jablonski2002]..44
Abbildung 13: Web-Content-Management nach [Zschau2000].......................................45
Abbildung 14: Content Lifecycle in Anlehnung an [Jablonski2002]................................45
Abbildung 15: Content Klassen..48
Abbildung 16: Beispiel für eine Widget Seite: iGoogle..49
Abbildung 17: Ablauf eines Java Specifiation Requests..51
Abbildung 18: Request Handling eines Portlet Requests...54
Abbildung 19: Architektur WSRP...58
Abbildung 20: Ajax Request in Portlet 1.0..61
Abbildung 21: Ajax Request in Portlet 2.0..62
Abbildung 22: JCR Architektur..64
Abbildung 23: Zusammenhang zwischen Node und Property..65
Abbildung 24: Portal und Content Management System parallel....................................71
Abbildung 25: Content Management System als Teil (Portlet) eines Portalservers........71
Abbildung 26: Content Management System mit Portalfunktionalität............................72
Abbildung 27: Struktur der österreichischen Sozialversicherung 2009............................86
Abbildung 28: Anzeigesystem von eSV in der Version 1.0..89
Abbildung 29: Architektur eSV Portal..91
Abbildung 30: Standard Inhaltsdarstellung auf www.sozialversicherung.at....................95
Abbildung 31: Bearbeitungsseite im Content Management System von eSV.................97
Abbildung 32: Channels und Menüpunkte im eSV Portal..98
Abbildung 33: Prinzip der Selbstverwaltung in der OÖGKK...106
Abbildung 34: Architektur des Intranet Portals der OÖGKK...109
Abbildung 35: Arbeitsplatz OpenCms im Intranet der OÖGKK....................................112
Abbildung 36: Startseite Intranet OÖGKK...113
Abbildung 37: Applikation "Telefonbuch" im Intranet Applikationsportal der OÖGKK...
114
Abbildung 38: Integration des FirstSpirit Content Management System und JBoss Portal
....125
Abbildung 39: Zuordnung von Dokumenten und Applikationen zum Menübaum.......126
Abbildung 40: Beziehung zwischen den Artefakten der Design Sciene........................134
Abbildung 41: Portlet Request mit einer Portlet Bridge...135
Abbildung 42: Schematische Darstellung der Content-Bridge.......................................139
Abbildung 43: Ablauf der Initialisierung und Synchronisation der Navigationsstrukturen
....150
Abbildung 44: Aufbau eines Content Dokumentes..154
Abbildung 45: Archivanzeige auf www.sozialversicherung.at.......................................155

Abbildung 46: Beispiel einer erweiterten Tabellendarstellung...................................156
Abbildung 47: Beispiel Teaser..158
Abbildung 48: Darstellung eines Pop-Up Kalenders..159
Abbildung 49: Hilfetext beim Service "Gesundmeldung" auf www.ooegkk.at.............162
Abbildung 50: Matrix des Research Frameworks nach March & Smith.....................167
Abbildung 51: Matrix Problemfelder und Fragestellung...178

Tabellenverzeichnis

Tabelle 1: Vergleich Content Management - Web Content Management.........46
Tabelle 2: Zeitliche Einordnung der Projekte und Arbeitspakete....................85
Tabelle 3: Aufstellung der Definitionen und Methoden der Content-Bridge................169
Tabelle 4: Ergebnismatrix eSV................182
Tabelle 5: Ergebnismatrix Oberösterreichische Gebietskrankenkasse - Intranet..........187
Tabelle 6: Ergebnismatrix Projekt Konzernportal.........192
Tabelle 7: Gesamtergebnismatrix................193

1 Einleitung

Das Internet hat seit seiner Entstehung und seinem Durchbruch Anfang der 90er Jahre des vorigen Jahrhunderts eine stete Weiterentwicklung erfahren. Für Institutionen bestand vor allem auf Basis von HTTP und HTML die Möglichkeit, sich im Internet zu präsentieren. Auch die Art dieser Präsentation unterlag einer steten Weiterentwicklung, einerseits bestehen die Informationen in der heutigen Zeit in einzelnen Fällen aus mehreren (zehn)tausend Dokumenten, andererseits steht nicht mehr nur die Information im Mittelpunkt, sondern auch Geschäftsprozesse, die über entsprechende, HTTP und HTML basierte Applikationen angeboten werden können. Die Verwaltung der Seiten bzw. der Inhalte werden auf der einen Seite durch (Web) Content Management Systeme durchgeführt, die Verwaltung der Applikationen auf der anderen Seite hat zur Entwicklung von Portalen und Portletcontainern geführt. Beide Arten von Systemen zählen mittlerweile zu Fixpunkten in der Unternehmens IT.

1.1 Problemstellung und Relevanz

In der Entstehungszeit des WWW ([Berners-Lee1994]) war eine der Kernfunktionalitäten die Erzeugung von HTML Seiten und deren Publikation auf Web Servern, wobei diese Tätigkeit schon bald durch WYSIWYG Editoren unterstützt ([Boles1995]) wurde. Dieses werkzeugbasierte Vorgehen lieferte eine wesentliche Unterstützung bei der Bearbeitung von Inhalten an sich, trotzdem fehlte eine Unterstützung für eine größer werdende Anzahl von Seiten und deren Verhältnis zueinander, welches über Metadaten beschrieben wird. Das Fehlen dieser Funktionen wurde durch die Entwicklung von (Web) Content Management Systemen behoben. [Zschau2000] definiert die folgenden drei Entwicklungsschritte dieser Systeme:

Erste Generation: Versucht Ordnung in die bestehenden Informationen zu bringen und löst diese mittels WYSIWYG Editoren, die die Inhalte datenbankbasiert ablegen. Dieser Ansatz ist allerdings ein isolierter, eine Einbindung eines Workflows und eines Freigabeprozesses ist nicht möglich.

Zweite Generation: In dieser Generation wurde die Trennung von Inhalt und Metadaten eingeführt, diese wurden getrennt voneinander gespeichert. Eine dynamische Anpassung an verschiedene Ausgabemedien wurde dadurch ermöglicht. Weiters wurde in dieser Generation auch erstmals ein Content Lifecycle ([Rothfuss2003]) eingeführt, ein Workflow wurde dadurch möglich, konnte aber vielfach nicht angepasst werden. Für einen einfachen Redakteur war es immer weniger wichtig, auch die dahinterliegenden Darstellungsmöglichkeiten (z.B. HTML) zu kennen.

Dritte Generation: Diese Generation löste die Content Management Systeme von ihrem Inseldasein und schuf die Möglichkeit der Interaktion mit anderen Systemen, zum Beispiel Application Servern, CRM Systemen oder Community Lösungen. Für die Ablage des Content von Java basierten Systemen wurde eine einheitliche Ablagestruktur definiert (JSR-170), welche von verschiedenen Systemen gelesen und beschrieben werden kann. Weiters wurde die Personalisierung von Content ermöglicht und darauf aufbauend auch eine entsprechende Darstellungs- und Suchmöglichkeit für die Inhalte.

Parallel zur Entwicklung von Content Management Systemen erfolgte die Entwicklung, Geschäftsprozesse eines Unternehmens zunehmend als webbasierte Applikationen anzubieten. Bald zeigte sich die Notwendigkeit, diese Applikationen miteinander zu verbinden, da eine Reihe von zentralen Services, wie z.B. Authentifizierung, Personalisierung, Benutzerverwaltung, Navigation und Design (Benutzerschnittstelle) immer wieder neu in jeder Applikation gelöst werden mussten. Diese Problematik führte zur Entwicklung von proprietären Systemen ([Wege2002]), deren Ziel es war, Inhalte aus heterogenen Systemen zu aggregieren. Da alle diese proprietären Systeme denselben Ansatz aufwiesen, kam es im Jahr 2003 zur Definition des Portlet Standard 1.0 ([Abdelnour2003]), der in der Java Welt die Funktionsweise eines Portlet Containers und die Schnittstellen und Funktionen von Portlets regelt. Mithilfe dieses Standards ist es möglich, heterogene Geschäftsprozesse miteinander zu verbinden und diese in einer einheitlichen Präsentationsschicht darzustellen.

Als Ergebnis der beiden, voneinander unabhängigen, Entwicklungen sind zur Zeit einerseits ausgereifte Content Management Systeme[1] als auch Portale ([Vlachakis2005]) am Markt verfügbar, wobei es für beide Gruppen, auch wieder unabhängig voneinander, Standards gibt, die eine Reihe von Kernfunktionalitäten spezifizieren. Eine einheitliche Definition, etwa im Rahmen eines JSR, welcher die Zusammenarbeit zwischen Portal und Content Management Systeme regelt, ist bisher aber noch nicht verfügbar.

1.2 Motivation

Eine der Grundvoraussetzungen für die Einbindung eines Content Management Systems in ein Portal stellt die Kommunikation zwischen den einzelnen Portlets dar, diese Kommunikation ist in der Portlet 1.0 Spezifikation ([Abdelnour2003]) nicht vorgesehen. Verschiedene Ansätze versuchten, dieses Problem auf proprietäre Art und Weise zu lösen. [Handschuh2003] und [Diaz2005b] schlagen in ihren Arbeiten einen Ansatz vor, der auf Deep Annotations basiert und welcher die Erweiterungsmöglichkeiten von WSRP und

---

1 http://www.contentmanager.de/itguide/marktuebersicht.html

dem Portlet 1.0 Standard nutzt. Eine konfigurationsbasierte Methode, Daten zwischen Portlets auszutauschen, wird in [Weinreich2005], [Weinreich2007] und [Zhang2005] thematisiert. Der Ansatz dabei ist, den Datenaustausch über einen in der HTML Seite versteckten Kommentar zu lösen, welcher durch eine spezielle Konfiguration (Einfügen von spezifischen Eigenschaften in der Datei portlet.xml) von Portlets einerseits erstellt, andererseits aber, wenn er verschickt wird, auch gelesen werden kann. Eine Filterkomponente sorgt dafür, dass die HTML Kommentare und die sich daraus ergebenden HTML Links in der entsprechenden Art und Weise dargestellt werden. Die Probleme, die diesen Ansätzen zugrunde liegen, wurden in der Portlet Spezifikation 2.0 ([Hepper2008]) aufgegriffen, und in dieser Version liegen mit dem Konzept der Public Render Parameter und dem Versenden von Events zwei Methoden vor, um eine Kommunikation zwischen Portlets zu ermöglichen.

Eine vollständige Einbindung der Oberfläche mithilfe einer Bridge bzw. eines POI (Presentation Oriented Interface) wird von [Diaz2005] und [Song2006] beschrieben, dabei wird versucht, aus bestehenden Applikationen den notwendigen HTML Code zu extrahieren und diesen dann in einem Portal als Portlet darzustellen. Beide Ansätze basieren hauptsächlich auf dem WSRP Ansatz und nutzen und erweitern diesen.

Bei der Vereinigung eines Portals mit einem Content Management System ergeben sich allerdings nicht nur Fragestellungen in Bezug auf die Einbindung von Applikation und deren Kommunikation untereinander. Da beide Systeme eine Navigationsstruktur beinhalten, ein Portal durch die vorliegenden Portal Pages, ein Content Management System durch die Navigationsstruktur, welches über die Seiten gelegt wird, ist eine weitere Fragestellung die, wie diese beiden Navigationsstrukturen miteinander verbunden werden können. Einen rein applikationsspezifischen Ansatz beschreibt [Weinreich2007], bei dem die einzelnen Portlets dem Portal jeweils eine interne Navigation zur Verfügung stellen und diese zu einer Gesamtnavigation über alle Portlets aggregiert werden. Eine tiefere Verschmelzung einer auf Content Seiten basierten Navigation und der Portalnavigation wird ansatzweise in [Brandt2008] beschrieben.

Aufgrund der mehrjährigen Tätigkeit des Autors als Software Architekt konnten in einer Reihe von Projekten die durch die Studie des aktuellen Forschungsstandes genannten Probleme identifiziert werden. Drei dieser Projekte sollen als Fallstudien die Basis für die vorliegende Arbeit bilden und einerseits die Problemstellung untermauern, welche in der Literaturstudie vertieft wurde und andererseits als Evaluierung für den in dieser Arbeit erarbeiteten Ansatz für die Integration von Content Management Systemen in ein Portal dienen. Im Folgenden soll ein kurzer Überblick über die Aufgabenstellung innerhalb dieser Projekte gegeben werden:

Elektronische Sozialversicherung - eSV: Die Aufgabenstellung in diesem Projekt umfasste die Migration (bzw. einen Produktwechsel) eines Content Management Systems auf ein anderes Produkt und die Überführung der proprietären Anzeigenschicht in eine JSR-168 basierte Portalinfrastruktur. Kernaufgabe des Systems ist die Anzeige des im Content Management System gewarteten Contents, es soll aber auch die zukünftige Einbindung von Applikationen als Portlets in das System ermöglichen. Die Authentifizierung des Portals basiert auf dem Bürgerkartenkonzept ([Posch2002]) und wird sowohl für die Applikationen selbst als auch für die Personalisierung des Contents verwendet. Die Einbindung des Content Management Systems wurde in diesem Beispiel auf proprietäre Art und Weise erreicht, Basis ist der Export der Content Daten in eine Datenbank und Auslesen dieser Daten von mehreren Content Portlets, welche die Darstellung der Daten durchführen.

Intranet Portal der OÖGKK: Dieses Projekt hatte als Ziel die Ablöse des bestehenden, auf statischen HTML Seiten basierenden, Intranetsystems. Ziel war es, sowohl ein Content Management System, als auch ein Portal einzuführen. Die Integration des Content Management Systems in das Portal wurde dabei als Wunschkriterium genannt. Aufgrund der Schwierigkeiten, die bei der Evaluierung der technischen Möglichkeiten der Einbindung gemacht wurde, wurde die Entscheidung getroffen, die beiden Systeme parallel zueinander aufzusetzen und eine Integration vorerst nicht zu realisieren. Die Probleme und Schwierigkeiten, die zu dieser Lösung geführt haben bzw. beim Versuch der Integration aufgetreten sind, sollen in dieser Fallstudie näher betrachtet werden.

Projekt Konzernportal: Die Aufgabenstellung bestand in diesem Projekt einerseits in der Ablöse und dem Produktupgrade eines bestehenden Content Management Systems, als auch in der Integration der bestehenden, und bisher parallel betriebenen Applikationen, die keine Verbindung zum Content Management System hatten. Ein weiteres Muss-Kriterium war, ein zusätzliches Produkt, welches diverse Customer Self Service Prozesse abbildet (siehe [Rust2003]), in das System zu integrieren. Das fertige System sollte ein Portal sein, welches sowohl die eigenen Applikationen, die Customer Self Service Prozesse als auch die Inhalte aus dem Content Management in einer einheitlichen Oberfläche einbindet. Eine zusätzliche Forderung war, die Inhalte aus dem Content Management System nicht nur in den dafür vorgesehenen Content Portlets zu nutzen, sondern auch in anderen Portlets (z.B. als Hilfe- oder Beschreibungstexte in einer Applikation).

Bei allen drei Projekten stand immer wieder die Aufgabe der Integration von Content Management Systemen in ein Portal im Vordergrund, bei einem Projekt wurden zeitgleich auch bestehende Applikationen mit in das Portal migriert. Eine ähnliche Aufgabenstellung musste in allen drei Fällen jeweils neu gelöst werden und führte auch zu unterschiedlichen Lösungen, da eine einheitliche Vorgehensweise oder Spezifikation zum Zeitpunkt der Umsetzung der Projekte fehlte.

1.3 Forschungsziel

Aufgrund der praktischen Erfahrung, die in den oben beschriebenen Projekten gesammelt wurde, als auch durch das Ergebnis der Literaturrecherche, konnten im Themenkomplex der Einbindung von Content Management Systemen in Portal die folgenden vier Problemfelder identifiziert werden:

- Portalweite Navigation
- Datenablage des Inhalts und der Metadaten
- Anzeige und Darstellung der HTML Elemente
- Kommunikation und zentrale Services

Portalweite Navigation: Der Aufbau und die Struktur eines Portals wird durch sogenannte Portal Pages definiert, diese legen fest, an welcher Stelle im Portal in welcher Kombination welche Portlets angezeigt werden ([Novotny2004]). Eine Navigation über diese Struktur ist im Portal möglich. Auf der anderen Seite verwaltet ein Content Management System nicht nur die Inhalte, sondern auch eine Navigationsstruktur ([Deshpande2002]) über dessen Inhalte, welche eine Ordnung dieser Inhalte und eine Präsentation für den Benutzer darstellt. Die Navigation über diese Inhalte kann über spezifische Navigations-Portlets stattfinden ([Priebe2004]), diese schließen aber die außerhalb des Content Management Systems liegenden Portlets nicht mit ein. Ziel ist es, diese beiden Strukturen zusammenzufassen und dem Benutzer eine einheitliche Navigationsstruktur über alle im Portal vorhandenen Applikationen und Content Seiten zu bieten.

Datenablage des Inhaltes und seiner Metadaten: Aus historischen Gründen benutzen viele der Content Management Systeme einen proprietären Datenspeicher ([Widom1999]). Diese sind nicht mit Datenspeicher anderer Produkte kompatibel. Ein Wechsel des Produktes oder nur der zugrundeliegenden Datenspeicherung ist daher nicht oder nur mit sehr viel Aufwand möglich. Ein erster Schritt zur Vereinheitlichung der Datenspeicherung wurde mit dem Content Repository Standard 1.0 ([Nuescheler2006]) und 2.0 ([Nuescheler2009]) gemacht. Dennoch fehlt eine normierte Zugriffsmöglichkeit aus einem Portlet heraus auf solch ein Repository. Diese Spezifikation würde es ermöglichen, auch die Anzeigenschicht unabhängig vom Repository auszutauschen.

Anzeige und Darstellung der HTML Elemente: Das Aussehen von HTML Seiten kann mittels CSS – Cascading Style Sheets ([Bos1998]) geändert werden, indem Style Klassen zu HTML Elementen zugeordnet werden. Sofern eine einheitliche Gruppe von HTML Elementen immer dieselben Style Klassen verwendet, ist eine einheitliche Darstellung der Elemente sichergestellt. In einem Portal wird die Style Definition an einer zentralen Stelle, üblicherweise im Template, geladen. Alle eingebundenen HTML Fragmente (d.h. die Portlets, die diese Fragmente erzeugen) müssen diese Definitionen verwenden ([Bellas2004]). Der Portlet Standard sieht eine Klassendefinition von Style Elementen für die HTML Elemente die zur Darstellung von Links, Fonts, Messages, Sections, Tables, Forms und Menüs vor. Allerdings fehlen in diesem Ansatz definierte Elemente, die für die Anzeige von Content optimiert sind.

Kommunikation und zentrale Services: Vor allem in der Portlet Spezifikation 1.0 fehlt eine definierte Art und Weise, wie Portlets miteinander kommunizieren können. Es wurde versucht, diese Art der Kommunikation durch verschiedene proprietäre Ansätze zu lösen. In der Portlet Spezifikation 2.0 sind mehrere definierte Arten und Weisen vorgesehen, um diese Kommunikation zu erreichen. In der vorliegenden Arbeit ist es von Interesse, diese Art der Kommunikation zu nutzen, vor allem in dem Bereich, in dem Content in das Portal eingebunden wird. Im Speziellen ergeben sich die folgenden Anforderungen:

- Anzeige von Content nicht nur in den dafür vorgesehenen Portlets, sondern auch in anderen Portlets (z.B. als Hilfetexte in einem Applikationsportlet)
- Speichern von Benutzerinformation zu einem Inhaltsobjekt (z.B. Anzahl der Aufrufe von einem Objekt durch einen Benutzer)
- Speichern von allgemeiner Benutzerinformation
- Weitergabe von Rolleninformation des angemeldeten Benutzers (Personalisierung)

Die vorliegende Dissertation entwickelt eine Spezifikation für ein Verbindungssystem[2], welches in ein Portal eingebunden werden kann. Voraussetzung ist, dass das Portal den Portlet Standard 2.0 vollständig umsetzt. Das Content Management System, welches auf der anderen Seite eingebunden wird und als Datenlieferant dient, muss den Content Repository Standard 1.0 umsetzen. Sind diese beiden Bedingungen erfüllt, dann können die vier Problemfelder, welche identifiziert worden sind, durch den Einsatz der Content-

---

2 Im Folgenden wird dieses Verbindungssystem als Content-Bridge bezeichnet.

Bridge gelöst werden. Allenfalls soll die Content-Bridge dafür eine Unterstützung anbieten und die Integration vereinfachen.

Ziel der Arbeit soll es einerseits sein, durch die Spezifikation der Content-Bridge eine Basis zu legen, die in einem zukünftigen Java Specification Request behandelt werden kann und damit einen wissenschaftlichen Beitrag bei der weiteren Entwicklung von Portalen und Content Management Systemen leistet. Die Entwicklung der beiden Systeme soll durch diese Spezifikation koordinierter ablaufen, als dies bisher der Fall war.

Auf der anderen Seite soll auch ein Beitrag für die Praxis geleistet werden. Sofern ein JSR für eine Content-Bridge auf Basis dieser Arbeit durchgeführt wird, sollte auch daran gedacht werden, dafür eine Referenzimplementierung zur Verfügung zu stellen. Mit dieser Referenzimplementierung werden die Dauer und die Kosten für das Aufsetzen eines Portal/Content Management Systems vermindert, da ein fertiges Produkt und eine Spezifikation für diese Aufgabe vorliegen. Liegt diese Referenzimplementierung nicht vor, so kann das Konzept der Content-Bridge dennoch einen guten Ansatzpunkt bei der Integration von Portalen und Content Management Systemen geben.

1.4 Forschungsmethodik

Als Forschungsmethodik für die vorliegende Arbeit wurde einerseits die Fallstudie gewählt, andererseits das von March & Smith ([March1995]) entwickelte Forschungsframework. Die in der Arbeit betrachteten, fertiggestellten Projekte, die sich mittlerweile alle in produktiver Verwendung befinden, können mit diesen beiden Methoden wissenschaftlich betrachtet werden.

Die Kernfragestellungen der Arbeit wurden bereits in Kapitel 1.3 (Forschungsziel) erläutert, es handelt sich dabei konkret um die Problemfelder portalweite Navigation, Datenablage des Inhalts und der Metadaten, Anzeige und Darstellung der HTML Elemente, sowie Kommunikation und zentrale Services. Das Ergebnis der Arbeit soll eine Spezifikation für eine Content-Bridge sein, welche die vier Problemfelder löst und eine Hilfestellung bei der Umsetzung einer Einbindung eines Content Management Systems in ein Portal geben kann..

Die Spezifikation soll nicht nur theoretisch erarbeitet werden, sondern es werden dabei drei Beispielprojekte herangezogen, deren Inhalt die Einführung eines Unternehmensportals und der Kombination mit einem Content Management System war. Die aus diesen Projekten hervorgegangenen Systeme und deren zugrundeliegende Subsysteme, sind Ziel dieser Untersuchung.

[Yin2003] beschreibt sechs Quellen für wissenschaftliche Belege, welche die Basis einer Untersuchung im Rahmen einer Fallstudie bilden können:

- Dokumente

- Archiv Akten
- Interviews
- direkte Beobachtung
- teilnehmende Beobachtung
- physische Artefakte

Für die vorliegende Arbeit werden die folgenden Belege verwendet, welche Ergebnis der einzelnen Projekte waren:

Dokumente: Als Dokumente gelten einerseits technische Spezifikationen, wie z.B. die einzelnen Java Specification Requests, diverse White Papers und Reference Guides der einzelnen Produkte (z.B. Betriebssystem, Application Server, Portal Software, etc.) und die Dokumentationen, die über die fertigen Systeme erstellt wurden.

Archiv Akten: In diese Gruppen fallen alle Mitschriften, Sitzungsprotokolle und Mails der beteiligten Personen, als auch Einträge in Bugtracking Systeme ([Just2008]).

Interviews: Mit den jeweils an den Systemen und Projekten beteiligten Personen wurden Interviews durchgeführt.

Teilnehmende Beobachtung: Der Autor der vorliegenden Arbeit war jeweils als System Architekt an den beschriebenen Projekten beteiligt. Die dabei gewonnenen Einblicke können aus der Vergangenheit heraus beschrieben werden.

Physische Artefakte: Dieser Bereich stellt in der vorliegenden Untersuchung einen wesentlichen Teil dar, da vor allem die Systeme, die aus den Projekten hervorgegangen sind untersucht werden sollen. Als Physische Artefakte werden der Quellcode, Konfigurationen, Systeme, 3rd Party Software und ähnliche Dinge angesehen.

Die in der Arbeit gezogenen Schlüsse können hinsichtlich ihrer Validität (d.h. Zustandekommen, die Gültigkeit und Übertragbarkeit dieser Schlüsse) in den zwei Gruppen interne und externe Validität beschrieben werden.

Die interne Validität wird insofern überprüft, dass eine nachfolgende Betrachtung der aus der Arbeit gezogenen Schlüsse auf die Projekte noch einmal durchgeführt wird. Konkret wird geprüft, was es für die einzelnen Projekte bedeutet hätte, wenn es die in der Arbeit spezifizierte Content-Bridge schon gegeben hätte und welche Auswirkung der Einsatz dieser Content-Bridge auf das konkrete Projekt gehabt hätte.

Die vorliegende Arbeit basiert auf bestehenden JSR Spezifikationen, konkret sind das JSR-286 und JSR-170. Es wird davon ausgegangen, dass die externe Validität insofern überall dort erfüllt ist, wo die zugrundeliegenden Systeme (Portal und Content Management System) diese Java Specification Requests unterstützen und umsetzen, da die Content-Bridge genau auf diesen Spezifikationen aufbaut.

Hinsichtlich der praktischen Erarbeitung der Ergebnisse der Content-Bridge und der Prüfung ihrer Anwendbarkeit auf die beschriebenen Projekte wird auf das von March & Smith ([March1995]) vorgeschlagene Research Framework zurückgegriffen. Dieses Framework definiert die beiden Forschungsgebiete der „natural" und der „design science". Innerhalb der „design science", welche für die vorliegende Arbeit relevant ist, wird zwischen vier Forschungsergebnissen und vier Forschungsaktivitäten unterschieden. Diese können jeweils miteinander kombiniert werden, sodass sich insgesamt 16 mögliche Quadranten an Forschungsgebieten ergeben. Aus diesen 16 Quadranten werden insgesamt vier Quadranten ausgewählt, in denen Tätigkeiten durchgeführt werden. Eine genauere Darstellung dieser Forschungsmethodik folgt im Kapitel Anwendung der Content-Bridge.

1.5 Abgrenzung

Die von [Gurzki2006] vorgeschlagene Referenzarchitektur für Portale und auch der Portalbegriff per se ([Ruetschlin2001]) trifft für viele Produkte und Basisframeworks zu. Da es nicht möglich ist, alle diese Produkte (z.B. diverse auf PHP aufgebauten Portalframeworks und Web Content Management Systeme[3] oder der Sharepoint Server von Microsoft[4]) und auch alle Arten von Content Management Systemen in die Betrachtung dieser Arbeit mit einzubeziehen, wird die folgende Abgrenzung für den Rahmen der Arbeit gezogen. Es werden nur Portale bzw. Portalframeworks betrachtet, welche:
- J2EE als Basis verwenden
und
- den Portletstandard 2.0 umsetzen (JSR-286)

Für Content Management Systeme gilt eine analoge Einschränkung auf:
- Web Content Management Systeme
- Umsetzung des JSR-170, d.h. die Content Management haben als Datenbasis ein Java Content Repository

Eine weitere Abgrenzung gibt es in Hinblick auf die Einbindung von Content Management Systemen in Portale. [Brandt2008] und [Gurzki2004] beschreiben drei verschiedene Möglichkeiten, Portal und Content Management System zu betreiben:
- Portal und Content Management System laufen nebeneinander
- das Content Management System fungiert auch als Portal
- das Content Management System ist in das Portal eingebunden

---

3 z.B. http://www.typo3.org
4 http://office.microsoft.com/de-at/sharepointserver/

Der dritte Punkt dieser Möglichkeiten ist derjenige, der Eingang in die Betrachtung innerhalb dieser Arbeit findet, mit der zusätzlichen Einschränkung, dass nur die Anzeige des Content Management Systems im Portal läuft. Der redaktionelle Teil, welcher in [Alkan2003] beschrieben wird, ist nicht Thema dieser Arbeit. Ein bereits aufgebautes Redaktionssystem soll mit diesem Ansatz auch in Zukunft ohne Veränderung weiterverwendet werden können.

Bisherige Arbeiten die sich mit diesem Thema ansatzweise oder ganz beschäftigen wurden bereits im Kapitel 1.2 (Motivation) beschrieben.

1.6 Überblick

Abbildung 1 gibt einen groben Überblick über den Aufbau der Arbeit. **Kapitel 1** stellt eine grundlegende Einleitung in die Thematik und in die Problemstellung dar, in **Kapitel 2** wird der aktuelle Stand der Forschung dargelegt und aus diesem werden vier Problemfelder identifiziert, die den Kern der Arbeit bilden. **Kapitel 3** beschäftigt sich mit

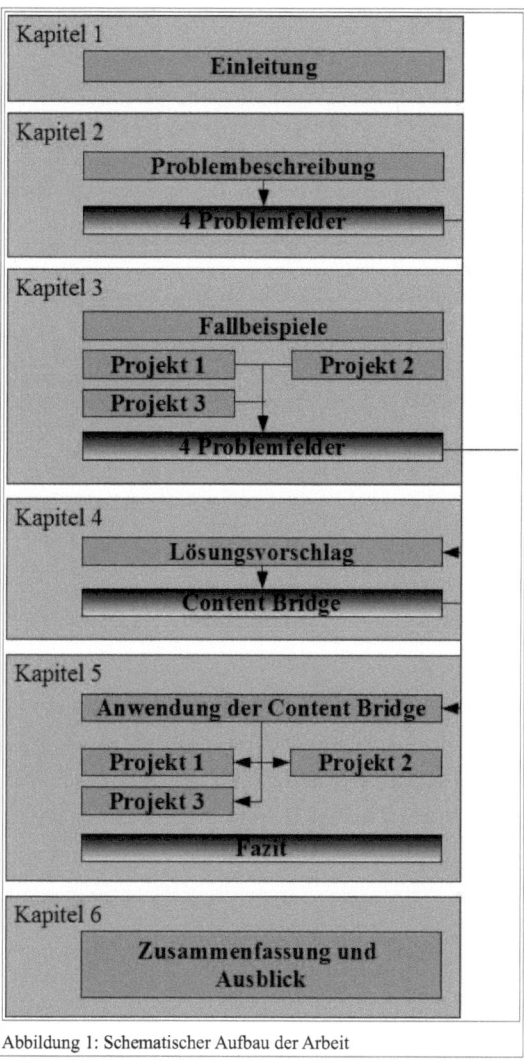

Abbildung 1: Schematischer Aufbau der Arbeit

drei Fallstudien, im konkreten um drei Projekte, deren Inhalt die Einführung eines Content Management Systems und eines Portal waren. Auf Basis dieser drei Fallstudien werden die in Kapitel 2 aufgezeigten Problemfelder auch in diesen praktischen Beispielen aufgezeigt und beschrieben.

Für diese vier Problemfelder wird in **Kapitel 4** eine Lösung vorgeschlagen. Dabei handelt es sich um eine Spezifikation für eine Content-Bridge, welche als Zwischenstück (Connector) zwischen einem Portal und einem Java Content Repository fungiert. Der praktische Nutzen dieser Spezifikation wird in **Kapitel 5** überprüft, indem alle Projekte aus der Fallstudie noch einmal untersucht werden, und zwar im Hinblick auf den Nutzen der Verfügbarkeit der Content-Bridge und daraus ein Fazit gezogen wird.

Kapitel 6 schließlich gibt eine Zusammenfassung über die Arbeit und einen Ausblick. Eine der möglichen zukünftigen Arbeiten, die nicht mehr Teil dieser Dissertation sind, kann in einem Java Specification Request für einen generischen Connector (Content-Bridge) zwischen Portalen auf Basis von JSR-168/286 und Content Repositories auf Basis von JSR-170 münden.

2 Problembeschreibung

Dieses Kapitel soll einen Überblick über die Ausgangslage des Forschungsgebietes geben. Es werden die beiden Kernkomponenten, die in dieser Arbeit betrachtet werden, beschrieben. Basis dieser beider Komponenten sind von der JCP[5] verabschiedete Spezifikationen, deren wesentliche Eigenschaften bzw. Standards erklärt werden.

Die Betrachtung des Themengebietes soll sich dabei auf Java basierte Portale und Content Management Systeme beschränken, welche den Portlet Standard 1.0 (JSR-168) und 2.0 (JSR-286) implementieren ([Abdelnour2003] bzw. [Hepper2008]).

Kapitel 2.1 (Ausgangslage) gibt einen groben Überblick über den aktuellen Entwicklungsstand von Portalen und Content Management Systemen und deren Entwicklung in den letzten Jahren. Die Betrachtung dieser Arbeit schließt zwei große Komponentengruppen ein, nämlich Portale und Content Management Systeme.

Einen genaueren Einblick in die Thematik von Portalen, eine Definition und eine Einordnung wird in Kapitel 2.2 (Portale) gegeben, zusammen mit einer Beschreibung des Begriffes Portletcontainer.

In Kapitel 2.4 (Content Management Systeme) folgt eine Beschreibung von Content Management Systemen, eine Einordnung der Ausprägung und des Funktionsumfanges der verschiedenen Systeme welche zu einer speziellen Gruppe von Content Management Systemen führt, nämlich zu Web Content Management Systemen.

Basis der Arbeit sollen die für Java Portale und Java Content Repositories bestehenden Standards sein, eine Einführung in diese Standards und deren Funktionsumfang folgt in Kapitel 2.5 (Zugrunde liegende Standards).

Da sich auch bisher schon Ansätze ergeben haben, Content Management Systeme in Portale zu integrieren, sind dafür eine Reihe von verschiedenen Lösungsansätzen vorhanden. Diese Ansätze und eine Unterteilung der Ansätze werden in Kapitel 2.6 (Betrieb von Content Management Systemen und Portalen) beschrieben.

Im Kapitel 2.7 (Integrationslösungen und Einschränkungen) werden die verschiedenen Möglichkeiten der Integration von Content Management Systemen und Applikationen und deren Ebenen dargestellt und einen Überblick über die sich dabei ergebenden Einschränkungen aufgezeigt.

Die sich aus den Standards und aus den bisherigen Lösungsansätzen für die Integration von Content Management Systemen und Portalen ergebenden Probleme werden in Kapitel 2.8 (Lösungsansätze auf Basis von JSR-168) näher beschrieben, da es bisher schon Versuche gab, wenn auch gezwungenermaßen, Portal und Content Management System miteinander zu verbinden. Es wurden insgesamt vier verschiedene Problemfelder in den

---

5 Java Community Process, http://www.jcp.org/

Bereichen Navigation, Datenablage, Anzeige/Darstellung und Kommunikation/zentrale Services identifiziert.

Die Notwendigkeit einer Verbindung zwischen einzelnen Portlets führte schließlich zu einigen Lösungsansätzen, die vor allem auf Basis von JSR-168 entwickelt wurden, wo eine Möglichkeit der Kommunikation von Portlets untereinander vollständig fehlte. Diese Lösungsansätze werden schließlich im letzten Abschnitt dieses Kapitels aufgezeigt und sollen als Basis für die weiteren Lösungsansätze der im vorhergehenden Kapitel beschriebenen Problemfelder dienen.

Wie bereits in der Einleitung dargestellt dient dieses Kapitel der Darstellung des aktuellen Forschungsstandes, anhand dessen vier Problemfelder identifiziert werden können. In einem nächsten Schritt werden drei konkrete Fallstudien, bei denen es sich um Projekte zur Einführung von Content Management Systemen und Portalen handelt, betrachtet. Auch dort können die gleichen Problemfelder identifiziert werden. Aufbauend auf diesen beiden Ergebnissen wird ein Lösungsansatz für die vier Problemfelder erarbeitet, welcher dann in einem letzten Schritt anhand der Fallstudien und der zugrundeliegenden Standards überprüft wird. Die interne Validität wird dabei insofern belegt, als das gezeigt wird, dass es bei Verwendung des Lösungsansatzes in den beschriebenen Projekten zu einer Zeit- und Kostenersparnis gekommen wäre. Die externe Validität wird anhand der Standards JSR-286 und JSR-170 geprüft, der Lösungsansatz muss sich an deren Schnittstellen anpassen und mit jeder konkreten Implementierung dieser Standards funktionieren.

2.1 Ausgangslage

Eine der Kernfunktionalitäten des WWW ist die HTML basierte Darstellung von Inhalten auf einer Web Site. In den Anfängen des Internets wurde damit begonnen, Informationen mittels HTML Seiten auf der Web Site zu veröffentlichen. Die Erstellung dieser Internet-Seiten erfolgte typischerweise mit Texteditoren. Schon bald wurden diese Texteditoren durch WYSIWYG Editoren ersetzt, welche es auch Redakteuren ohne HTML Kenntnisse erlaubte, HTML Seiten zu erstellen ([Boles1995]).

Doch auch diese Art der werkzeugbasierten Unterstützung stieß schnell an ihre Grenze. Das Editieren einer einzelnen Seite wurde sehr gut unterstützt, allerdings konnten diese Editoren die schnell größer werdende Anzahl von Seiten (samt deren Beziehungen untereinander) und Informationen nicht mehr handhaben. Als Lösung dieses Problems entstanden sogenannte Web Content Management Systeme, welche primär als Eigenentwicklungen und proprietäre Systeme auf den Markt kamen. Auch diese Web Content Management Systeme wurden im Laufe der Zeit verbessert und erweitert, wobei die folgenden drei Entwicklungsschritte ([Zschau2000]) unterschieden werden können:

- Die erste Generation dieser Systeme versuchte, Ordnung in die bestehenden Informationen, welche in der Regel HTML Seiten waren, zu bringen. Der Kern dieser Systeme war eine auf WYSIWYG Editoren basierte Ablage der Inhalte in einer Datenbank. Diese Inhalte konnten mittels einer Applikation (in der Regel Skriptsprachen wie Perl, PHP oder auch JSPs) aus der Datenbank ausgelesen, in einer HTML Seite aufbereitet und dem Benutzer im Internet zur Verfügung gestellt werden. Auf diese Weise war es auch Nicht-Experten möglich, die Struktur einer Web Site zu pflegen. Die Erstellung und Pflege der Dokumente erfolgte isoliert, ein Workflow und Freigabeprozess für diese Dokumente war nicht möglich.
Meist war es auch nicht möglich, zusätzliche Meta Informationen, wie Autor, Erstellzeitpunkt oder Versionen zum Dokument zu speichern.
- Die zweite Generation löste schließlich das Problem der Metadaten und stellte Funktionen zur Verfügung, mit denen es möglich war, Metadaten zu Dokumenten zu speichern. Weiters war in diesem Entwicklungsschritt auch erstmals ein Workflow möglich, ein Veröffentlichungsprozess, welcher den Content Lifecycle abbildet, war vorhanden. Allerdings konnte der Workflow meist nicht geändert und angepasst werden. Durch die Trennung von Content und Layout war es für die Redakteure immer weniger notwendig, auch die technischen Hintergründe von HTML zu beherrschen.
Als Suche kam die klassische Volltextsuche zum Einsatz.
- Die dritte Generation schließlich löste die WCM von ihrem Inseldasein und ermöglichte erstmals die Interaktion mit anderen Systemen, wie Application Server, CRM Lösungen und Community Werkzeugen. Der Content wird nun in zentralen Repositories abgelegt (siehe 2.5.6 JSR-170 und 2.5.7 JSR-283), welcher von verschiedenen Systemen gelesen werden kann, und in das auch verschiedene Systeme schreiben können. Mit der Unterstützung der Personalisierung hielt eine wichtige Funktion Einzug, mit der es nun möglich war, Inhalte für Benutzer oder Benutzergruppen aufbereitet darzustellen. Auch im Bereich der Suche gab es Verbesserungen in Richtung einer intelligenten Suche.

Parallel zur Entwicklung der Content Management Systeme, welche primär den inhaltlichen Teil der Präsentation einer Web Site abdecken, gab es die Notwendigkeit, auch Geschäftsprozesse, die teilweise in bestehenden Applikationen abgebildet waren, über eine browserbasierte Lösung zu veröffentlichen. In diesem Bereich kam es dann zu proprietären Portal - Lösungen, die aber alle dennoch einige Gemeinsamkeiten aufwiesen ([Wege2002]):

- Anpassungen der Oberfläche und des Verhaltens für verschiedene Benutzer und Benutzergruppen (Customization)
- Zusammenführung von heterogenen Inhalten (Content Aggregation)
- Bereitstellung von Inhalten (Content Syndication)
- Unterstützung für verschiedene Endgeräte (Multidevice Support)
- Single Sign On Funktionen
- Funktionen zur Administrierung des Portals
- Verwalten der im Portal angelegten Benutzer

Um diese zentralen Funktionen zur Verfügung zu stellen, entwickelten viele Portal Server Hersteller ähnliche Architekturkonzepte, welche unter anderem Portlets, Architektur für einen Portal Server und die Einbindung von entfernten Portlets beinhaltete. Im Jahr 2003 schließlich wurde im Rahmen des JCP der Portlet Standard 1.0 (JSR-168, [Abdelnour2003]) verabschiedet, der die bestehenden Konzepte in einem Standard zusammenfasste und damit den J2EE Standard erweiterte. Dieser Standard wurde dann im Jahr 2008 erweitert, indem der Portlet Standard 2.0 (JSR-286, [Hepper2008]) verabschiedet wurde. In diesem Konzept wurden einige Limitierungen, die der Standard 1.0 gebracht hatte, behoben.

Als Ergebnis dieser beiden Prozesse sind nun sowohl ausgereifte Web Content Management Systeme als auch Portal Server Systeme, die den Standard JSR-286 unterstützen am Markt verfügbar.

Ein standardisierter Weg, um diese beiden Systeme auf Basis der Portlet und der Java Content Repository Spezifikationen miteinander zu verbinden, existiert aber nach wie vor nicht.

2.2 Portale

Das folgende Kapitel stellt den Begriff 'Portal' dar, gibt einen Überblick über die Funktionalität und Aufgaben, versucht eine Einteilung in die verschiedenen Arten von Portalen und stellt die Klasse 'Unternehmensportal' näher dar, welche für die vorliegende Arbeit von besonderer Bedeutung ist.

Aufgrund der stetig wachsenden Zahl an Enterprise Applikationen, die einen immer höheren Grad an Vernetzung untereinander aufweisen, stellt sich die Frage nach deren Integration ([Sutherland2002]).

Diese Integration kann dabei auf drei verschiedenen Ebenen passieren ([Chari2004], [Daniel2006]):

> **Integration auf Datenebene:** Die Applikationen haben ihre eigenen Präsentations- und Applikationsschichten, die Datenschicht ist eine Integration der einzel-

nen, von den Applikationen verwalteten Datenbanken und sonstigen Datenquellen. Die Integration auf Datenebene stellt eine homogene, vereinheitlichte Sicht auf die Daten gegenüber den Applikationen zur Verfügung. Vorteil ist die schnelle Realisierung solch einer Schicht (z.B. mittels SQL Views), Nachteile sind, dass die dahinterliegenden Datenmodelle verstanden und semantische Unterschiede analysiert werden müssen und nicht zuletzt die Integrationsschicht angepasst werden muss, wenn sich am darunterliegenden Datenmodell etwas ändert.

Integration auf Applikationsebene: Die Applikationen haben ihre eigenen Präsentationsschichten, die Geschäftsprozessschicht wird allerdings von Funktionen gebildet, welche eine Integrationsaufgabe wahrnehmen. Eine Monitoring Applikation könnte z.B. Funktionen zur Verfügung stellen, die von verschiedenen Clients abgefragt werden können. Die Granularität solcher Funktionen ist üblicherweise sehr gut für die Integration geeignet, es muss aber darauf geachtet werden, dass die Schnittstellen dieser Funktionen stabil bleiben und es eine Art von Versionierung gibt.

Integration auf Präsentationsebene: Diese Ebene stellt Funktionen zur Verfügung, um die Interaktionen zwischen den Applikationen und ihren Anzeigenschichten zu administrieren.

Die folgende Abbildung gibt einen schematischen Überblick über die Aufteilung dieser drei Ebenen.

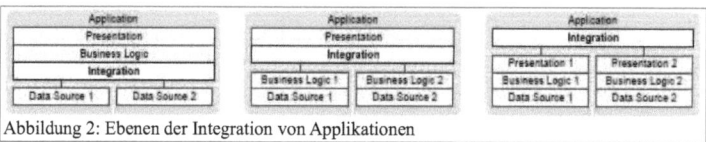

Abbildung 2: Ebenen der Integration von Applikationen

2.2.1 Definition von Portalen

Portale setzen bei der Integration der Enterprise Applikationen üblicherweise auf der ersten Ebene, der Integration der Präsentationsschicht, an. Einen Überblick über diese Architektur ist in Abbildung 3 ersichtlich.

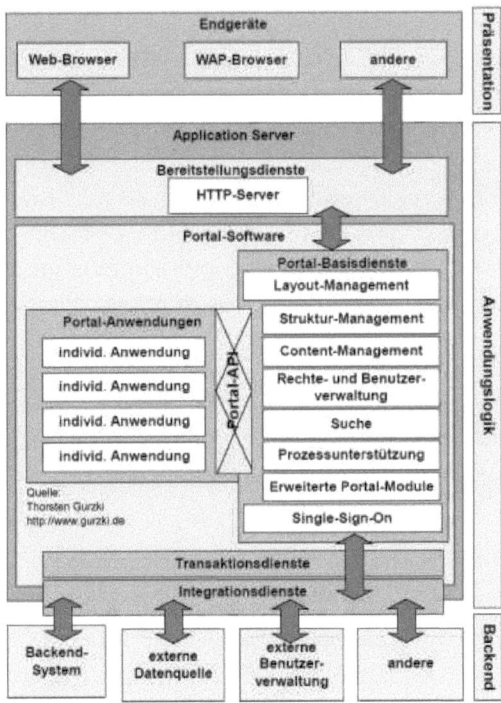

Abbildung 3: Portalarchitektur nach [Gurzki2003]

Die folgende Tabelle soll einen Überblick über die verschiedenen Definitionen von 'Portal' geben (unter anderem aus [Kremer2004]):

Autor	Definition
Davydov, M. M. [Davydov2001]	„It [a portal] is not a product sold by a vendor, but a goal to be achieved through the integration of multiple products from multiple vendors. It is a concept of a unification platform that allows for a collection of application services to work together to faciliate access to a world of information. The ability to aggregate these services and to provide the necessary platform for them to work cooperatively are the real values of this concept, in general, and of corporate portals, in particular"
Fleisch, E. und Österle, H.	„Ein Portal ist ein elektronisches Fenster auf die Services (Dienstleis-

[Fleisch2001]	tungen), die aus Sicht des Nutzers zusammengehören. Das elektronische Fenster ist die Benutzerschnittstelle eines Portals zu internen und externen Applikationen. Es betreibt die grafische bzw. audiovisuelle Integration (Frontend-Integration) von Services. [...] Portale verschaffen internen und externen Usern einen einfachen Zugang zu den umfassenden Set an aufeinander abgestimmten Value Added Services. Der Nutzen für den Portal User ist die Backend-Integration dieser Services."
Gurzki, T. [Gurzki2004]	„Ein Portal ist definiert als eine Applikation, welche basierend auf Webtechnologien einen zentralen Zugriff auf personalisierte Inhalte sowie bedarfsgerecht auf Prozesse bereitstellt. Charakterisierend für Portale ist die Verknüpfung und der Datenaustausch zwischen heterogenen Anwendungen über eine Portalplattform. Eine manuelle Anmeldung an den in das Portal integrierten Anwendungen ist durch Single-Sign-On nicht mehr notwendig, es gibt einen zentralen Zugriff über eine homogene Benutzungsoberfläche. Portale bieten die Möglichkeit, Prozesse und Zusammenarbeit innerhalb heterogener Gruppen zu unterstützen."
Höller, J. et al. [Hoeller1998]	„Durch ihr Frontend - den Browser - eröffnen die Portale den Zugriff auf unterschiedlichste Informationen und Ressourcen. Insbesondere der Zugriff auf Ressourcen unterschiedlichster Datenformate und -logik wie ERP-Systeme, Host-Anwendungen, Mail-Systeme und Unternehmensdatenbanken wird durch die Portale auf ideale Weise zentral gebündelt und den Anwendern zur Verfügung gestellt."
Kalakota R. und Robinson M. [Kalakota2001]	„A portal [...] offers an aggregated set of services for a specific well-defined group of users – either value-added services to the market channel or decrease the transaction costs associated with the customer/supplier relationship"
Röhricht, J. und Schlögel C. [Roehricht2001]	„Ein Portal ist eine innerhalb eines Browser ablauffähige Applikation, die bisher unstrukturierte Informationen und Services klassifiziert und stukturiert, sowie einen personalisierten Zugriff auf Informationen und Services erlaubt."
Schwarz, J. [Schwarz2000]	„Portale können als web-basierte, personalisierbare und integrierte Zugangssysteme zu Applikationen, Content und Services verstanden werden, die der ganzheitlichen Unterstützung von Kundenprozessen dienen."

Von den hier vorgestellten Definitionen sind für die vorliegende Arbeit besonders jene interessant, die ihren Fokus nicht nur auf die Einbindung und Integration von Applikationen und Services legen, sondern auch die Einbindung von Informationen und Content beschreiben. Diese Definitionen beinhalten eine Kernfunktionalität von Portalen, nämlich, neben der Einbindung von verschiedenen Applikationen in das Portal, auch die Einbindung von Content. Wurde die Einbindung und Integration von Applikationen in Portale bereits durch mehrere Spezifikationen (JSR-286 für Portletcontainer, JSR-301[6] für die Einbindung von JSF Applikationen in Portletcontainer) beschrieben, so fehlt eine äquivalente Spezifikation für die Einbindung von Content und Content Management Systemen.

---

6 http://jcp.org/en/jsr/detail?id=301

Bei den im nachfolgenden Kapitel vorgestellten Fallstudien und Projekten werden jeweils Portale eingesetzt bzw. dem Benutzer angeboten. In allen Fallstudien können die folgenden gemeinsamen Eigenschaften identifiziert werden:
- Das Portal bietet eine gemeinsame Definition für das Aussehen der Benutzerschnittstelle.
- Es gibt eine zentrale Benutzerverwaltung und ein Single-Sign-On.
- Die Benutzerdaten des angemeldeten Benutzers werden an die Applikationen weitergegeben, die sich dann dementsprechend verhalten.
- Applikationen und Content sind im Portal integriert und können miteinander interagieren.
- Es gibt eine zentrale Navigation über das gesamte Portal und dessen Komponenten (Applikationen und Informationen).
- In der Schicht unter dem Portal liegen heterogene Datenspeicher und Backendsysteme.

Aufbauend auf den vorgestellten Definitionen und den praktischen Erfahrungen aus den Fallstudien können die bestehenden Definitionen erweitert und die folgende Definition aufgestellt werden, unter der der Begriff „Portal" in dieser Arbeit verstanden wird:

„Ein Portal ist ein browserbasiertes Zugangssystem zu Applikationen und Content. Es stellt durch eine gemeinsame Definition von Stylesheets ein einheitliches Aussehen der Benutzerschnittstelle über alle Komponenten zur Verfügung und bietet durch ein Single-Sign-On für die Applikationen und den Content die Möglichkeit einer personalisierten Darstellung deren Daten. Die Applikationen und der Content können miteinander interagieren, Daten austauschen und besitzen eine gemeinsame Navigation. Die hinter dem Portal liegenden Datenspeicher und Backendsysteme können von heterogener Natur sein, lediglich deren Präsentation wird im Portal auf einheitliche Art und Weise integriert."

2.2.2 Klassen von Portalen

Unternehmensportal: Diese Art von Portalen, welche unter anderem auch als Corporate Portal oder Enterprise Information Portal bezeichnet wird, stellt Informationen und Applikationen für die eigenen Mitarbeiter, Kunden und Lieferanten zur Verfügung. Das Portal bildet dabei ein einheitliches Frontend für alle Informationen und Applikationen, welche darin enthalten sind ([Schumacher1999], [Sandkuhl2005]).

Kundenportal: Als Kundenportal, oder auch horizontales Portal, werden jene Portale bezeichnet, welche den Einstieg ins Internet für eine breite Masse an Benutzern erleichtern sollen. Dabei wird eine Vielzahl von Informationen angeboten, welche ein breites Spektrum abbilden, dabei aber nicht in die Tiefe gehen. Beispiel für Kundenportale sind Yahoo![7] oder AOL[8].

Informationsportal: Informationsportale, oder auch vertikale Portale, sind jene Portale welche sich mit einem spezifischen Thema eines Informationsraumes beschäftigen. Der Fokus dieser Portale liegt auf der Deckung eines spezifischen Informationsbedarfes eines Benutzers ([Ruetschlin2001]).

Darüber hinaus gibt es weitere, spezielle Ausprägungen von Portalen. Beispiele dafür sind Community Portale, Semantic Portale oder Wissensportale. Diese stellen eine spezielle Fokussierung auf einen Teilbereich von Portalen dar, der für die vorliegende Arbeit keine Relevanz besitzt.

Der Schwerpunkt der Arbeit soll dabei auf die Gruppe der Unternehmensportale gelegt werden, da der Kern der Arbeit auf der technischen Einbindung von Content und Applikationen liegen soll. In dieser Klasse von Portalen stellen die beiden Punkte Content und Applikationen eine wesentliche Komponente dar, wohingegen bei den anderen Klassen der Fokus einerseits auf der Information liegt (z.B. Consumer Portal, Informationsportal), andererseits auf Applikationen, welche eine spezifische Funktion unterstützen (Community Portal, Semantic Portal). Auch die in den Fallstudien beschriebenen Portale lassen sich gesamt als Unternehmensportale klassifizieren, da diese Beispiele einerseits Portale für die eigenen Mitarbeiter bzw. Portale für die Kunden darstellen.

Diese Untergruppe „Unternehmensportale" wird im folgenden Kapitel näher beschrieben.

2.2.3 Einordnung von Unternehmensportalen

Unternehmensportale können in verschiedene Gruppen eingeordnet werden. Die Einordnung wird dabei durch die Zielgruppe sowie durch die bereitgestellten Informationen und Geschäftsprozesse erreicht. Abbildung 4 zeigt einen Überblick, über die von [Gurzki2004] getroffene Einteilung von Portalen.

Alle vier verschiedenen Klassen haben miteinander gemeinsam, dass sie in einer Verbindung mit dem Unternehmen stehen.

Mitarbeiterportale

Dieser Portaltyp bietet eine Schnittstelle zwischen dem Mitarbeiter und den Systemen, Prozessen und Inhalten, die der Mitarbeiter für seine tägliche Arbeit benötigt. Ein typisches Beispiel hierfür ist ein Unternehmensintranet.

---

7 http://www.yahoo.com
8 http://www.aol.de

Geschäftskundenportale
Dieser Portaltyp unterstützt zwischen betriebliche Prozesse, vor allem in den Bereichen Marketing, Vertrieb und Service.

Lieferantenportale
Dieser Portaltyp bildet die Grundlage für die Verbindung zum Lieferanten. Prozesse wie Angebotsabgabe, Leistungsabnahme und Rechnungsstellung werden hier zur Verfügung gestellt.

Endkundenportale
Dieser Portaltyp stellt Marketing-, Vertriebs- und Serviceprozesse für den Endkunden bereit.

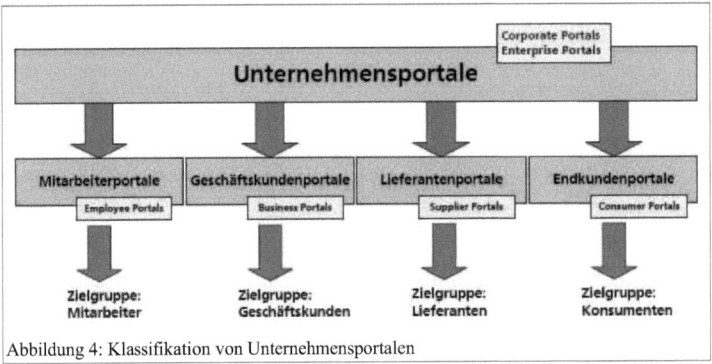

Abbildung 4: Klassifikation von Unternehmensportalen

2.3 Portletcontainer

Dieses Kapitel stellt den Begriff 'Portletcontainer' und dessen Funktionalitäten näher dar. Ein 'Portletcontainer' ist ein technisches Hilfsmittel, welches den Rahmen bildet, mit dem ein Portal abgebildet werden kann. Er stellt dabei eine Ablaufumgebung zur Verfügung, in der die einzelnen Fragmente eines Portals ablaufen können und der die Anzeigenschichten dieser Fragmente zu einer Gesamtansicht aggregiert.

Um die Funktionalität eines Portletcontainers darzustellen, existieren verschiedene Ansätze und Produkte. Diese sind in der nachfolgenden Grafik (Abbildung 5) dargestellt (aus [Gootzit2007]):

Bereits im Jahr 2004 wurde dieselbe Untersuchung durchgeführt ([Phifer2004]), zu diesem Zeitpunkt waren noch insgesamt 22 Portalprodukte im Quadranten enthalten, im Jahr 2007 waren dies allerdings nur noch neun Produkte. Von diesen neun Produkten basierten zum Zeitpunkt der Studie sieben auf dem Java Portlet Standard 1.0, die Hersteller BEA, IBM, SAP, Oracle, Sun und Vignette sind bzw. waren auch in der Expert Group für den JSR-286 vertreten. Lediglich das Produkt von Microsoft, der Sharepoint Server basiert nicht auf dem JSR Standard. Broadvision geht mit seinem Produkt in

Richtung Cloud Computing und bietet Portal Dienste an, die direkt bei Broadvision betrieben werden können.

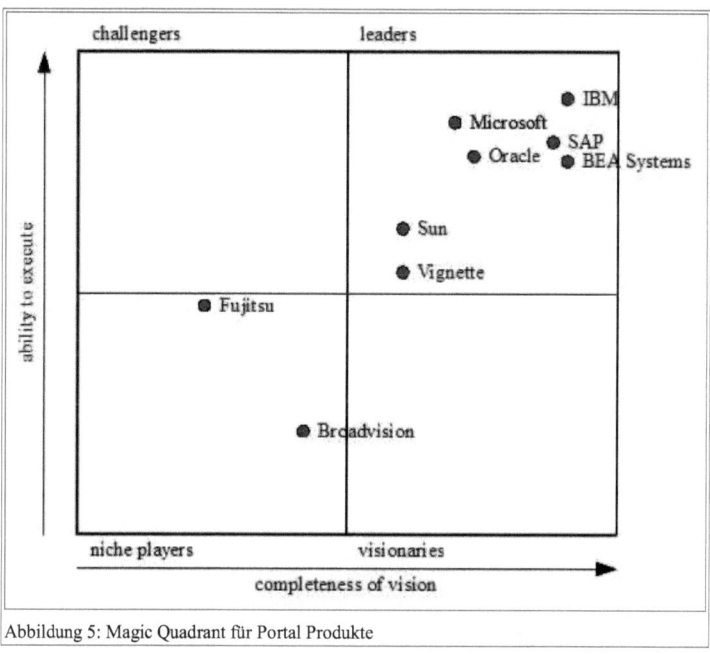

Abbildung 5: Magic Quadrant für Portal Produkte

Zusätzlich zu den in der Studie erfassten kommerziellen Portal Produkten gibt es noch Open Source basierte Ansätze, im J2EE Bereich spielen hierbei das JBoss Portal und Liferay eine Rolle, im nicht J2EE Bereich wird eine dominierende Rolle von Typo3 ([Werres2008]) eingenommen. Im Nachfolgenden sollen die nicht J2EE basierten Ansätze darstellt werden, inkl. einer Betrachtung inwieweit Cloud Computing Angebote in diesen Lösungen eine Rolle spielen. Danach folgt eine Fokussierung auf den J2EE basierten Ansatz, da dieser von den führenden Software Herstellern unterstützt wird und es darüber hinaus auch wichtige Open Source Anbieter gibt, die mit diesem Standard arbeiten. Aufgrund der Durchdringung der Software Produkte (kommerzielle und nicht-kommerzielle) mit dem J2EE basierten Standard JSR-286 und dem Fehlen von Standards (bzw. der Verfügbarkeit von proprietären Ansätzen) soll dieser für die weitere Betrachtung im Rahmen der Arbeit die Basis bilden.

2.3.1 Allgemeine Ansätze

Wie in der Einleitung schon dargestellt, existieren auch Lösungen, die eine nicht J2EE basierte Rahmentechnologie für Portletcontainer bieten. Diese Lösungen werden in diesem Kapitel kurz beschrieben. Darüber hinaus wird ein kurzer Einblick in die Thematik Cloud Computing ([Buyya2008]) gegeben und erörtert, inwieweit die dort verfügbaren Techniken einen Berührungspunkt mit der Portal und Portletcontainer Thematik aufweisen.

Microsoft Sharepoint Server (MOSS - [English2007]): Hierbei handelt es sich um ein Portal-Software Produkt der Firma Microsoft. Die Hauptfunktionalität dieses Produktes besteht in der Zusammenführung von verschiedenen Applikationen und Datenquellen zu einer einheitlichen Oberfläche. Der Sharepoint Server nutzt die Sharepoint Services zur Ablage von Informationen, welche damit das Repository darstellen. Es werden mit diesem Produkt die klassischen Funktionen eines Portals wie Single-Sign-On, einheitliche Oberfläche, Personalisierung usw. nutzbar, weiters ist es möglich, beinahe die komplette Produktpalette von Microsoft (Office, BizTalk Server, MSSQL Server und damit Business Intelligence) in den Sharepoint Server zu integrieren und damit einen einheitlichen Zugang zu den Services und Applikationen zu schaffen. Sowohl die Technik der Darstellung (d.h. die Oberfläche) als auch das Repository verfolgen dabei einen proprietären Ansatz. Eine Interaktion mit anderen Produkten, die auf den Standards JSR-286 und JSR-170 basieren ist deshalb nicht oder nur mit proprietären Connectoren möglich.

Typo3[9] ([Trabold2008]): Dieses Produkt stellt eines der am weitesten verbreiteten Content Management Systeme im Bereich der freien Software dar. Basis von Typo3 ist PHP, als Datenablage wird standardmäßig eine MySQL[10] Datenbank verwendet. Das System ist allerdings auch in der Lage mit PostgreSQL[11] oder Oracle zu arbeiten. Ausgehend von der reinen Funktion eines Content Management Systems ist es möglich, das Gesamtsystem über einen Extension Manager beliebig zu erweitern. Das TER (Typo3 Extension Repository) erlaubt, Erweiterungen online zu laden und in das eigene System zu installieren, bei entsprechender Kenntnis des Systems und von PHP ist es auch möglich, eigene Erweiterungen in das System zu integrieren. Beispiele für Erweiterungen sind Shop-Systeme (tt_products), Frontend-Benutzerregistrierung (sr_feuser_register) oder Gästebuch (ve_guestbook).

Diese Erweiterungen stellen dieselbe Funktionalität wie ein Portlet dar, die Einbindung und die Kommunikation mit dem darüber liegenden System erfolgt allerdings auf einer proprietären Basis, weiters basiert die Datenspeicherung auf relationalen Datenbanken

---
9 http://typo3.org/
10 http://www.mysql.com
11 http://www.postgres.org

(ohne die Verwendung eines Content Repositories). Aufgrund der geschichtlichen Entwicklung dieses Produktes handelt es sich um ein Content Management System, welches, vor allem über die Erweiterungen, mittlerweile viele Funktionalitäten eines Portals abbildet. Allerdings bleibt bei diesem Ansatz immer das Content Management System das führende System, welches die Schnittstelle zum Benutzer repräsentiert. Aufgrund dieses Ansatzes sind die Erweiterungen mit anderen, ebenfalls auf PHP basierten System, wie z.B. Joomla![12] oder Drupal[13] nicht verwendbar (dasselbe gilt auch für den umgekehrten Weg).

Broadvision[14]: Broadvision ist einer der ältesten Anbieter für Portalsoftware und bietet seit 16 Jahren Produkte in diesem Bereich an. Der Fokus der Produkte erstreckt sich dabei vor allem auf den e-Commerce Ansatz, dafür werden eine Reihe von Modulen angeboten, die in das Portal integriert werden können. Beispiele dafür sind:

- Kona Agile Platform
- Kukini Workbench
- Content Services web publishing
- Commerce Services
- eMerchandising
- Process Services
- QuickSilver document publishing
- Search Services
- Staging Services

Darüber hinaus bietet Broadvision für seine Produkte auch einen SaaS[15] Ansatz an, bei dem es möglich ist, das eigene Portal auf einem von Broadvision zur Verfügung gestellten System (inkl. der Software) zu betreiben.

Auch dieser Ansatz basiert auf einer proprietären Basis und ist mit den J2EE Standards nicht kompatibel.

Cloud Computing Ansätze ([Armbrust2009]): Unter Cloud Computing wird ein Ansatz verstanden, bei dem die verschiedenen für die IT notwendigen Komponenten (Software, Hardware, Betrieb, Wartung, Support, usw.) nicht mehr selbst betrieben werden, sondern von einem oder mehreren Anbietern bezogen werden. Derzeitige Marktführer in diesem Bereich ist Amazon mit den Amazon Web Services[16] und Google mit der Google App Engine[17]. Diese beiden Angebote sollen stellvertretend auch für andere Cloud Com-

---

12 http://www.joomla.org
13 http://drupal.org
14 http://www.broadvision.com
15 Software as a Service
16 http://aws.amazon.com
17 https://appengine.google.com

puting Angebote, im besonderen deren Bezug zur Portaltechnik, näher betrachtet werden.

Amazon stellt mit seinem Angebot Services im Bereich des Betriebes von Server, einer Datenbank, eines Speichersystems und einer Message Queue zur Verfügung. Ein Framework, mit dem diese Services untereinander verbunden und verwaltet werden können existiert nicht, daher ist es mit Amazon Services nicht möglich, ohne größere Eingriffe, ein Portal mit den typischen Funktionen (Single-Sign-On, einheitliche Oberfläche, Personalisierung) zu betreiben. Aus diesem Grund erscheint das Angebot von Amazon im Hinblick auf die Verwendung als Portal wenig relevant zu sein.

Auch Google bietet ein ähnliches Set an Services wie Amazon, stellt aber darüber hinaus noch zwei wesentliche Erweiterungen zur Verfügung: einerseits ist es möglich, mit dem Google Web Toolkit die verfügbaren Services zu einer Oberfläche zu bündeln, andererseits steht mit dem Zugriff auf die Social Graph API auch eine Schnittstelle zur Verfügung, mit der Benutzerdaten gespeichert und eine Personalisierung angeboten werden kann. Trotzdem hier in Ansätzen einige Kernfunktionen von Portalen zur Verfügung gestellt werden, fehlt auch hier der Ansatz, ein Portal in den Mittelpunkt zu stellen, der Google Ansatz ist applikationsbasiert und zielt weniger auf die Interaktion und Integration von Applikationen untereinander ab.

Ein weiterer Nachteil ist der proprietäre Ansatz sowohl von Google als auch von Amazon. Durchgehend sind die angebotenen Services aus internen Funktionalitäten hervorgegangen und definieren damit eigene Standards. Allgemeine Standards (wie z.B. von der JCP) finden in den Angeboten nur wenig Verwendung.

Ein öffentlicher Anbieter, welcher ein JSR-286 zertifiziertes Portal als Basis hat, ist zum jetzigen Zeitpunkt nicht zu finden. Dieser Ansatz ist auch nicht in den Angeboten von Google oder Amazon zu finden. Nimmt man allerdings das Beispiel einer Intranetinfrastruktur eines Unternehmens (welches in diesem Fall als Private Cloud bezeichnet werden kann) besteht dennoch ein Berührungspunkt mit der Thematik Cloud Computing. Dieser Berührungspunk ist insofern gegeben, als das die betriebene Infrastruktur als Platform-as-a-Service ([Buyya2008] und [Lawton2008]) gesehen werden kann. Platform-as-a-Service stellt dabei eine definierte Schicht des Cloud Computing dar, diese Schicht und deren Einordnung in die Gesamtarchitektur in Verbindung mit den anderen Schichten ist in Abbildung 6 dargestellt. Die Hauptaufgabe dieser Schicht ist es dem Software Entwickler eine Umgebung zur Verfügung zu stellen, in der er seine Programme ablaufen lassen kann. Dabei werden von der Umgebung eine Reihe von Werkzeugen und Bibliotheken zur Verfügung gestellt, die eine Entwicklung möglich machen. Der Entwickler selbst muss sich keine Gedanken über die zugrunde liegenden Server oder Betriebssysteme machen.

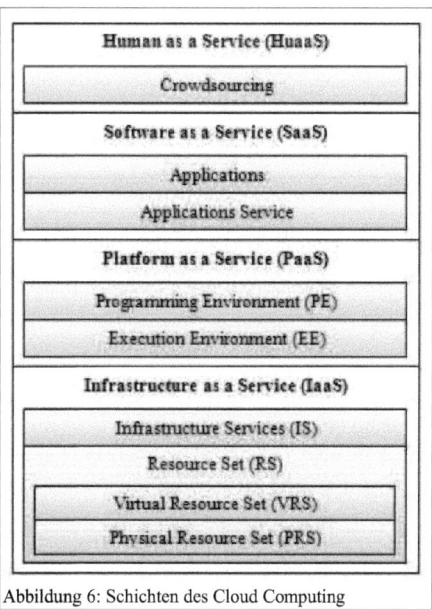
Abbildung 6: Schichten des Cloud Computing

Diese Plattform würde jeder Abteilung oder Gruppe eines Unternehmens zur Verfügung stehen, ein Deployment und ein Betrieb von Portlets innerhalb dieser Plattform, sofern die notwendigen Vorbedingungen (z.B. Portlet 2.0 Standard) des Portals von der selbst erstellten Software erfüllt sind, ist demnach möglich. Die Eigentümer der Portlets müssen sich dabei nicht um Dinge wie Authentifizierung, Layout, Clustering und Ausfallsicherheit und ähnliche Aufgaben kümmern, diese Dinge werden von der Infrastruktur (in diesem Fall vom Portal) zur Verfügung gestellt. Außerdem ist für den Entwickler sichergestellt, das die umgebende Schicht, in diesem Fall der Portletcontainer, verfügbar und lauffähig ist.

Aufgrund der angeführten negativen Eigenschaften, das sind die geringen Berührungspunkte von Cloud Computing mit dem Portalansatz und auch das Fehlen eines öffentlichen Anbieters dafür, so wie er für die in der Arbeit definierte Problemstellung relevant ist, wird dieser Ansatz in der vorliegenden Arbeit nicht mehr weiter verfolgt. Für weitere Arbeiten kann die vorliegende Arbeit dennoch eine Grundlage bilden, da eine Infrastruktur, wie oben beschrieben, aufgebaut werden kann, welche eine Umgebung bietet, in die sowohl Portlets deployed werden können, als auch Content erstellt werden kann und eine Verknüpfung bzw. Interaktion dieser beiden Bereiche miteinander möglich sein würde.

2.3.2 J2EE basierter Ansatz

In diesem Kapitel soll nun der J2EE basierte Ansatz für Portletcontainer, welcher die Basis für die Arbeit bildet, näher betrachtet werden. Ausgehend vom Servlet Standard wurde der Portlet Standard entwickelt, er übernimmt einige Ansätze des Servlet Standards, definiert aber auch neue und eigenständige Eigenschaften.

Die Servlet Spezifikation 2.4 definiert Servlets wie folgt ([Murray2006]):

> „A servlet is a JavaTM technology-based Web component, managed by a container, that generates dynamic content. Like other Java technology-based components, servlets are platform-independent Java classes that are compiled to platform-neutral byte code that can be loaded dynamically into and run by a Java technology-enabled Web server. Containers, sometimes called servlet engines, are Web server extensions that provide servlet functionality. Servlets interact with Web clients via a request/response paradigm implemented by the servlet container."

Die Java Portlet Spezifikation 1.0 ([Abdelnour2003]) definiert die folgenden Gemeinsamkeiten und Unterschiede zu Servlets:

Portlets haben, nicht nur vom Namen her, einige Gemeinsamkeiten mit Servlets:

- Portlets sind Java basierte Web Komponenten.
- Portlets werden von einem Container verwaltet.
- Portlets generieren dynamischen Inhalt (z.B. HTML).
- Der Lebenszyklus eines Portlets wird von einem Container verwaltet.
- Portlets interagieren mit einem Web Client über eine Request/Response Schnittstelle.

Dennoch gibt es in einigen Punkten auch Unterschiede zum Servlet Ansatz:

- Portlets generieren nur HTML Fragmente, keine kompletten HTML Seiten. Der Portletcontainer führt diese Fragmente zu einer HTML Seite zusammen.
- Portlets sind an keine fix definierte URL gebunden.
- Web Clients interagieren mit Portlets nicht direkt, sondern über einen Portletcontainer.
- Die Request Phase ist bei Portlets zusätzlich in die Phasen Action und Render aufgeteilt.
- Portlets haben vordefinierte Modi, die angeben, welche Funktion ein Portlet auf einer Seite einnimmt.
- Portlets können mehrfach auf einer Seite vorkommen.

Zusätzlich zu den von Servlets zur Verfügung gestellten Funktionalitäten, bietet ein Portletcontainer noch die folgenden Funktionen:

- Konfigurationen und benutzerspezifische Anpassungen können gespeichert werden.
- Das Profil eines Benutzers kann abgefragt werden.

- Zur Generierung von URLs gibt es Funktionen, die Hyperlinks erzeugen und es dem Portletcontainer ermöglichen, diese Links in den Kontext eines Portals einzubinden.
- Daten können in einer Portlet Session gespeichert werden.

Einschränkungen bezüglich des Zugriffes auf Daten und Funktionen existieren in folgenden Bereichen:
- Setzen des Zeichensatzes für den Response.
- Setzen von HTTP Headern für den Response.
- Lesen der URL des Client Requests, der an das Portal gestellt wurde.

Aufgrund der beschriebenen Änderungen, Erweiterungen bzw. Einschränkungen zur Servlet Spezifikation wurde eine eigene Portlet Spezifikation verabschiedet, die in den Versionen 1.0 und 2.0 vorliegt.

So wie ein Servlet innerhalb eines Servlet Containers läuft und der Container die Schnittstelle darstellt, läuft ein Portlet innerhalb eines Portlet Containers, welche auch die entsprechenden Funktionen und Schnittstellen zur Verfügung stellt.

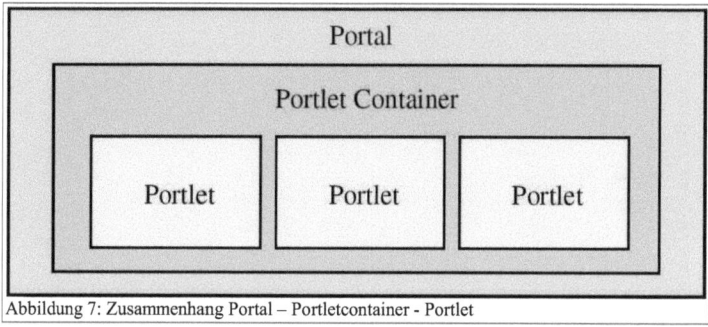

Abbildung 7: Zusammenhang Portal – Portletcontainer - Portlet

Abbildung 7 zeigt schematisch den Zusammenhang zwischen Portal, Portletcontainer und Portlet ([Yang2006]).

Unter einem Portal wird dabei eine Web Applikation verstanden, welche Single-Sign-On, Personalisierung und Content Aggregation zur Verfügung stellt und die Benutzerschnittstelle von Informationssystemen beherbergt.

Ein Portlet Container verwaltet die Portlets, stellt ihnen die entsprechenden Schnittstellen und eine Laufzeitumgebung zur Verfügung.

Ein Portlet selbst ist eine Java basierte Web Komponente, die von einem Portletcontainer verwaltet wird, die Requests bearbeitet und dynamischen Inhalt generiert (siehe auch Definition eines Servlets).

Ein Portlet selbst kann zur Laufzeit, so wie eine Java Klasse, instantiiert werden. Instanzen eines Portlets können zu Portal Pages zusammengefasst werden, dabei kann ein Portlet mehrfach instantiiert werden und damit auch auf mehreren Portal Pages oder auch mehrfach auf einer Portal Page eingebunden werden ([Brogard2007]).
Eine Portal Page besteht aus verschiedenen Elementen, welche in Abbildung 8 dargestellt sind.

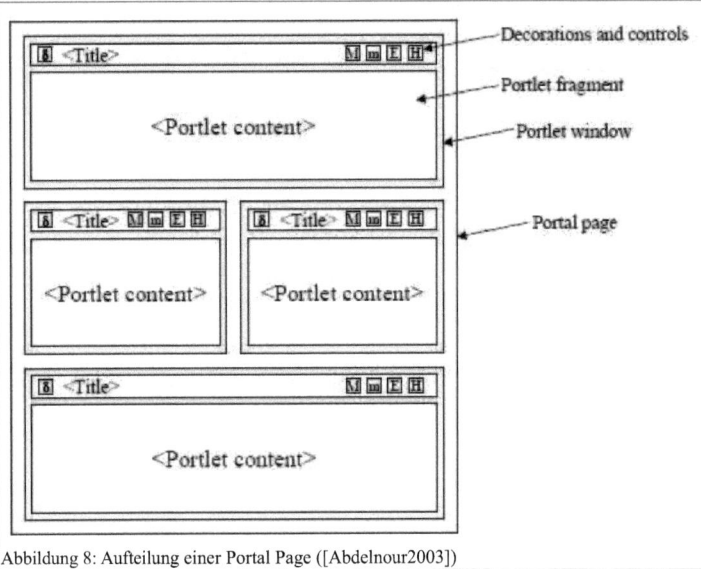

Abbildung 8: Aufteilung einer Portal Page ([Abdelnour2003])

Portlet Window

Eine Portal Page ist in verschiedene Bereiche aufgeteilt, jedem dieser Bereiche ist ein Portlet Window zugeordnet, welches die Decorations und Controls eines Portlets und das HTML Fragment, welches ein Portlet erzeugt, enthält.

Decorations and Controls

Beinhaltet die Verzierungen rund um ein Portlet (z.B. ein DIV Container[18] oder eine Tabelle) und die Bedienelemente (Maximieren, Minimieren, Wiederherstellen, Edit oder Help Mode). Ein Portlet Container kann z.B. Decorations und Controls zur Verfügung stellen, mit denen ein Drag & Drop von Windows ermöglicht wird.

---

18 Als DIV wird ein HTML Tag bezeichnet, welcher einen Block oder Bereich kennzeichnet („division").

Portlet Fragment

Dieser Teil beinhaltet das HTML Fragment, welches von einem Portlet erzeugt wird. Abbildung 9 zeigt den Ablauf der Erzeugung einer Portal Page. Der Portlet Container sammelt die HTML Fragmente der einzelnen Portlets und gibt diese an das Portal weiter. Das Portal fügt die einzelnen Fragmente inkl. deren Decorations und Controls zu einer Portal Page zusammen und schickt diese an den Client (z.B. Web Browser).

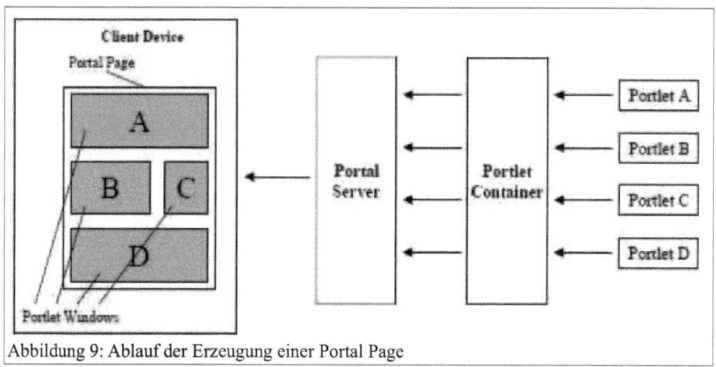

Abbildung 9: Ablauf der Erzeugung einer Portal Page

Abschließend sei noch bemerkt, dass die vorliegende Arbeit unter dem Begriff 'Portal' und 'Portlet Container' ein auf Java basierendes, den Portletstandard 1.0 bzw. 2.0 unterstützendes, Informationssystem versteht.

2.4 Content Management Systeme

Die Verwaltung von Content (Inhalt) ist der Kernbereich von Content Management Systemen. Der Begriff Content kann dabei als Ausprägung von Information angesehen werden, wobei technische Hilfsmittel (Content Management Systeme) dazu verwendet werden, um Content in eine definierte Form zu bringen. Information kann dabei in unterschiedlicher Art und Weise zu Content transferiert werden. Ein Beispiel dafür wäre eine Seite Text, welche einerseits als PDF Dokument, andererseits in Form von Audio Inhalten in einer MP3 Datei vorliegt ([Anding2003]). Content selbst wird dabei immer in zwei Teilen gespeichert, als der eigentliche Inhalt, und als die Metadaten zu diesem Inhalt ([Kampffmeyer2003a]). Die Hauptaufgabe von Content Management Systemen ist die Trennung von Inhalt und Metadaten und die Verwaltung dieser Daten. Als Metadaten können vor allem das Layout und die Struktur des Contents verstanden werden.

Das folgende Kapitel soll eine kurze Einführung in Content Management und Web Content Management Systeme geben, und deren Funktionen und Aufgaben grundsätzlich darstellen.

2.4.1 Definition von Content Management Systemen

Die folgende Tabelle gibt einen Überblick über die gängigen Definitionen von 'Content Management', 'Content Management Systeme' und 'Web Content Management Systeme':

Autor	Definition
Boiko, B. [Boiko2001]	„At the highest level, Content management is the process behind matching what "you" have with what "they" want. "You" are an organisation with information and functionality of value. "They" are a set of definable audiences who want that value (staff, partners, customers). Content management is not just a way to create large Web sites, but upon closer examination, it is in fact an overall process for collecting, managing and publishing content to any outlet."
Kampffmeyer, U. [Kampffmeyer2003]	„Content Management Systeme im übergreifenden Sinn unterstützen: • die Erstellung von Content (direkt oder durch Anbindung weiterer Programme) • die Verwaltung von Content (Content Management im engeren Sinn) • die Bereitstellung von Content (Präsentation, Distribution) • die Kontrolle von Content (Rechte, Versionierung) • die Individualisierung von Content (Personalisierung, Sichten) Content Management im engeren Sinn bezeichnet lediglich die programmgestützte Verwaltung von Inhalten (Datenbanken, Archive etc.)"
Kampffmeyer, U. [Kampffmeyer2003a]	„Content setzt sich immer aus dem Inhalt und zugehörigen Meta-Informationen zusammen. Diese Meta-Informationen müssen für den Nutzer nicht unbedingt sichtbar sein. Sie dienen vorrangig der Verwaltung und Kontrolle des eigentlichen Inhalts. Wichtige Komponente von CMS Content-Management-Systemen ist daher die Trennung von Layout- und Strukturinformationen vom eigentlichen Inhalt."
McKeever, S. [McKeever2003]	„One of the core components of Web applications is the provision and management of content. Types of content include, but are not limited to, Hyper Text Mark-up Language (HTML), Extensible Mark-up Language (XML), images, videos, documents and dynamic content generated from relational databases."
Souer, J. [Souer2008]	„WCM software acts both as a controlling mechanism and an enabler: it controls the processes of managing the Web content with workflow, scheduling, authorization, reuse of content and archiving. WCM software enables organizations to operationalize their own content-delivery strategy with specific user interaction, personalization, and multi-channel delivery."

Der wesentliche Teil von Content Management Systemen, welcher im späteren Verlauf der Arbeit eine Rolle spielen wird, ist der Teil der Content Organisation. Diese Aufgabe beinhaltet all jene Funktionen, die dafür notwendig sind, um den Content in einer strukturierten Form in einem Datenspeicher abzulegen und dabei die reinen Content Daten von den Metadaten getrennt zu speichern. Aufgrund der vorliegenden Definitionen und der Hauptaufgabe von Content Management Systemen für die Arbeit kann folgende Definition für Content Management Systeme getroffen werden:

> *„Ein Content Management System ist ein System, welches es für den Benutzer möglich macht, Content zu erstellen, zu verwalten, bereitzustellen, zu kontrollieren und zu personalisieren. Die Aufgabe der Verwaltung von Content schliesst die Speicherung mit ein, wobei diese Aufgabe dadurch charakterisiert ist, dass es bei der Ablage der Daten zu einer strikten Trennung von Content und den Metadaten kommt. Um diese Aufgabe zu erfüllen, stellt das Content Repository einen wesentlichen Teil eines Content Management Systems dar."*

2.4.2 Einordnung von Content Management Systemen

Der Begriff Content Management System (CMS) wird in sehr verschiedener Art und Weise benutzt und von vielen Anwendern und Anbietern für unterschiedliche Arten von Systemen benutzt. [Kampffmeyer2003a] beschreibt zwei spezifische Ausprägungen von Content Management Systemen, nämlich Web Content Management Systeme und Enterprise Content Management Systeme. [Boiko2001] definiert zusätzlich zu diesen beiden Systemgruppen die Begriffe Nominal Web Content Management System und Dynamic Webseite, mit denen Content verwaltet werden kann. Zeitlich und vom Funktionsumfang her gesehen, bilden die beiden Gruppen von [Boiko2001] zwei Entwicklungsschritte, welche vor den beiden Gruppen von [Kampffmeyer2003a] eingeordnet werden. Diese ersten beiden Gruppen bilden somit die Vorläufer für die anderen beiden Gruppen. Diese vier unterschiedlichen Ausprägungen sollen im folgenden kurz beschrieben werden:

Nominal Web Content Management System

In den Anfängen des Internets, als man damit begonnen hat, Content zu erstellen, waren die ersten Ansätze mit einem einfachen Editor (z.B. Notepad oder vi[19]) den HTML Code direkt zu bearbeiten. Kurze Zeit später waren dann WYSIWYG Editoren am Markt verfügbar, die es auch in HTML unwissenden Personen ermöglichte, HTML Seiten zu erstellen (Beispiel dafür sind FrontPage von Microsoft und Dreamweaver von Macromedia). Diese Produkte boten auch schon eine einfache Unterstützung für Vorlagen, Funktionen, Versionierung und das Hochladen der Seiten in ein Produktivsystem.

---

19 Ein Texteditor für Unix oder Linux Systeme.

Dynamic Website
Dynamische Websites waren und sind in der Lage, HTML Code beim Request (d.h. on-the-fly) zu erzeugen, die Daten liegen dabei meistens in einer strukturierten Form in einer Datenbank. Die Daten, die aus dieser Datenquelle ausgelesen werden, werden dann mit einer Vorlage (d.h. mit HTML Code) verknüpft und danach an den Benutzer (z.B. an einen Browser) ausgeliefert. Im Unterschied zu den Nominal Web Content Management System wird hier nicht eine einzelne HTML Seite, welche so auch später dem Benutzer angezeigt wird, bearbeitet, sondern es werden die Daten an sich bearbeitet.

Full Web Content Management System
Auftritte sind häufig eine Mischung aus statischen HTML Seiten und dynamischem HTML Content aus einer Datenbank. Üblicherweise besteht ein Web Content Management System aus einer Content Management System Komponente, einem Repository, einer gewissen Anzahl an statischen HTML Seiten, einer Datenquelle, in der der Inhalt für das Produktivsystem abgelegt ist und anderen Datenquellen, die aus dem Produktionssystem verlinkt sind (z.b ein Bezahlsystem). Aufgrund der Anzahl der Komponenten (HTML Seiten, Mediendateien, Module durch die ein Content Management System erweitert wurde) entstehen oft komplexe Systeme, die von einem Content Management System gewartet werden. Der beste Weg in einem Web Content Management System die Inhalte nach Außen darzustellen ist der, diese in HTML Seiten oder in HTML Fragmenten abzulegen, da diese Methode einen erheblichen Geschwindigkeits- und Stabilitätsvorteil gegen über einem System bringt, bei dem bei jedem Request die Daten aus einer Datenbank ausgelesen und danach der HTML Code generiert werden muss.

Enterprise Content Management System
Die Erzeugung und die Wartung von Webseiten (die in manchen Organisationen einen erheblichen Umfang von oft mehreren zig-Tausend Seiten erreichen können) ist das primäre Einsatzgebiet von Content Management Systemen. Darüber hinausgehend stellt sich die Frage, ob ein Content Management System nicht auch den gesamten Bereich der Content Erzeugung in einem Unternehmen abdecken kann. In diesem Ansatz würde es ein zentrales Content Repository geben, in dem sowohl der Content für eine Webseite als auch der Content für Druckerzeugnisse liegen. Diese beiden Bereiche werden heute noch oft getrennt voneinander verwaltet, was dazu führt, dass der Aufwand für die Content Erzeugung und Wartung oft mehrfach anfällt (z.B. für Web und Druck). Ein Enterprise Content Management System löst diese Trennung, indem alle für eine Institution notwendigen Daten durch ein Content Management System verwaltet werden und dieses Content Management System auch die verschie-

densten Ausgabekanäle bedienen kann. Um diese Aufgaben in einem System abbilden zu können ist ein entsprechender Funktionsumfang notwendig.
Die spezielle Ausprägung „Web Content Management System" wird in einem späteren Kapital noch näher betrachtet.

2.4.3 Funktionsumfang von Content Management Systemen

Viele Anbieter teilen sich den Markt von Content Management Systemen, wobei sich alle diese Systeme in ihren Funktionen teilweise grundlegend voneinander unterscheiden. Dennoch gibt es einige Grundfunktionen, die in allen Content Management Systemen gleich sind. [Dias2001] schlägt auf Basis von [Butcher1998] die „sieben R für den Information Management Lifecycle vor. In Abbildung 10 ist dieser Ansatz dargestellt.

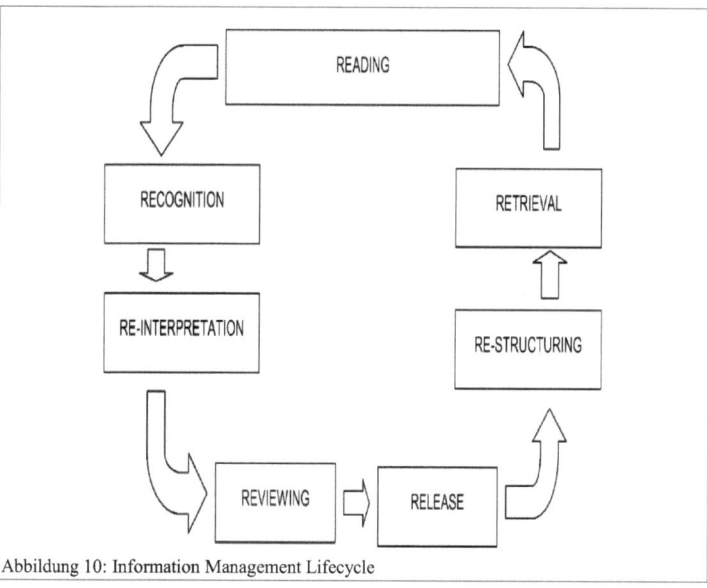
Abbildung 10: Information Management Lifecycle

Die Funktionen, die [Rothfuss2003] für ein Content Management System definiert sind in Abbildung 11 näher erläutert.
[Schuster2000] definiert die Kernprozesse und Funktionen eines Content Management Systems wie folgt:
- Benutzerverwaltung (Gruppen, Rollen, Rechte).
- Entwicklung der Sitestruktur, Navigationshilfen und Stylesheets bzw. Templates für die Redakteure.

- Erstellung (Authoring neuer redaktioneller Informationen).
- Pflege (Editing von bestehenden Informationen).
- Qualitätssicherung und Freigabe (Workflow zwischen den einzelnen Berechtigungsgruppen).
- Steuerung (Release- und Verfallsdatenüberwachung (inkl. Versionierung und eventuell Archivierung), Stylesheetverwaltung und Merging, Scheduling für Tasks wie z.B. zyklischer FTP-Export).

Mehrplatz-fähigkeit	Check-In Check-Out	Bearbeitung Verifikation	Anfrage-funktionen	Fremd-formate
Protokoll-funktionen				Daten-sicherung Rollback
Verarbeitung Verwaltung	strukturierte Speicherung von typisiertem Inhalt Metainformationen			Mehr-sprachigkeit
Zugangs-kontrolle				Massen-operationen
Workflow	Aggregierung Beziehungen	Gestaltung	Versions-verwaltung	Aufzeichnung atomarer Änderungen

Abbildung 11: Funktionen eines Content Management Systems aus [Rothfuss2003]

Basierend auf dieser Darstellung der Funktionen von Content Managementsystemen erstellt [Glantschnig2004] schließlich neun Kernfunktionalitäten von Content Management Systemen:

Content Organisation

Diese beinhaltet alle Funktionen, die zur Speicherung des Contents notwendig sind, damit in einer effektiven Art und Weise damit gearbeitet werden kann. Ein wesentliches Merkmal der Content Organisation ist, dass der eigentliche Content zusätzlich noch mit Metadaten angereichert wird, wobei es sich dabei um vordefinierte oder selbst definierte Metadaten handeln kann. Die Speicherung der Daten erfolgt dabei nicht direkt, sondern über ein Container Objekt, welches die Referenzen auf die einzelne Inhaltsobjekte hält. Nur wenn alle Objekte im Content Management System verwaltet werden, ist eine durchgängige und konsistente Verwaltung der Referenzen möglich (z.B. die HTML Links). Die Daten werden dabei üblicherweise in einer Relationalen Datenbank abgelegt; in vielen Systemen gibt es mittlerweile die Möglichkeit der Verwendung eines Content Repositories, welche die Daten in einer strukturierten und definierten Form ablegt und einheitliche Schnittstellen für den Zugriff bietet. Der Zugriff auf die Daten erfolgt über das Repository, die tatsächliche Datenablage (z.B. Datenbank, Dateisystem oder Ähnliches) bleibt dabei verborgen.

Erzeugung

Dies beinhaltet alle Tätigkeiten, die mit dem Erstellen und Bearbeiten von Content zu tun haben. Dabei wird der Content in seinen drei wesentlichen Einzelinformationen (Struktur, Inhalt, Layout) erfasst. Besonderes Augenmerk sollte dabei auf eine strikte Trennung zwischen Inhalt und Layout gelegt werden, um damit eine Verwendbarkeit des Content für verschiedene Ausgabemedien zu erreichen. Eine Toolunterstützung kann in Form von browserbasierten Editoren (z.B. FCKEditor[20]) oder auch anwendungsbasierten Editoren gegeben sein.

Publikation

Dies bedeutet eine Aufbereitung des Contents für verschiedene Medien. Dabei wird der Content mit den entsprechenden Templates zusammengeführt und für die verschiedenen Ausgabemedien erzeugt. Nicht nur für unterschiedliche Medien soll der Content unterschiedlich dargestellt werden, sondern auch für unterschiedliche Nutzer, damit soll eine Personalisierung des Contents ermöglicht werden. Voraussetzung einer Personalisierung auf Benutzerebene ist allerdings eine Anmeldung des Benutzers am System.

Content Kontrolle

Dies umfasst die Funktionen, die vor allem bei der Verwendung eines Workflows notwendig sind oder wenn mehrere Personen an einem Content Objekt arbeiten. Um dies zu ermöglichen, ist eine Zugriffskontrolle auf die einzelnen Objekte notwendig, um einerseits unbefugten Zugriff zu verhindern, und um andererseits einem definierten Benutzer nur die Rechte zu geben, welche er auch tatsächlich benötigt. Check-In und Check-Out regeln bzw. verhindern die gleichzeitige Bearbeitung von Content. Der Content wird ab Check-Out für einen bestimmten Benutzer reserviert, diese Reservierung bleibt solange aufrecht, bis ein Check-In erfolgt. Eine optimistische Lock Strategie, welche das zusammenführen von gleichzeitig bearbeiteten Dokumenten ermöglicht, ist dabei nicht vorgesehen.

Information Retrieval

Content, welcher im Repository und in der Datenbank gespeichert ist, soll auch wieder gefunden werden können. Dies setzt effiziente Möglichkeiten der Suche voraus, die den Content auf Basis seines Inhaltes und der Metadaten auffindbar macht. Als

---

20 http://www.fckeditor.net/

Unterstützung für den Benutzer soll dabei eine einfache und eine erweiterte Suche angeboten werden.

Collaboration

Dies beinhaltet die Verwaltung der Zusammenarbeit von unterschiedlichen Personen mit unterschiedlichen Rollen. Als Basis dafür wird ein Workflow festgelegt, welcher den Content Lifecycle einhält und abwickelt. Wesentlich dabei ist nicht, welcher Workflow umgesetzt wird, sondern dass es einen Workflow gibt und dieser auch eingehalten bzw. gelebt wird (d.h. vom System her vorgegeben ist). Ein weiterer Teil ist die Kommunikation, welche die Grundlage für gemeinschaftliches Arbeiten bildet. Der Informationsaustausch bzw. die Kommunikation von allen am Content Management System Beteiligten, kann dabei mit Tools wie Diskussionsforen, Wikis, Chats, FAQs oder E-Mail unterstützt werden.

Integration

bei der Einführung eines Content Management System ist es in der Regel notwendig, Anpassungen durchzuführen. Diese Anpassungen können einerseits direkt am Content Management System, d.h. an Kernkomponenten oder Kernfunktionalitäten durchgeführt werden, andererseits besteht die Notwendigkeit, das Content Management System in die Systemlandschaft einer Organisation einzubauen und dort gewisse Schnittstellen zu bedienen. Je höher der Grad der Anpassung ist umso größer ist die Gefahr, dass das Produkt dann aus dem Support des Herstellers herausfällt und ein Upgrade nur noch schwierig möglich wird.

Administration

Um die umfangreichen Funktionen eines Content Management Systems auch effizient steuern zu können ist es notwendig, dass entsprechende Administrationswerkzeuge zur Verfügung stehen. Mit diesen Werkzeugen können Aufgaben wie die Erstellung und das Einspielen von Backups, eine verteilte Administration, Protokollierung, Überwachung und Benachrichtigung bei kritischen Situationen und die Verwaltung der Benutzer möglich gemacht werden.

Internationalisierung

Die Mehrsprachigkeit sollte von einem Content Management System unterstützt werden, d.h. die parallele Verwaltung des Contents in mehreren Sprachen. Typische Aufgaben dazu sind die Speicherung der unterschiedlichen Sprachversionen an unterschiedlichen Orten, oder der Einbindung eines Übersetzungsvorgangs im Workflow. Aus technischer Sicht sollte das Content Management System Unicode basiert arbeiten, damit auch z.B. fernöstliche Schriftarten (Chinesisch, Japanisch) unterstützt werden können.

Ausgehend von diesen neun Kernfunktionalitäten können die Punkte Content Organisation, Content Kontrolle und die Integration als wesentlich für die weitere Betrachtung in dieser Arbeit genannt werden.

Content Organisation beschreibt eine strukturierte Ablage der Daten und Zugriff auf diese Daten, idealerweise werden diese Funktionen durch einen Standard definiert, der von mehreren Produkten umgesetzt wird.

Die Content Kontrolle ist insofern wesentlich, als das hier Rechte auf einzelne Content Objekte vergeben werden, die dann später bei der Anzeige des Contents in einem Portal interpretiert werden können. Damit lässt sich die Anzeige eines Teils der Inhalte für einen definierten Personenkreis (Rollen) realisieren.

Mit der Integration wird auch die Einbindung eines Content Management Systems in andere Systeme verstanden. Die für die Einbindung notwendige Schnittstelle soll dabei das Content Repository darstellen.

2.4.4 Web Content Management Systeme

Wie in den vorangegangenen Kapiteln beschrieben, sind Content Management Systeme Anwendungsprogramme, die die gemeinschaftliche Erstellung und Bearbeitung von Inhalt ermöglichen, die Daten strukturiert ablegen und verwalten, eine Möglichkeit der Suche über die Inhalte bieten und sich mit anderen Systemen integrieren lassen. Idealerweise sind diese Systeme so gestaltet, dass sie auch von Autoren ohne technisches Wissen bedient werden können und auch die Erstellung von Content in verschiedenen Sprachen ermöglichen. Systeme und Module, die ausschließlich die Aufgaben haben, den Content im Web darzustellen, werden als Web Content Management Systeme bzw. Full Web Content Management System (siehe die Beschreibung von „Full Web Content Management System" in Kapitel 2.4.2) bezeichnet. Diese Kategorie von Content Management Systemen wird in diesem Kapitel näher behandelt.

2.4.4.1 Definition und Abgrenzung

Basis der Definition von Web Content Management ist die Definition von Content Management, welche in Kapitel 2.4.1 gegeben wurde mit der Erweiterung, das der Content hierbei für Web Auftritte verwaltet wird (siehe die Beschreibung von „Full Web Content Management System"). Als Web Auftritt ist dabei die Anwendungsform als Internet, Intranet oder Extranet zu verstehen ([Zschau2000]). Als Content dienen dabei vor allem Informationen, Daten und Dokumente, die durch HTML Seiten darstellbar sind, oder durch HTML Seiten (HTML Links) referenziert werden. Abbildung 12 zeigt die Einordnung des Begriffes und eine Abgrenzung zu anderen Definitionen.

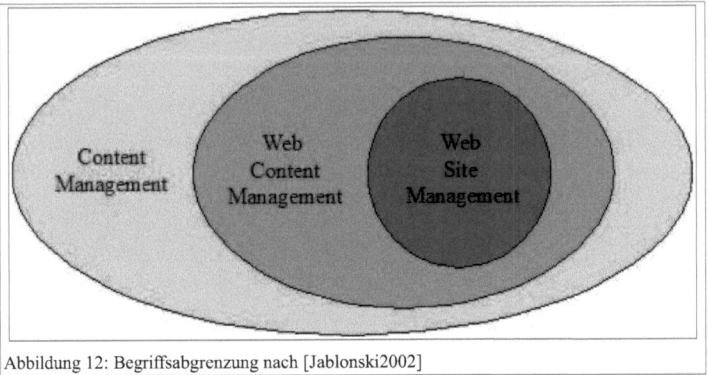

Abbildung 12: Begriffsabgrenzung nach [Jablonski2002]

Die Definition von (Full) Web Content Management lässt sich anhand des Einsatzgebietes, der Inhalte und der Funktionen (zusätzlich zur bereits vorgestellten Definition) noch näher präzisieren. Das Einsatzgebiet bezeichnet die drei grundlegenden Ausprägungsformen, nämlich Internet, Intranet und Extranet (I*Nets). Ein Auftritt im Internet ist öffentlich und meistens uneingeschränkt zugänglich, ein Intranet nur für Mitarbeiter bzw. Mitglieder einer Organisation und ein Extranet stellt eine Mischung aus Internet und Intranet dar, das Angebot ist zwar öffentlich zugänglich, allerdings nur für einen beschränkten Personenkreis. Der Content bildet den zentralen Kern des Systems, hierbei handelt es sich um den Bestand an Texten, Bildern und Grafiken. Content kann allerdings auch multimedial vorkommen, z.B. als Video, Musikdatei oder Flash Animation, applikations- oder transaktionsbezogen, oder im Rahmen von Community Funktionen vorhanden sein. Weiters ist auch die richtige Strukturierung und Darstellung notwendig, wobei hier ein zentrales Augenmerk auf die strikte Trennung von Inhalt und Layout gelegt werden muss. Die Verwaltung wiederum bezeichnet alle Aufgaben, die mit der Verwaltung und Abbildung des Content zusammenhängen. Der Workflow definiert dabei die einzelnen Arbeitsschritte und deren Reihenfolge und das Berechtigungskonzept.

Abbildung 13 zeigt einen Überblick über die einzelnen Komponenten und deren Inhalt.

```
| Web        | Content   | Management    |
| - Internet | - Text    | - Erstellung  |
| - Intranet | - Bilder  | - Bearbeitung |
| - Extranet | - Sounds  | - Verwaltung  |
|            | - Videos  | - Publikation |
|            |           | - Archivierung|
|                   System                |
```
Abbildung 13: Web-Content-Management nach [Zschau2000]

2.4.4.2 Kernaspekte

In Abbildung 10 ist ersichtlich, dass Web Content Management eine Teilmenge von Content Management darstellt. Diese Teilmenge kann anhand des Lifecycles (d.h. die einzelnen Zustände, die ein Content Management System Objekt einnehmen kann) herausgearbeitet werden, aber auch durch den Funktionsumfang, welcher bei Web Content Management eine Teilmenge des gesamten Content Management Funktionsumfanges darstellt.

[Jablonski2002] gibt einen Überblick über die Kernaspekte eines Web Content Management Systems, dabei wird der Content Lifecycle und die wesentlichen Funktionseigenschaften dargestellt. Eine grafische Darstellung dieses Überblicks ist in Abbildung 14 ersichtlich.

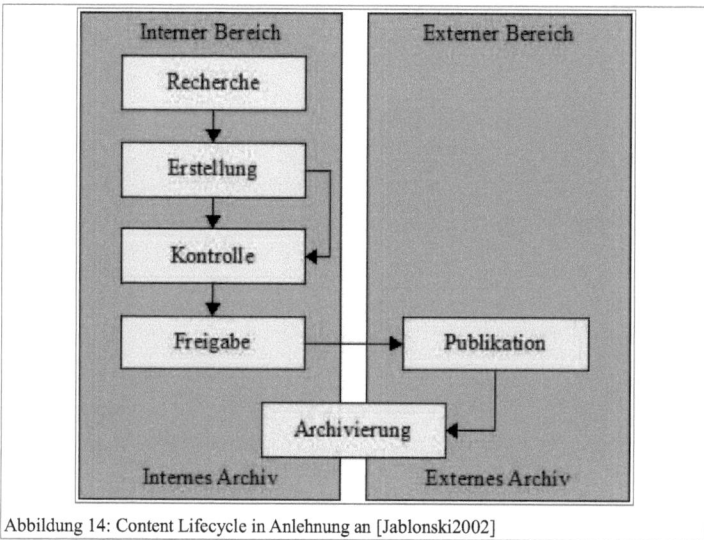

Abbildung 14: Content Lifecycle in Anlehnung an [Jablonski2002]

Im konkreten Fall erstellt ein Autor, nach der Durchführung einer Recherche, ein Content Objekt und gibt dieses dann zur Kontrolle weiter. Diese Kontrolle kann durch ihn selbst (z.b. Vorschau Funktion) oder durch eine dritte Person erfolgen. Bei negativer Kontrolle geht das Content Objekt wieder zurück zur Erstellung, bei positiver Kontrolle erfolgt eine Freigabe und danach die Veröffentlichung. Ist das Content Objekt am Ende seines Lebenszyklus angekommen, beispielsweise indem ein Freigabedatum abläuft, dann wird dieses Objekt archiviert. Die Archivierung stellt dabei nichts anderes als eine spezielle Art der Content Organisation dar, indem ein Objekt als nicht mehr aktiv markiert und in einen Archiv Bereich innerhalb des Repositories verschoben wird. [McKeever2003] fasst diese Bearbeitungsschritte in zwei übergeordnete Phasen zusammen: Das Sammeln und Erstellen des Inhaltes, und das Publizieren des Inhaltes.

Setzt man die jeweiligen Zustände, welche ein Content Objekt im Web Content Management und im Content Management einnehmen kann miteinander in Verbindung, dann ergibt sich die in Tabelle 1 dargestellte Matrix.

Beschreibung	Funktion im *WCM*	Funktion im *CM*
Suchen und Finden des notwendigen Inhaltes	Recherche	Retrieval
	Recherche	Reading
Erkennen des für das zu erstellende Dokument notwendigen Inhaltes		Recognition
Erstellung des Inhaltes	Erstellung	Re-Interpretation
Kontrolle des Inhaltes durch den Ersteller selbst oder durch eine dritte Person	Kontrolle	Reviewing
Freigabe des Inhaltes	Freigabe	Release
Verfügbarmachung des Inhaltes am System, welches dem außenstehenden Benutzer Zugriff auf die Inhalte bietet	Publikation	
Ausscheiden und Sichern des Inhaltes aus dem produktiven System	Archivierung	Re-Structuring

Tabelle 1: Vergleich Content Management - Web Content Management

Ein wesentlicher Teil in diesem Vergleich ist der Punkt „Publikation". Dieser tritt nur im Rahmen des Web Content Management auf, ein typisches Beispiel dafür wäre das Erstellen einer HTML Seite oder eines HTML Fragmentes welches den Inhalt des Content Dokumentes enthält und kopieren dieser Datei auf den Server, welcher die

Inhalte dem aussenstehenden Benutzer zur Verfügung stellt. Ein Beispiel für solch einen Publikationsprozess wäre das Kopieren der Daten mittels FTP auf einen anderen Server.

Benutzergruppen

Wird der Content Lifecycle mit Benutzern hinterlegt, wird schnell klar, das eine effiziente Verwaltung dieser Benutzer und deren Rechte notwendig wird. Darüber hinaus kommt eine Unterstützung für mehrere Benutzer und ein verteiltes Konzept für die Content Erstellung, um geografisch und über Abteilungsgrenzen hinweg eine Erstellung von Content zu ermöglichen, hinzu ([McKeever2003]). Um einen Flaschenhals im System zu vermeiden (z.b. nur eine Person kann Artikel freigeben, oder ist, wie in früheren Systemen oft üblich, in der Lage HTML Seiten zu publizieren) sind Vertretungsregelungen für definierte Rollen notwendig.

Dieser Aspekt des Web Content Management kann mit dem Aspekt der Collaboration im Content Management in Verbindung gesetzt werden und stellt auch davon eine Teilmenge dar.

Ziele beim Einsatz von Web Content Management Systemen

Die zwei hauptsächlichen Ziele beim Einsatz von Web Content Management Systemen sind die Optimierung des Publikationsprozesses und die Steigerung der Effizienz bei der Verwaltung des Content (z.B. durch automatisiertes Link-Management, Versionierung, Archivierung und automatische Publikationszeiträume ([Heinrich2008])). Sehr oft wird die Abbildung des Workflows mit einer Workflow-Komponente erreicht, diese unterstützt den Arbeitsvorgang, protokolliert ihn und macht ihn besser überwachbar und auswertbar. Durch diese optimierten Prozesse, die eine höhere Qualität und schnellere Publikationsprozesse gewährleisten, wird schließlich auch eine Kosteneinsparung erreicht.

Klassifikation von Content

Der Kern bei Web Content Management Systemen liegt bei der Erstellung von neuem Content, nicht so sehr auf der Aufbereitung von bereits vorhandenem. [Schuster2000a] beschreibt vier Arten von Content Klassen, welche in Abbildung 15 erläutert sind.

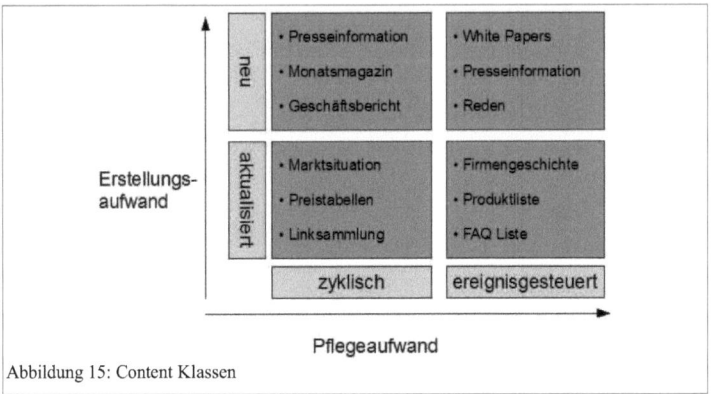

Abbildung 15: Content Klassen

2.5 Zugrunde liegende Standards

In diesem Kapitel sollen die zugrunde liegende Standards für Portlets näher beschrieben werden. Zu Beginn soll außerdem ein Überblick gegeben werden, welche nicht Java (d.h. keine JSR) basierten Ansätze es für Portaltechniken, oder Techniken, die mit der Portaltechnik vergleichbar sind, gibt und diese kurz beschrieben werden. Die grundsätzlichen Portalprodukte, d.h. Portletcontainer und ihre Ausprägungen und Funktionen wurden bereits in Kapitel 2.3 (Portletcontainer) vorgestellt.

2.5.1 Widgets

Die Bezeichnung Widget ist ein Kofferwort, welches aus den Begriffen Window und Gadget gebildet wird. Darunter ist ein in einem Fenster ablaufendes, kleines Anwendungsprogramm zu verstehen, welches ursprünglich im Rahmen eines Betriebssystems ausgeführt wird. Von der Umgebung (Betriebssystem) werden dem Widget Schnittstellen und Ressourcen zur Verfügung gestellt, auf die es zugreifen kann. Neuere Entwicklungen von Widgets gehen allerdings in eine Web basierte Richtung, das umgebende System ist dabei eine sogenannte Widget Engine[21].

---

[21] z.B. iGoogle, Yahoo Widget Engine oder Facebook

Abbildung 16: Beispiel für eine Widget Seite: iGoogle

Eine einheitliche Definition einer Schnittstelle für Widgets wird durch die W3C erstellt, ein erster Releasekandidat für diese Spezifikation wird in [Caceres2009] definiert. Einer der Hauptunterschiede zwischen Widgets und Portlet liegt darin, das Widgets Client basiert sind. Die Anordnung und die Darstellung wird vollständig am Client durchgeführt, was im Fall von Web basierten Widgets ein entsprechendes Endgerät (Browser) voraussetzt. Im Unterschied dazu sind Portlets serverbasiert, d.h. der HTML Code einer Portal Page, und damit die Anordnung der einzelnen HTML Fragmente welche von den Portlets generiert werden, wird bereits am Server erzeugt.

Einige der Funktionen, die im Rahmen der Entwicklung der Portlet Spezifikationen von Version 1.0 zu Version 2.0 hinzugekommen sind, sind in der Widget Spezifikation nicht, bzw. noch nicht enthalten. Konkret fehlt in der aktuellen Spezifikation eine definierte Kommunikation zwischen den einzelnen Widgets, welche auf einer Seite eingesetzt werden. Diese Funktionalität ist in der Portlet Spezifikation anhand der Inter-Portlet-Communication (d.h. des Austausches von Nachrichten und Parametern zwischen Portlets) geregelt, für die Widget Technologie liegt hierzu ein Vorschlag von [Sire2009] vor.

Ein Anknüpfungspunkt zwischen der Widget und der Portlet Technologie kann darin bestehen, dass je Portlet ein Widget integriert wird. Dieser Ansatz wird in [Sire2008] beschreiben, ein Beispiel dafür ist die Einbindung von Google Gadgets als Portlets. Diese

Funktionalität wird z.b. von Portalprodukten von Liferay[22] oder JBoss[23] unterstützt, über die Funktionalität von Portlet Initialisierungsparametern ist es möglich, eine rudimentäre Kommunikation mit dem Widget aufzubauen.

Eine Übersicht über die aktuell am Markt befindlichen Produkte, die die Funktion einer Widget Engine zur Verfügung stellen ist in [Hoyer2008], Abbildung 6 dargestellt. Die Vielzahl der hier vorkommenden Produkte erinnert an die Entwicklung der Portlet Container Produkte, bei denen es in den letzten Jahren zu einer erheblichen Marktbereinigung gekommen ist und mittlerweile nur noch eine Handvoll Anbieter am Markt vertreten sind.

Der Widget Ansatz zur Darstellung einer Portalfunktionalität wird in der Arbeit nicht weiter verfolgt, da die Portaltechnik viel weiter entwickelt und derzeit als einziger Standard am Markt verfügbar ist. [Hoyer2008] stellt im Fazit vor allem den Mangel an Stabilität und Sicherheitsaspekten heraus, ebenso das Fehlen von einheitlichen Werkzeugen zur Erstellung und Wartung von Widgets. Ein Standard für die Widget Technologie ist erst im entstehen, wobei dieser allerdings schon zum Start einige der wesentlichen Funktionalitäten des Portlet Standards (z.B. Inter-Portlet-Communication) nicht beinhalten wird. Aufgrund der hier dargestellten Funktionalität, die Widgets bieten und der Möglichkeit der Einbindung von Widgets in Portlets, kann diese Technologie auch als eine Erweiterungsmöglichkeit bzw. Anwendungsgebiet der Portlet Technologie gesehen und in diese integriert werden.

2.5.2 JSR basierter Standard

Im Unterschied zu der im vorigen Kapitel dargestellten Widget Technologie existiert für den Bereich der Java basierten Portlet Technologie bereits seit Jahren ein Standard, welche im Rahmen des JCP (Java Community Process[24]) erstellt wurde.

Der JCP wurde im Jahr 1998 ins Leben gerufen, um in einem offenen Verfahren Spezifikationen und Referenz Implementierungen für die Programmiersprache Java weiterzuentwickeln und zu verbessern. Die JCP Organisation besteht aus Mitgliedern, die sich aus Vertretern von Firmen, Organisationen (Bildungseinrichtungen, Behörden, Non-Profit-Organisationen) und auch aus individuellen Mitgliedern zusammensetzt.

Jedes dieser Mitglieder hat das Recht, einen neuen Java Specification Request (JSR) einzuleiten oder einen Bestehenden zu erweitern bzw. zu ändern. Innerhalb dieser Java Specification Requests werden technologische Erweiterungen der Programmiersprache

---

22 http://www.liferay.com/web/guest/community/wiki/-/wiki/Main/Google+gadget
23 http://docs.jboss.com/jbportal/v2.7.1/referenceGuide/html/widgets.html
24 http://www.jcp.org

Java beschrieben, aber auch neue Versionen von Java selbst (z.B. Java™ Micro Edition (Java ME™), Java™ Platform Enterprise Edition (Java EE™) und die Java™ Standard Edition (Java SE™)).
Abbildung 17 gibt einen Überblick, welche einzelnen Schritte ein JSR von der Initialisierung bis zum Abschluss durchläuft.

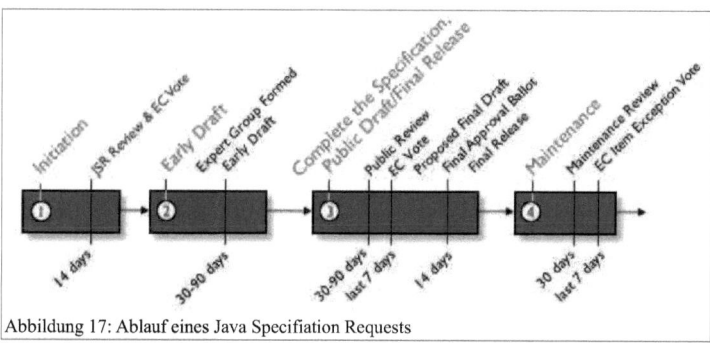

Abbildung 17: Ablauf eines Java Specifiation Requests

Dieser Prozess selbst ist im JSR-215[25] beschrieben, der aktuell in der Version 2.5 vorliegt und die Vorgehensweise im Rahmen eines Specification Requests regelt.
Jeder (auch jemand, der nicht Mitglied bei der JCP ist) kann für eine bestehende Spezifikation eine Implementierung anbieten (die Spezifikation ist nur eine Definition von dem, was ein System leisten soll). Solange diese Implementierung die Interfaces und die Semantik der Java Spezifikation erfüllt, ist eine Portabilität innerhalb verschiedener Implementierungen der Spezifikation gegeben ([Poole2001]).
Der erste Java Specification Request mit der Nummer JSR-000001, „Real-time Specification for Java" wurde schließlich im Jahr 1998 gestartet und mit der Final Version 2002 abgeschlossen ([Bollella2000]).
Bis jetzt wurden 356 Java Specification Requests eröffnet, von denen sich im Moment noch ca. 90 in der Phase der Entwicklung befinden.

2.5.3 JSR-168

Eine grundlegende Einführung in Portale und deren Funktionen wurde bereits in Kapitel 2.2 (Portale) gegeben. Dieses Kapitel geht in den technischen Bereich und beschäftigt sich mit dem grundlegenden Standard für Java Portale, JSR-168 ([Abdelnour2003]) und dessen Basiskomponenten und Funktionen.

---

25 http://www.jcp.org/en/jsr/detail?id=215

JSR-168 wurde am 29.Januar 2002 bei der JCP eingereicht und von mehreren namhaften Firmen unterstützt[26]. Der Specification Request hatte das Ziel, die Aggregation von Inhalten aus heterogenen Systemen in eine einheitliche Portalseite zu spezifizieren. Ansätze dazu hat es schon vor diesem JSR gegeben, diese Ansätze mündeten in zwei voneinander unabhängige JSRs, nämlich JSR-162[27] von IBM und, weil sie mit dem von IBM eingebrachten Specification Request nicht einverstanden waren, JSR-167[28] von Sun. Beide Anträge wurden schließlich zugunsten von JSR-168 zurückgezogen bzw. gingen in JSR-168 auf ([Richardson2004]).

Die Portlet Spezifikation JSR-168 legt die Basis für einen offenen Standard im Bereich der Frameworks für Portal Entwicklung. Portlets bieten eine API die es ermöglicht, modulare, kombinierbare Benutzerschnittstellen zu entwickeln. Ein Portlet ist ein kleines Fenster, welches innerhalb einer Portal Page eingefügt werden kann, mehrere Portlets können von einem Entwickler, System Administrator oder auch vom Endbenutzer selbst zu einer sinnvollen Einheit, einer Portal Page zusammengefügt werden. JSR-168 bietet eine Abstraktion auf Portale, zusammen mit einer API und ermöglicht so eine standardisierte Verbindung zwischen Portalen und Portlets ([Allan2003]).

Nach einem öffentlichen Review im Juni 2003 wurde JSR-168 schließlich als Standard in der Version 1.0 in der dritten Juli Woche 2003 verabschiedet.

2.5.3.1 Portlet Lifecycle

Ein Portlet lebt, ähnlich wie ein Servlet in einem Servlet Container, in einem Portlet Container und nimmt dort verschiedene Stati je nach aktuellen Lebenszyklus ein. Das Portlet API definiert eine Reihe von Methoden, welche die Interaktion zwischen Portlet und Portletcontainer regeln ([Novotny2004]).

Initialisierung

Der Portlet Container führt die Initialisierung der Portlets durch, indem er in jedem Portlet die Methode

```
init(PortletConfig config)
```

---

26 Unter anderem wurde der Specification Request von folgenden Firmen und Organisationen unterstützt: Accenture, Apache Software Foundation, BEA, Boeing, Borland, Bowstreet, Cap Gemini Ernst & Young, Citrix, DaimlerChrysler (jetzt Daimler AG), Documentum (jetzt EMC Corporation), Ever-Team, Enformia Ltd, Epicentric, Hewlett-Packard, Interwoven, Macromedia, McDonald Bradley, Oracle, Plumtree, SAP, Silverstream, Sybase, Tarantella, Inc. und Vignette.
27 Portlet API: http://www.jcp.org/en/jsr/detail?id=162
28 Java Portlet Specification: http://www.jcp.org/en/jsr/detail?id=167

aufruft. In dieser Methode können vom Portlet einmalige Aktionen (z.B. Einlesen von Konfigurationsparametern) oder laufzeitintensive Aktionen (z.B. Aufbau eines Datenbank-Verbindungspools) durchgeführt werden.

Erst nachdem ein Portlet vom Container initialisiert worden ist, steht es zur Verfügung, um Requests zu bearbeiten.

Request Handling

Requests an ein Portlet gehen, nicht wie in einer normalen Web Applikation direkt auf das Servlet, sondern an den Portlet Container, dieser ist für die Verteilung und Abarbeitung der Requests zuständig.

Ein Request wird dabei, im Unterschied zu einem normalen Servlet Request in zwei Phasen aufgespalten, in eine Action und eine Render Phase. Diese beiden Phasen sind durch die Methoden

`processAction(ActionRequest request, ActionResponse response)`

und

`render(RenderRequest request, RenderResponse response)`

im Portlet implementiert, welche, entsprechend der jeweiligen Phase, vom Container aufgerufen werden. Die Action Methode wird immer nur bei einem Portlet, nämlich dem aktiven, aufgerufen, dabei werden Business Aktionen (z.B. Zugriffe auf Backendsysteme, Datenbankzugriffe, etc.) durchgeführt. Nachdem die Action Methode zu Ende geführt ist, werden vom Container nacheinander die Render Methoden aller Portlets der aktiven Portal Page aufgerufen. Deren Aufgabe ist es, ein Markup zu erzeugen (üblicherweise ein HTML Fragment), welche der Container dann zu einer Gesamtseite aggregiert. Nachdem die Reihenfolge, in die die Render Methoden aufgerufen werden, nicht definierbar ist, dürfen hier nur solche Aktionen ausgeführt werden, die keine Abhängigkeiten zueinander haben. Im Gegensatz zur Action Methode kann in der Render Methode auch auf den Output Stream geschrieben werden. Abbildung 18 zeigt schematisch den Ablauf eines Client Requests auf einen Portlet Container.

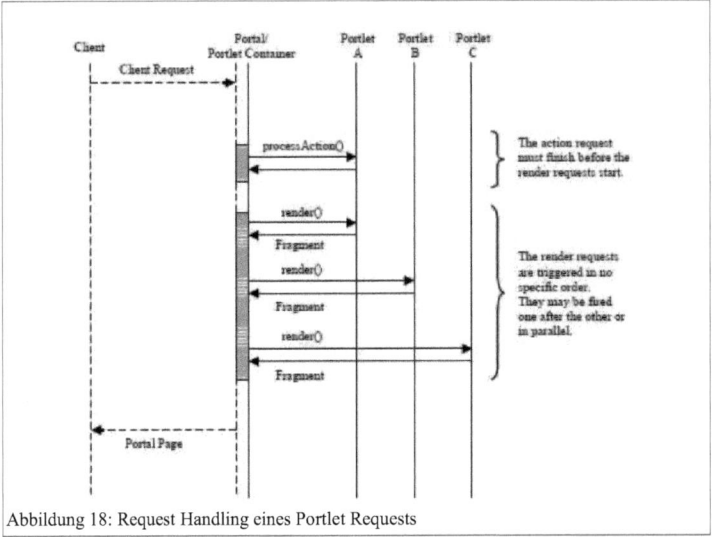

Abbildung 18: Request Handling eines Portlet Requests

Bei beiden Methoden stehen Wrapper Objekte auf den `ServletRequest` und `ServletResponse` zur Verfügung, diese bieten erweiterte, portalspezifische Methoden ([Novotny2008]).

Shutdown

Analog zur Initialisierung eines Portlets gibt es auch eine Methode, welche aufgerufen wird, um ein Portlet zu entfernen. Die Methode

`destroy()`

wird vom Portlet Container am Ende des Lebenszyklus eines Portlets aufgerufen. Dies geschieht üblicherweise beim Herunterfahren des Containers, kann aber auch im laufenden Betrieb geschehen, um ein Portlet aus dem Service zu nehmen, um es zu einem späteren Zeitpunkt wieder zu Aktivieren.

2.5.3.2 Deskriptoren

Der Deployment Deskriptor enthält die Elemente und Konfigurationseinstellungen eines Portlets. Portlet Applikationen sind als standalone Applikationen gedacht, die von einem Portlet Container verwaltet werden. ([Zhang2005]).

```xml
<portlet-app>
     <portlet>
          <description>
               Anzeige von Wetterdaten zu einer PLZ
          </description>
          <portlet-name>Weather</portlet-name>
          <display-name>Wetter Portlet</display-name>
          <portlet-class>
               at.test.WeatherPortlet
          </portlet-class>
          <expiration-cache>0</expiration-cache>
          <supports>
               <mime-type>text/html</mime-type>
               <portlet-mode>view</portlet-mode>
               <portlet-mode>edit</portlet-mode>
          </supports>
          <supported-locale>de</supported-locale>
          <portlet-info>
               <title>Wetter Portlet</title>
               <keywords>Wetter</keywords>
          </portlet-info>
          <init-param>
               <name>PLZ</name>
               <value>4020</value>
          </init-param>
          <portlet-preferences>
               <preference>
                    <name>DaysToShow</name>
                    <value>3</value>
               </preference>
          </portlet-preferences>
     </portlet>
</portlet-app>
```

Listing 1: portlet.xml Descriptor

Listing 1 zeigt ein Beispiel für einen Portlet Deskriptor, welcher in der Datei `portlet.xml` enthalten ist und in einer WAR Datei im Verzeichnis WEB-INF enthalten sein muss. Ein Deskriptor muss zumindest einen eindeutigen Namen (`<portlet-name>`) und eine Referenz auf eine Java Klasse (`<portlet-class>`) beinhalten, `<description>` und `<display-name>` sind optional, dienen aber der Dokumentation und der einfachen Lesbarkeit und Wiederauffindbarkeit. Eine für die Performance wesentliche Einstellung findet sich in `<expiration-cache>`, damit kann das vom Portlet erzeugte HTML Fragment gepuffert werden, ein Wert von -1 heißt dabei, dass immer, ein Wert von 0 das nie gepuffert wird und ein Wert von >0 gibt die Zeit in Sekunden an, bis die Render Methode im Portlet das nächste mal aufgerufen wird. Im Bereich `<supports>` werden alle Mime Types angegeben, die das Portlet produziert (z.B. HTML oder WML) und die Modi, in denen das Portlet arbeiten kann, im vorliegenden Beispiel view und edit. `<portlet-info>` beinhaltet einige Metadaten zum Portlet, einen Titel, welcher in der Titelleiste eines Portlets angezeigt wird (siehe Abbildung 8), einen Kurztitel welcher in speziellen Endgeräten, z.B. Handhelds verwendet wird und Keywords, die für eine Suche verwendet werden können. Konfigurationseinstellungen für ein Portlet werden in `<portlet-preferences>` angegeben, diese

Werte können innerhalb der Portlet Klasse ausgelesen werden ([Diaz2004],[Novotny2008]). Eine detaillierte Erklärung und ein Beispiel des Portlet Deskriptors ist in der Java Portlet Spezifikation 1.0, [Abdelnour2003], Seite 94f, dargestellt.

2.5.3.3 Portlet Objekte

JSR-168 definiert insgesamt 12 Klassen und 14 Interfaces, die wichtigsten dieser Objekte werden im Folgenden näher beschrieben ([Novotny2008]).

GenericPortlet

`GenericPortlet` bietet eine Implementierung des Interfaces Portlet, welche direkt verwendet werden kann. In dieser Klasse ist bereits eine Weiterleitung von der `render()` Methode an die entsprechenden Methoden `doView()`, `doEdit()` und `doHelp()` enthalten. Diese Methoden und die Methode `processAction()` müssen in der Subklasse implementiert werden.

PortletConfig

Diese Klasse bietet Zugriff auf die Konfigurationselemente, die in `<portlet-preferences>` in der Datei `portlet.xml` definiert wurden, den Portlet Namen und auf ein Resource Bundle, sofern eines definiert wurde.

PortletContext

Diese Klasse bietet einen Wrapper auf die Klasse `ServletContext` in der darüberliegenden Web Applikation. Damit besteht Zugriff auf einen Logger, eine Information über die Version und eine Reihe von globalen Attributen des Containers. Von Bedeutung dabei ist der `PortletDispatcher` der über den `PortletContext` bezogen werden kann und mit dem die Ausgabe des Portlets auf eine JSP Seite umgeleitet werden kann, bzw. das JSP die Ausgabe produziert.

PortalContext

Diese Klasse bietet einen lesenden Zugriff auf globale Infos zum Portal und anderen herstellerspezifischen Attributen.

PortletRequest

Der `PortletRequest` ist aufgeteilt in `ActionRequest` und `RenderRequest`, je nachdem, in welcher dieser beiden Phasen sich das Portlet befindet. Diese beiden Klassen sind Wrapper Klassen zum `ServletRequest`, bieten aber eine eingeschränkte Funktionalität beim Auslesen der Request Parameter (Parameter, die von einem HTML Formular in Portlet A abgeschickt wurden, können nur in Portlet A aus dem Request ausgelesen werden, für andere Portlets sind diese Parameter nicht sichtbar) und einige Portal spezifische Erweiterungen.

PortletResponse

Auch der `PortletResponse` ist in `ActionResponse` und `RenderResponse` aufgeteilt, analog zu `PortletRequest`. In der Action Phase können im `ActionResponse` Parameter gesetzt werden, die in der Render Phase ausgelesen werden können, weiters können der Window State und Mode geändert werden. In der Render Phase kann, sofern die Ausgabe nicht von einer JSP übernommen wird, auf einen Output Stream geschrieben werden, welcher über den `RenderResponse` aufgerufen wird.

PortletRequestDispatcher

Diese Klasse kann über den `PortletContext` aufgerufen werden und bietet eine Methode, `include()`, mit der die Ausgabe auf eine JSP Datei umgeleitet werden kann. Ein Beispiel dafür ist im folgenden Code Snippet zu finden:

```
getPortletContext().
    getRequestDispatcher('/jsp/view.jsp').
    include(request,response)
```

PortletSession

Die Portlet Session basiert auf der normalen HTTP Session, Objekte können in dieser Session im `APPLICATION_SCOPE` (der dieselbe Funktion hat wie eine normale HTTP Session – Sichtbarkeit für alle Portlets) oder im `PORTLET_SCOPE` (Sichtbarkeit nur innerhalb des eigenen Portlets gegeben) gespeichert werden.

PortletUrl

Eine `PortletUrl` kann über die Methoden `createRenderURL()` und `createActionURL()` im `RenderResponse` generiert werden. Optional können in einer URL der Window State und der Mode gesetzt und angegeben werden, dadurch wird unter Anderem festgelegt, ob es sich um eine sichere URL (über HTTPS) handelt. Eine Portlet URL ist je nach Hersteller unterschiedlich, wie eine Portlet URL tatsächlich aussieht und wie die Parameter genauer übergeben werden, ist in der Spezifikation nicht geregelt.

PortletPreferences

Für jeden Benutzer können Einstellungen gespeichert werden, diese können über die `PortletPreferences` Klasse ausgelesen werden. Die Preferences können in der Action Phase eines Requests geändert und gelesen, und in der Render Phase nur gelesen werden.

Portlet Tag Library

Für die Verwendung in JSP Dateien ist eine Tag Library vorhanden, mit dieser können, so wie mit der Klasse `PortletUrl`, für einen Portlet Container spezifische URLs generiert werden.

2.5.4 WSRP

WSRP (Web Services for Remote Portlets) ist ein von OASIS[29] freigegebener Standard ([Kropp2003]) der als „a web services interface for accessing and interacting with interactive presentation-oriented web services" definiert wird ([Yang2006], Seite 3) und im Jahr 2003 in der Version 1.0 verabschiedet wurde. Seit 1.April 2008 ist auch eine Version 2.0 ([Thompson2006]) verfügbar, die die Version 1.0 erweitert.

Mit WSRP ist es möglich, Portlets auszuführen und in eine Portal Page einzubinden, welche sich nicht innerhalb des eigenen Portlet Containers befinden, sondern auf einem entfernten Portlet Container liegen. Diese Architektur ist in Abbildung 19 dargestellt.

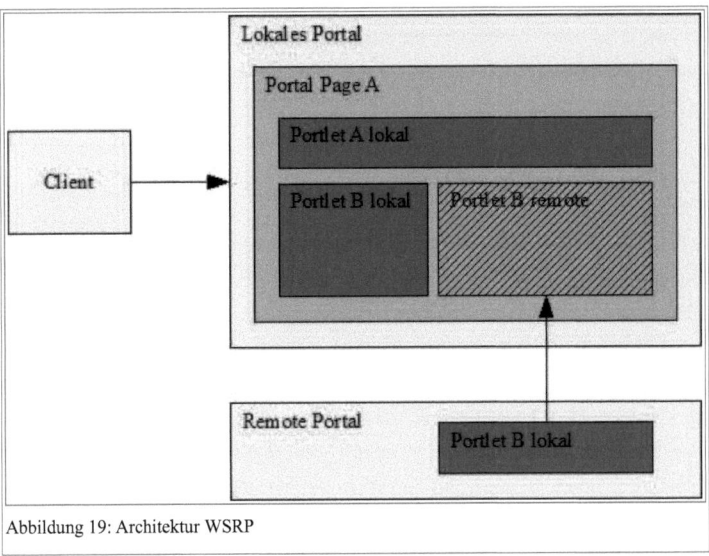

Abbildung 19: Architektur WSRP

WSRP ist, anders als JSR-168 Portlets, Web Service basiert, d.h. es ist möglich, auch Portlets in JSR-168 bzw. JSR-286 basierte Portale einzubinden, welche nicht Java basiert sind. Auf diese Art und Weise wird die Grundidee eines Portals, die Aggregation der Benutzerschnittstellen von heterogenen Systemen erweitert.

[Akram2005a] beschreibt die folgenden Aktoren innerhalb einer WSRP Architektur:

WSRP Producer

Ein WSRP Producer ist ein Web Service, mit einer WSDL und definierten Endpoints welche einen Container von Portlets darstellen.

---

29 http://www.oasis-open.org

WSRP Portlet

Ein WSRP Portlet ist eine Benutzerschnittstelle, welche innerhalb eines WSRP Producers existiert und über Web Services angesprochen werden kann. Ein WSRP Portlet kann nicht direkt angesprochen werden, sondern immer nur über den darüberliegenden Producer.

WSRP Consumer

Ein WSRP Consumer ist ein Web Service Client, der Web Services, welche von einem Producer angeboten werden, aufruft und eine Umgebung zur Verfügung stellt, über welche Portlets von Producern aufgerufen werden können. Ein WSRP Consumer arbeitet ähnlich einem Proxy, er nimmt Anfragen entgegen und leitet diese an definierte Endpunkte weiter.

Der grundlegende Ansatz von WSRP ist die Verbindung bzw. der Austausch von Portlets über eine definierte Web Schnittstelle. Sowohl Producer als auch Consumer müssen in der Lage sein, den entsprechenden Standard zu unterstützen. Würde der WSRP Standard als Basis für die Problemstellung der vorliegenden Arbeit zugrunde liegen, so würde dies voraussetzen, das auch das Content Management System in der Lage ist, ein WSRP Portlet zu erstellen und dieses dem Portal dann zur Einbindung anzubieten (z.B. mit WSRP4J[30]). Mit diesem Ansatz ergibt sich allerdings ein grundlegender Nachteil, der die Einbindung dieser Portlets in das Portal betrifft. Diese Einbindung ist nämlich nicht so tief wie bei einem normalen Portlet, einige grundlegende Problemstellungen der vorliegenden Arbeit, wie z.B. die Synchronisation der Navigationsstrukturen könnten mit diesem Ansatz nicht umgesetzt werden. Aus diesem Grund wird dieser Standard für die Lösung der Problemstellung nicht mehr weiter in Betracht gezogen.

2.5.5 JSR-286

Bei der Verwendung der Portlet Spezifikation 1.0 wurden rasch Einschränkungen sichtbar, die sich vor allem auf den Bereich der Kommunikation zwischen den Portlets konzentrieren. Aus diesem Grund entstand auf Basis von JSR-168 eine neue Spezifikation, die unter der Nummer JSR-286[31] ([Hepper2008]) eingebracht und am 12.Juni 2008 in der Final Release verabschiedet wurde und den Portlet Standard 2.0 darstellt. Die größten Änderungen im Vergleich zur Version 1 werden im Folgenden dargestellt.

Events

Zwischen der Action Phase und der Render Phase wurde eine neue Phase eingeführt, eine Event Phase. Im Deployment Deskriptor wird bei jedem Portlet festgelegt, wel-

---

30 http://portals.apache.org/wsrp4j/
31 http://www.jcp.org/en/jsr/detail?id=286

che Events verschickt und welche Events empfangen werden können. Ein Event kann in einem Portlet in der Action Phase verschickt werden, dabei wird im Empfänger Portlet eine entsprechende Methode aufgerufen und ausgeführt.

Public Render Parameter

Parameter in der URL konnten in der Version 1.0 der Spezifikation immer nur an dasjenige Portlet übergeben werden, welches die Parameter auch abschickte. Es war daher nicht möglich, von einem Portlet aus einen Parameter an ein anderes Portlet zu übergeben (z.B. die ID eines Content Management System Dokumentes in einem Content Management System Portlet, aufgerufen aus einem Menü Portlet). In der Version 2.0 des Portletstandards ist es möglich, einen Parameter als „public" zu definieren. Wird ein als public definierter Parameter über eine URL übergeben, so kann er von allen anderen Portlets auf der Seite ausgelesen werden.
In der Datei portlet.xml ist dabei folgende Definition notwendig:
Der Parameter param_a wird als Public definiert und kann nun von beiden Portlets ausgelesen werden.

```
<portlet-app>
    <portlet>
        <portlet-name>WeatherPortlet</portlet-name>
        <portlet-class>
            at.test.WeatherPortlet
        </portlet-class>
        <supports>
            <mime-type>text/html</mime-type>
        </supports>
        <portlet-info>
            <title>Weather Portlet</title>
        </portlet-info>
        <supported-public-render-parameter>
            param_a
        </supported-public-render-parameter>
    </portlet>
    <portlet>
        <portlet-name>LocationPortlet</portlet-name>
        <portlet-class>
            at.test.Location
        </portlet-class>
        <supports>
            <mime-type>text/html</mime-type>
        </supports>
        <portlet-info>
            <title>Location Portlet</title>
        </portlet-info>
        <supported-public-render-parameter>
            param_a
        </supported-public-render-parameter>
    </portlet>
    <public-render-parameter>
        <name>param_a</name>
        <identifier>param_a</identifier>
    </public-render-parameter>
</portlet-app>
```

Listing 2: portlet.xml mit Public Render Parameter

Resource Serving

Im Portlet Standard 1.0 war es nicht möglich, Ressourcen, d.h. Office Dokumente, PDF Dokumente oder ähnliche über das Portal an den Browser auszuliefern, da nur HTML und Text Fragmente als Ausgabe eines Portlets verwendet werden konnten. Im Standard 2.0 ist es nun möglich, über eine spezielle URL auf Ressourcen zuzugreifen:

```
ResourceURL resUrl = response.createResourceURL();
resUrl.setResourceID("pdf-result");
resUrl.setCacheability(CacheLevel.PORTLET.toString());
```
Listing 3: Resource URL

Mit dem Code in Listing 3 wird eine `ResourceURL` definiert, diese kann in einer JSP Seite als Link verwendet werden. Wird dieser Link angeklickt, leitet das Portal die Anfrage an die Methode `serveResource()` im Portlet weiter, dort kann direkt auf den `PrintWriter` bzw. auf den `PortletOutputStream` geschrieben werden.

Ajax

In der Version 1.0 der Portlet Spezifikation gab es nur eine rudimentäre Unterstützung für Ajax. Ajax Requests mussten, am Portal vorbei, von einem speziellen Servlet beantwortet werden, welches direkt adressiert wurde. Diese Vorgehensweise ist in Abbildung 20 dargestellt. Der Zugriff auf Ressourcen einer Applikation am Portal vorbei führte dazu, dass die gesamte Logik bzw. die Daten des Portals, z.B. der aktuelle Status einer Sitzung oder das Erzeugen eines Portallinks, bei diesem Zugriff nicht verfügbar sind. Die hier fehlenden Funktionen mussten händisch zur Applikation hinzugefügt werden.

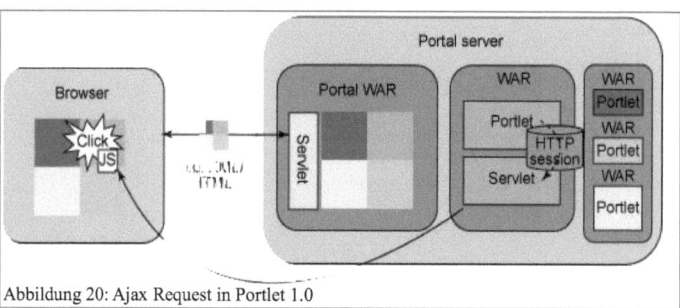
Abbildung 20: Ajax Request in Portlet 1.0

In der Version 2.0 ist es möglich, Ajax Requests direkt über das Portal abzuwickeln, was in Abbildung 21 dargestellt ist. Damit ist gewährleistet, dass auch innerhalb einer Ajax Kommunikation die volle Funktionsfähigkeit des Portals gegeben ist. Mit diesem Ansatz ist es möglich auf Benutzerdaten einer Sitzung zuzugreifen, entsprechende Portallinks zu generieren oder auf andere Ressourcen des Portlet Containers zuzugreifen.

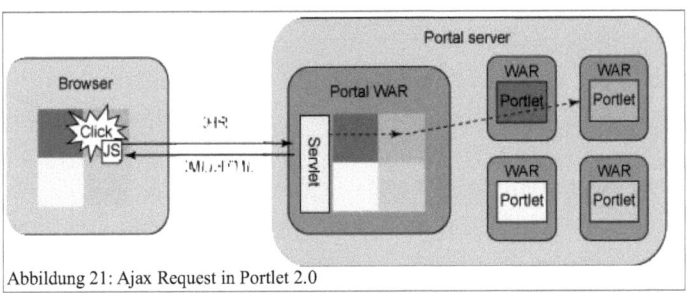

Abbildung 21: Ajax Request in Portlet 2.0

Portlet Filters

Ähnlich wie bei Servlets, können in der Portlet Spezifikation 2.0 Filter definiert werden. Diese Filter werden auf Ebene der Portlets eingestellt und werden vor bzw. nach jedem Aufruf eines Portlets bzw. einer bestimmten Phase durchlaufen. Die Aufgabe eines Filters ist, routinemäßige Aufgaben, die bei jedem Request anfallen, durchzuführen, wobei diese Aufgaben unabhängig von der Applikation bzw. von dem Portlet sein können, welches vor oder nach dem Durchlaufen des Filters ausgeführt wird. Ein Beispiel für einen Anwendungsfall für einen Filter ist die Ausgabe eines Log Statements vor und nach der Ausführung eines Portlets um beispielsweise die Durchlaufzeit zu messen.

Filter können für die folgenden Aktionen definiert werden:
```
javax.portlet.filter.ResourceFilter
    Für die Methode serveResource()
javax.portlet.filter.RenderFilter
    Für die Methode render()
javax.portlet.filter.ActionFilter
    Für die Methode processAction()
javax.portlet.filter.EventFilter
    Für die Methode processEvent()
```

Listing 4 zeigt ein Beispiel für die Definition eines Filters für einen `RenderRequest` in der Datei `portlet.xml`:

```xml
<filter>
      <filter-name>TestPortletRenderFilter</filter-name>
      <filter-class>
            at.test.filter.TestPortletRenderFilter
      </filter-class>
      <lifecycle>RENDER_PHASE</lifecycle>
</filter>
<filter-mapping>
      <filter-name>TestPortletRenderFilter</filter-name>
      <portlet-name>TestPortlet</portlet-name>
</filter-mapping>
</portlet-app>
```

Listing 4: Definition Render Filter

2.5.6 JSR-170

Jedes Content Management System benötigt eine Art von Repository für die Speicherung seiner Daten. Aus diesem Grund werden bzw. wurden viele Content Management Systeme mit eigenen Content Repositories (bzw. was der Hersteller darunter versteht) ausgeliefert. Diese Repositories erweitern üblicherweise einen Datenspeicher (z.B. eine Datenbank) und bieten allgemeine Funktionen, die im Content Management System benötigt werden. Diese, in jedem Content Management System in gleicher oder ähnlicher Weise benötigten Funktionen, werden mit unterschiedlichen Technologien und APIs implementiert und sind untereinander nicht kompatibel, wobei jeder Hersteller den Anspruch stellt, dass sein Repository das Zentrum ist.

Ein häufiger Anwendungsfall ist, dass in Organisationen teilweise zwei oder mehrere dieser Repositories existieren, alle mit unterschiedlichen Zugriffsmethoden und verbunden mit hohen Kosten für die Wartung und die Integration in andere Systeme.

JSR-170[32] ([Nuescheler2006]) ist ein im Jahr 2002 bei der JCP eingebrachter Specification Request (im weiteren als JCR – Java Content Repository bezeichnet), der am 17. Juni 2005 in der Final Release angenommen wurde. Ziel des Requests war es, eine definierte Schnittstelle auf einen Datenspeicher zu entwickeln, auf den über eine vereinheitlichte API, herstellerunabhängig, zugegriffen werden kann. Die Spezifikation kann dabei als eine Art JDBC Treiber für Content Repositories gesehen werden ([Nuescheler2005]). Wie die eigentliche Datenspeicherung vollzogen wird (in einer Datenbank oder auf dem Filesystem [Maier2005] oder auf einem anderen Medium), bleibt der Anwendung bzw. dem Client dabei verborgen.

---

32 http://jcp.org/en/jsr/detail?id=170

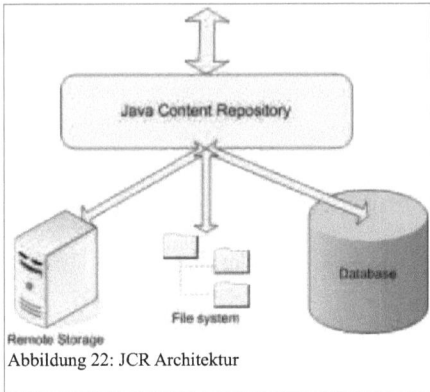
Abbildung 22: JCR Architektur

JCR kann Content, sowohl Binärdaten als auch einzelne Worte oder Zeichen, auf eine granulare Art und Weise behandeln, die Daten werden dabei in einer Knotenstruktur gespeichert. Die Knoten sind dabei untereinander durch eine Baumstruktur verbunden. Mittels XPath sind Abfragen auf diese Knotenstruktur möglich ([Volkel2007]).
[Fielding2005] beschreibt die folgenden vier Kernpunkte eines Java Content Repositories:

- Repository Model
- Compliance Level 1
- Compliance Level 2
- Optionale Funktionen

Ein Content Repository, welches die in JSR-170 beschriebene Schnittstelle implementiert, muss zumindest die Anforderungen von Compliance Level 1, und kann optional auch die Anforderungen von Compliance Level 2 erfüllen ([Moeller2004]), zusätzlich können noch optionale Anforderungen implementiert werden.

Der Standard JSR-170 stellt im Moment den einzigen verfügbaren und in größerem Maße verbreiteten Standard für Content Repositories dar. Weitere Standards, insbesondere außerhalb der Java Welt, sind zum jetzigen Zeitpunkt nicht vorhanden. Aus diesem Grund existieren für die meisten kommerziellen Content Management Systeme auch nur proprietäre Ansätze zur Datenspeicherung, welche keine, oder nur eine geringe Interoperabilität bieten. Da das Ergebnis der vorliegenden Arbeit auf Standards basieren und mit allen anderen Systemen, welche diese Standards unterstützen, funktionieren soll, wird im weiteren Verlauf auf diesem einzigen derzeit verfügbaren Standard aufgesetzt.

2.5.6.1 Repository Model

Das Kernstück eines jeden Repositories ist das Datenmodell, welches durch ein Repository Interface zugänglich gemacht wird. Dieses Konstrukt wird als Repository Model bezeichnet ([Fielding2005]). Das Repository Model definiert, wie die Daten in einem persistenten Speicher abgelegt werden und welche Schnittstellen einem Client zur Verfügung gestellt werden, um darauf zuzugreifen. Möchte ein Client eine Operation auf das Datenmodell absetzen, so ruft er die entsprechenden Schnittstellen in der API auf, beispielsweise würde eine `save()` Operation vom Content Repository in entsprechende Befehle des darunterliegenden Speichersystems (Datenbank, Filesystem) übersetzt und ausführt werden. Der Client selbst braucht keine Vorkehrungen zu treffen, wie diese Speicherung tatsächlich durchgeführt wird.

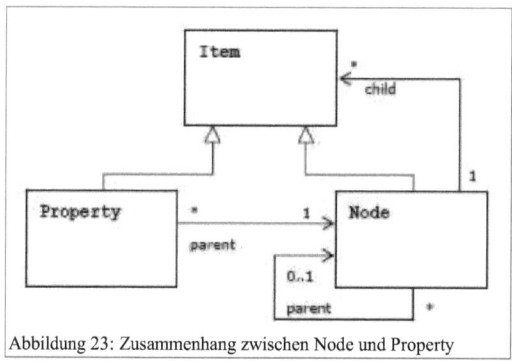

Abbildung 23: Zusammenhang zwischen Node und Property

Ein Content Repository besteht aus beliebig vielen Workspaces, wobei jeder einen Baum an Einträgen beinhaltet. Ein Eintrag kann dabei die Gestalt eines Knotens (Node) oder einer Eigenschaft (Property) annehmen, wobei jeder Knoten 0-n Kind-Knoten und 0-n Eigenschaften haben kann, eine Eigenschaft kann keine Kinder mehr haben. Der Workspace besteht aus einem Root Knoten, jeder darunterliegende Knoten hat genau einen Eltern Knoten ([Nuescheler2006]). Dieser Zusammenhang ist in Abbildung 23 schematisch dargestellt.

Die Ansicht, die ein Client auf diesen Baum bekommt, hat wenig mit der tatsächlichen Speicherung zu tun. Werden z.B. die Daten in einem Dateisystem abgelegt dann wird diese Ansicht, obwohl es von der Struktur her ähnlich aufgebaut ist, von derjenigen, die der Client bekommt, abweichen.

Durch die Spezifikation bleibt die Schnittstelle eines Content Repositories gleich, die konkrete Implementierung kann dabei je nach Anforderung und nach Umfang der Funktionen ausgetauscht werden. Es kann mit einer Repository Implementierung begonnen werden, welche nur den Level 1 unterstützt, später kann diese Implementierung gegen eine ausgetauscht werden, die auch den Level 2 unterstützt.

2.5.6.2 Compliance Level 1

[Nuescheler2006] definiert die folgenden Kriterien als muss Kriterien zur Erreichung des Compliance Level 1:

Discovery of access control permissions

Diese Funktionalität beinhaltet das Login eines Clients an einem Workspace und den Aufbau einer Session ([Fielding2005]). Dabei werden die Inhalte des Workspaces dem Client so aufbereitet, wie es seinen Rechten entspricht. Ein Repository kann dabei sein eigenes Berechtigungssystem aufbauen, oder aber auf ein externes Berechtigungssystem, wie z.b. JAAS (Java Authentication and Authorization Service), zugreifen.

Retrieval and traversal of nodes and properties

Nachdem eine Session aufgebaut wurde, kann der Client auf die Objekte eines Workspaces entweder direkt, indem der Baum durchgegangen wird, oder über eine Suche zugreifen. Das Durchgehen eines Workspaces erfolgt über den Root Knoten und dessen Kinder, der direkte Zugriff erfolgt über den Aufruf eines Pfades (z.B. /intranet/allgemein/faq). Das JCR stellt für diese Möglichkeiten die entsprechenden Schnittstellen zur Verfügung.

Reading the values of properties

Sobald ein entsprechender Knoten gefunden wurde, kann auf dessen Eigenschaften zugegriffen werden. Es wird dabei nicht zwischen Daten und Metadaten unterschieden, das Format wird über sogenannte Property Types definiert. Für die Typen String, Binary, Date, Double, Long, Boolean, Name, Path und Reference werden Standardtypen angeboten.

Transient namespace remapping

Der Name eines Knotens oder einer Eigenschaft kann optional mit einem Prefix versehen werden. Diese Namespaces orientieren sich am XML Standard, der Prefix referenziert eine URI. In JCR werden typischerweise eine Reihe von Prefixes standardmäßig angeboten.

Export to XML/SAX

Im Level 1 werden zwei Arten des Exports angeboten, eine System Ansicht und eine Dokumenten Ansicht. Die System Ansicht enthält alle im Workspace enthaltenen Elemente und Informationen. Dieser Export kann nur noch maschinell sinnvoll weiterverarbeitet werden, da er für einen Menschen bei einer größeren Datenmenge schnell unlesbar wird. Die Dokument Ansicht ist eine komprimierte Ansicht, die nicht mehr alle Informationen enthält, dafür aber lesbarer ist als die System Ansicht.

Query facility with XPath syntax

XPath ist eine Abfrage Sprache, die dazu entwickelt wurde, um in XML Dokumenten zu suchen. Diese Sprache bietet eine leicht verständliche Syntax um in einem Repository zu suchen, da der Aufbau eines Repositories dem eines XML Dokumentes ähnlich ist. Der Rückgabewert solch einer Abfrage ist eine Tabelle mit Namen von Eigenschaften und Inhalten, welche den Suchkriterien entsprechen.

Discovery of available node types

Jeder Knoten in einem Workspace muss genau einen Eltern Knoten haben. Dieser Eltern Knoten definiert die Namen, Typen und andere Charakteristika der Kind Knoten und Eigenschaften die dieser Knoten haben kann bzw. haben muss. Ein Knoten kann auch einen oder mehrere „mixin" Typen haben, die dessen Eigenschaften erweitern. Level 1 bietet Methoden, um die Knotentypen und deren Eigenschaften zu lesen und um auf die Definition der verfügbaren Knotentypen zuzugreifen.

Level 1 unterstützt die grundlegenden Funktionen, die für eine Read-Only Applikation in einem einfachen Repository notwendig sind und dabei mit dem Standard konform gehen. Typische Anwendungsfälle für Level 1 Repositories sind lesende Applikationen, die nur eine statische Konfiguration benötigen. Echte Web Content Management Systeme benötigen die erweiterten, bidirektionalen (Lesen und Schreiben) Funktionen von Level 2.

2.5.6.3 Compliance Level 2

[Nuescheler2006] definiert die folgenden Kriterien als Muss-Kriterien zur Erreichung des Compliance Level 2:

Adding and removing nodes and properties

Dies beinhaltet das Hinzufügen, Kopieren und Entfernen von Objekten (Knoten oder Eigenschaften) innerhalb eines Workspace. Diese Änderungen werden dann, wenn der Client eine Save Operation auf den Workspace absetzt, persistiert. Objekte können zwischen Workspaces auch verschoben, geklont und kopiert werden. Weiters stehen Funktionen zur Verfügung, mit denen ein Client den aktuellen Status des noch nicht gespeicherten Objektes mit denen im Workspace vergleichen, und dann entscheiden kann, ob die Objekte vereint oder die Änderungen verworfen werden sollen.

Writing the values of properties

Die Werte von Eigenschaften (welche den Hauptteil der Information enthalten) können mit entsprechenden Methoden von Knoten- und Eigenschaftsobjekten geschrieben werden. Dabei wird überprüft, ob ein zu speichernder Wert in den entsprechenden Typ umgewandelt werden kann, falls das nicht der Fall ist, wird ein Fehler ausgegeben.

Persistent namespace changes

Dies beschreibt die Möglichkeit, Namespaces hinzuzufügen, zu ändern und zu entfernen, sofern es sich dabei nicht um einen der eingebauten Namespaces handelt.

Import from XML/SAX

Dies erlaubt, XML Dokumente in den Repository zu importieren, wobei die Elemente des XML Dokumentes als Knoten und Eigenschaften gespeichert werden. Sofern es sich bei dem XML Dokument um ein Dokument in Form der System Ansicht des Workspaces handelt, hat der Import dieselbe Funktionalität wie ein Restore eines Backups. Dokumente, die mit der Level 1 Export Funktionalität erstellt wurden, erfüllen diese Anforderungen. Ansonsten wird der Namespace des Dokumentes zum Repository hinzugefügt und die Elemente als Knoten und Eigenschaften angelegt.

Assigning node types to nodes

Dies bietet die Möglichkeit, einem Knoten einen bestimmten Typ (primary oder mixin) zuzuweisen. Falls der Eltern Knoten bereits eine entsprechende Einschränkung aufweist, z.B. in der Form, dass alle Kind Knoten vom Typ „my:kunde" sein müssen, dann wird diese Zuordnung automatisch durchgeführt. Typen von Knoten können damit dazu benutzt werden, um bestimmte Datentypen innerhalb des Inhaltes umzusetzen.

2.5.6.4 Optionale Funktionen

Eine beliebige Kombination von den unten angeführten Funktionen kann zu Level 1 oder Level 2 hinzugefügt werden ([Nuescheler2006]):

Transactions

Auf Basis der JTA (Java Transaction API) können Transaktionen unterstützt werden. JTA verfolgt dabei zwei Ansätze: Container Managed Transactions und User Managed Transactions. Beim ersten Variante wird die Verwaltung der Transaktionen vollständig an einen Application Server übergeben, bei der zweiten Variante muss sich der Client selbst um die notwendigen Grenzen der Transaktion kümmern. Ein Content Repository muss, wenn es Transaktionen anbietet, beide Varianten unterstützen.

Versioning

Dies bedeutet, dass jeder Status eines Knotens so gespeichert wird, das er später wieder betrachtet oder zurückgestellt werden kann. Das Versionierungssystem basiert auf der Workspace Versioning and Configuration Management (WVCM) API, welche in JSR-147[33] definiert wird. Die einzelnen Versionen der Knoten werden dabei in den Baum gehängt und sind dort aufrufbar.

Observation (Events)

Applikationen können sich am Workspace registrieren und bekommen dann, wenn ein bestimmtes Event eintritt, eine Benachrichtigung darüber. Auf diese Benachrichtigung kann von der Applikation an das Repository geantwortet werden.

Locking

Erlaubt es einem Client, einen Knoten für eine bestimmte Zeit für andere Clients zu sperren, um eine Änderung zu verhindern. Diese Funktion dient ausschließlich einer Zugriffssperre, da eine unbeabsichtigte Änderung durch das Repository abgefangen wird.

SQL syntax for query

Bietet eine an SQL angelehnte, über den Funktionsumfang der Xpath Suche hinausgehende, Suchmöglichkeit.

2.5.7 JSR-283

Dieser Specification Request hat als Ziel, eine Spezifikation eines Java Content Repositories in der Version 2.0 und damit die Nachfolge von JSR-170 zu definieren. Der JSR ([Nuescheler2009]) wurde 2005 eingebracht und befindet sich seit 16.März 2009 im Status „Proposed Final Draft", eine finale Version der Spezifikation ist seit 25.September 2009 vorhanden.

Der JSR-283 bringt Erweiterungen im Bereich des Content Repository Management, wie z.B. ein Zugangskontroll-, Workspace und Verbindungstypen-Management. Auch liegt der Fokus auf einer Überarbeitung der Interoperabilität von Content Repositories durch das Hinzufügen von standardisierten Verbindungstypen, so z.B. für Metainformationen und Internationalisierung, sowie einer Erweiterung der Content-Modeling-Fähigkeiten. Die Änderungen der neuen Version fokussieren sich vor allem auf die Klärung, wie Xpath mit dem JSR zusammenarbeiten soll.

---

33 http://www.jcp.org/en/jsr/detail?id=147

2.6 Betrieb von Content Management Systemen und Portalen

In den vorangegangenen Kapiteln wurden die einzelnen Komponenten Portal und (Web) Content Management System und deren zugrunde liegenden Spezifikationen und Standards näher erläutert. In diesem Kapitel sollen die Varianten eines Betriebes dieser beiden Komponenten kurz erläutert werden.

Ein Portal aggregiert und integriert die Daten von verschiedene Anwendungen und Geschäftsprozessen, ein Content Management System ist dafür verantwortlich Inhalte zu verwalten und für den Benutzer darzustellen. Für einen Portalserver wäre ein Content Management System nun eine weitere Applikation, deren Daten in das Portal integriert werden können. Diese Funktionalität stellt für den Portalserver eine optionale Möglichkeit dar, ein Betrieb eines Portalservers ist auch ohne ein Content Management System möglich (z.B. Apache Jetspeed[34]), allerdings werden eine Vielzahl von Portalserver Implementierungen mittlerweile mit eingebauten Content Management Systemen ausgeliefert ([Brandt2008]). Beispiel dafür wären JBoss Portal[35], eXo Portal[36] oder Liferay[37]. Eine Integration der Produkte JBoss Portal und eXo Portal ist im Produkt GateIn von JBoss zu finden.

Im folgenden sollen nun die drei Möglichkeiten einer Einbindung, nämlich eine Variante mit einem parallelen Betrieb von Portal und Content Management System, eine Variante mit einem in ein Portal eingebautes Content Management System und eine Variante, in der das Content Management System als Portal fungiert dargestellt werden.

---

34 http://portals.apache.org/
35 http://www.jboss.org/jbossportal/
36 http://www.exoplatform.com /
37 Http://www.liferay.com/

2.6.1 Content Management System neben Portal

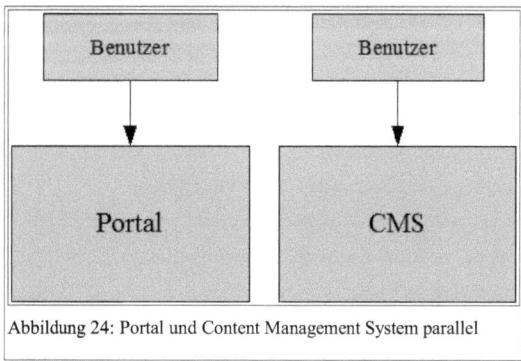

Abbildung 24: Portal und Content Management System parallel

Ein Portalserver und ein Content Management System können unabhängig voneinander betrieben werden, jedes System beinhaltet die wesentlichen Funktionen. Viele der Funktionen, wie z.B. Login, Templating, usw. müssen in jedem System abgebildet werden, wodurch eine Redundanz entsteht und eine Kommunikation untereinander nur schwer bzw. unmöglich macht.

2.6.2 Content Management System in Portal

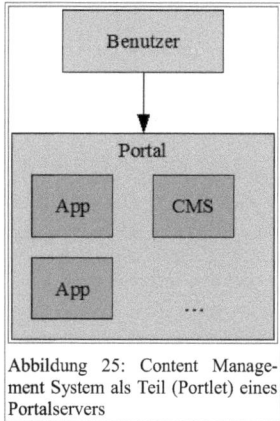

Abbildung 25: Content Management System als Teil (Portlet) eines Portalservers

Bei dieser Variante ist das Content Management System, sowohl der Teil, welcher die Anzeige des Contents nach außen für einen Benutzer übernimmt als auch der redaktionellen Teil, als Portlets im Portalserver abgelegt. Ein eigener Server für das Content Management System existiert nicht. [Gurzki2004] beschreibt das Content Management als Basisdienst in einem Portal, neben weiteren Basisdiensten wie Layout Management, Strukturmanagement, Content Management, Rechte- und Benutzerverwaltung, Suche, Prozessunterstützung, Erweiterte Portalmodule und Single-Sign-On. In dieser Variante sind sowohl die Anzeige des Contents für einen Benutzer, als auch alle Administrationswerkzeuge (Editor, Freigabe, etc.) in das Portal integriert.

Allerdings sind diese Arten von Content Management System meistens sehr rudimentär ausgelegt (z.B. fehlen oft Funktionen um einen komplexen Redaktionsworkflow abbilden zu können oder eine einfache Verwaltung der dynamischen Seiteninhalte) und die dort enthaltenen Funktionen sind für einen produktiven Betrieb als Content Management System meist nicht ausreichend. In diesem Fall ist auf ein ausgefeilteres Content Management System zurückzugreifen, welches neben dem Portalserver läuft.

Beispiele von Portalservern, die diese Art der Einbindung eines Content Management Systems bieten sind eXo, JBoss oder Liferay.

2.6.3 Content Management System als Portal

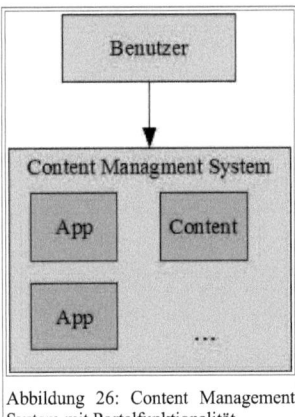

Abbildung 26: Content Management System mit Portalfunktionalität

In dieser Variante bietet das Content Management System eine Art API, mit der es möglich ist, kleinere oder größere Programmteile innerhalb des Content Management Systems ablaufen zu lassen. Beispiele für diese Programmteile sind einfache Berechnungsprogramme (z.B. EURO-USD Rechner), Feedback Formulare, Bestellformulare, Shoplösungen und ähnliche. Jedes höherwertige CMS bietet eine Programmierschnittstelle, mit der die oben genannten Komponenten umsetzbar sind, der Nachteil ist, das die

Schnittstellen häufig proprietär und untereinander nicht kompatibel sind. [Glantschnig2004] beschreibt als eine der funktionalen Erweiterungen eines CMS die Erweiterung um eine „Portal Funktionalität". Diese Funktionalität würde eine ähnliche Aufgabe haben, wie die in den Portlet Spezifikationen beschriebenen, allerdings innerhalb des CMS realisiert sein. [Schmidtmann2002] beschreibt diese Aufgabe als eine enge Verknüpfung mit den Bereichen E-Commerce, Knowledge-Management, Document-Management, Customer Relationship Management und anderen. Dadurch ermöglicht das CMS einen wirksamen Informationsfluss im ganzen Unternehmen.

2.7 Integrationslösungen und Einschränkungen

Eine Integration eines CMS in ein Portal ist aus technischer Sicht heute kein Problem, die Einbindung kann dabei auf drei Arten geschehen ([Brandt2008]):

Präsentationsebene
Viele der CMS Hersteller bieten mittlerweile ihre Systeme portletbasiert an, d.h. es ist sowohl möglich, die Administration als auch die Anzeige als Portlets in ein Portal einzubinden, unter Einhaltung der gängigen Standards (Portlet 1.0 und 2.0). Der Nachteil dieser Variante ist, dass es sich dabei meist nur um eine technische Einbindung handelt, d.h. das CMS keine Informationen darüber erhält, wie der Context des Portals beschaffen ist (Navigation im Portal, andere Applikationen und Portlets, Kommunikation mit anderen Portlets, etc.) und es als isolierte Applikation abläuft. In der Präsentationsschicht fehlt die Interaktion zwischen den einzelnen Portlets, wenn z.B. ein Benutzer innerhalb eines bestimmten Portlets navigiert, dann bleiben die anderen Portlets statisch und reagieren nicht auf diese Aktion. Die Informationen, die einem Portlet aufgrund einer Benutzeraktion zur Verfügung steht, sollte auch anderen Portlets zur Verfügung gestellt werden, damit diese dementsprechend darauf reagieren können ([Zhang2005]).

Applikationsebene
Bei der applikationsbasierten Integration stehen dem Portal Schnittstellen zur Verfügung, mit denen es auf Funktionen (z.B. solche, die Content Repository zur Verfügung stellt) des CMS zugreifen und die Daten mithilfe einer eigenen Präsentationslogik anzeigen kann. Die Anzeige der Inhalte kann dabei auf die jeweiligen Rollen und Zustände (z.B. Einstellungen, die ein Benutzer getroffen hat) eines Benutzers angepasst werden. Da ein Content Repository mehr Funktionen als eine relationale Datenbank im Context der Speicherung von Content betrifft anbietet, wird diese Variante als Integration auf der Applikationsebene gesehen.

Datenebene
Eine Integration auf Datenebene würde das direkte Auslesen von Datenbanken bedeuten, in diesem Fall wäre das CMS nichts anderes als ein Datenspeicher in einer relationalen Datenbank.

Grundsätzlich bestehen allerdings in diesen Ansätzen einige Probleme, die vor allem die Integration in das Portal und die Kommunikation mit anderen Portlets und Applikationen betreffen. Im Detail können vier Problemfelder identifiziert werden:

Navigationsprobleme

Portale bestehen, aus logischer Sicht, aus Portal Pages. In diesen Portal Pages sind entsprechende Portlets eingehängt ([Novotny2004]). Die Portal Pages inkl. der Portlets bilden den Teil, der dem Benutzer angezeigt wird. Ein CMS auf der anderen Seite verwaltet Seiten, und für die Anzeige der Seiten wird eine entsprechende Applikation benötigt, meist ein CMS Anzeige Portlet ([Baker2005]). Die Navigation innerhalb der CMS Seiten passiert dann meistens innerhalb dieser Anzeige Portlets, kann aber auch durch eigene Navigations-Portlets passieren ([Priebe2004]). Das Portal hat durch seine Portal Pages, die je nach eingebundenen Applikationen durchaus umfangreich sein können eine Navigationsstruktur, ein CMS hat ebenso eine Navigationsstruktur, welche sich aus den Seiten und Ordnern, in dem diese Seiten abgelegt sind, definiert wird. Eine Integration dieser beiden Navigationspfade ist bisher nicht möglich, beide existieren nebeneinander. Dadurch ist es nicht, oder nur schwer möglich, zwischen einem CMS Dokument und einer Applikation, bzw. einem Sub-Menüpunkt einer Navigation zu verlinken, oder aus einer Applikation auf eine CMS Seite zu verlinken (z.B. auf eine Hilfe Seite).

Datenablageprobleme

Viele der am Markt befindlichen Content Management Systeme bieten als Datenspeicher unterschiedliche Technologien an ([Glantschnig2004]). Diese Technologien sind teilweise proprietär und untereinander nicht kompatibel (siehe die verschiedenen Möglichkeiten, die in [Widom1999] beschrieben sind), was einen Wechsel der zugrunde liegenden Datenspeicherung oft nicht möglich macht. Ein erster Schritt, diese Datenspeicherung zu vereinheitlichen, wurde mit XML und mit den Content Repository Standards 1.0 und 2.0 gemacht. Dennoch fehlt ein normierter Zugriff mit definierten Schnittstellen aus einem Portal auf solch ein Repository, welches auch die Anzeigenschicht, d.h. die Portlets austauschbar machen würde, indem die Portlets nicht mehr an eine spezifische CMS Implementierung gebunden sind.

Probleme mit Anzeige/Darstellung

Cascading Syle Sheets – CSS ([Bos1998]) ist eine deklarative Sprache für strukturierte Dokumente wie HTML und XML. Mit CSS werden Style Klassen definiert, welche einem ausgezeichneten Bereich in HTML oder XML (z.B. <TABLE>) zugeordnet werden. Alle Bereiche, welche mit den gleichen Klassen ausgezeichnet wurden, werden in den Endgeräten gleich dargestellt.

In einer standalone Applikation ist es üblich, dass das Stylesheet entweder direkt innerhalb des HTML Codes definiert wird, oder die Definition von einer externen Datei geladen wird ([Lie2005]). In einem Portal werden von einem Markup nur die Style Klassen zugeordnet, die Style Definition selbst wird vom Portal für die gesamte Seite eingebunden und ist üblicherweise Teil des Templates in das die Portlets eingebunden werden. Auf diese Weise ist sichergestellt, dass auf alle HTML Fragmente dieselben Style Definitionen angewandt werden und dadurch ein einheitliches Look & Feel erreicht wird, sofern von allen Fragmenten dieselben Klassenbezeichnungen verwendet werden. [Diaz2004] und [Diaz2005a] beschreiben diese Vorgehensweise für WSRP Portlets, sie gilt aber sinngemäß auch für alle lokalen Portlets. Die Portlet 1.0 und 2.0 Spezifikation definiert eine Reihe von standardisierten Style Klassen (Links, Fonts, Messages, Sections, Tables, Forms, Menus), Portlets sollten diese Klassen verwenden, damit ein konsistentes Aussehen in den erzeugten HTML Seiten erreicht wird ([Bellas2004]). Dieser Standard ist allerdings auf applikationsspezifische Portlets ausgerichtet, für die Anzeige von Content gibt es keine spezifischen Klassen, dafür ist die Spezifikation zu erweitern und zu ergänzen. Für WSRP wurde schon eine ähnliche Erweiterung vorgenommen ([Diaz2004a]).

Probleme mit Kommunikation bzw. zentrale Services

Ein Problem in der Portlet Spezifikation 1.0 ist die fehlende Kommunikationsmöglichkeit zwischen Portlets. Weder war es möglich, Parameter von einem Portlet an das andere zu übergeben, noch Events von einem Portlet an das andere zu schicken ([Diaz2005b]). Diese Probleme wurden durch verschiedene Arbeiten untersucht, schließlich war eine Einigung auf einen Standard möglich und dieser führte zu einer Erweiterung zum Portlet Standard 2.0. Auf diese Art und Weise ist aus technischer Sicht eine Kommunikation zwischen Portlets möglich. Wird Content aus einem CMS in ein Portal integriert, so ergeben sich die folgenden Möglichkeiten diesen Information auch außerhalb der definierten CMS Portlets nutzbar zu machen:

- Anzeige von Texten aus dem CMS in einem Applikationsportlet (z.B. Hilfetext zu einem Schritt in einem Geschäftsprozess).
- Speichern von Benutzerinformation zu einem Inhaltsobjekt im Content Repository (z.B. Anzahl der Aufrufe eines Textes).
- Speichern von allgemeiner Benutzerinformation (z.B. Klickpfad durch das Portal).
- Weitergabe der Rolleninformation eines angemeldeten Benutzers an das Java Content Repository.

2.8 Lösungsansätze auf Basis von JSR-168

Bisher gibt es schon eine Reihe von Arbeiten, die sich grundsätzlich mit dem Problem der Kommunikation zwischen Portlets in einem Portletcontainer beschäftigen. Diese Arbeiten basieren vor allem auf dem Portlet 1.0 Standard (JSR-168), da in diesem ein Mechanismus zur Inter-Portlet-Kommunikation nicht vorhanden war. Da auch Geschäftsprozesse im Internet abgebildet werden und eine Verschmelzung mit dem Content aus einem Web Content Management System erfolgen soll ([Zschau2000]), ist auch in diesem Bereich eine Integration notwendig. Ebenso gibt es Ansätze zur Vereinheitlichung der internen Navigationsstukturen der Portlets in eine übergreifende (Meta)Navigationsstruktur im Portal.

2.8.1 Arbeiten

[Brandt2008] beschreibt einen Lösungsansatz zur Einbindung von CMS in Portale mithilfe eines SiteContexts, der als zentrale Verteilstelle der Information der Portlets und des Repositories fungiert. Dieser SiteContext kann als Kommunikationsschnittstelle zwischen den einzelnen Komponenten gesehen werden. Damit soll es möglich sein, die Navigationsstrukturen von Portal Pages und CMS Inhalten zu vereinigen, eine einheitliche Ablagestruktur in einem CMS zu bilden und eine allgemeingültige Anzeigefunktionalität für Inhalte zu erstellen. Der SiteContext ist eine proprietäre Art einer IPC (Inter Portlet Communication), diese Funktionalität wird in der Portlet Spezifikation 2.0 angeboten. Der von [Brandt2008] vorgeschlagene Lösungsansatz basiert auf dem IBM Websphere Portal 6 und ist nur dort lauffähig. Eine Unterstützung für Benutzer- und Rollenkonzepte ist nicht vorgesehen.

[Diaz2005] geht von einer Reihe existierender (standalone) Applikationen aus, die in einem Portal zusammengefasst werden. Da die Integration dieser Applikationen auf der Präsentationsebene erfolgt, muss diese Ebene in das Portal eingebunden werden. Um nicht die vollständige Applikation neu entwickeln zu müssen, wird ein Wrapper (Bridge) zwischen dem Portal und der Applikation vorgeschlagen, welcher aus der Applikation ein portalfähiges HTML Fragment erzeugt. Ansätze dieser Lösung basieren hauptsächlich auf dem WSRP Standard.

Ein Ansatz mittels Deep Annotation ([Handschuh2003]) wird in [Diaz2005b] beschrieben, dabei wird auf bestehenden Erweiterungsmöglichkeiten des WSRP und Portlet 1.0 Standards (z.B. eigene Properties in der Portlet Definition) zurückgegriffen. Auch dieser Ansatz basiert im Wesentlichen auf WSRP, wobei der Producer seine Inhalte mit Deep Annotations anreichert und der Consumer diese Informationen bei der Anzeige mit den relevanten Daten befüllt.

Auch [Song2006] beschäftigt sich mit der Integration von Applikation auf Präsentationsebene in Portalen. In dieser Arbeit wird ein POI (Presentation Oriented Interface) Ansatz vorgeschlagen, mit dem die Möglichkeiten der Präsentationslogik eines Portlets erweitert wird, um damit auch interaktiv Web Services einzubinden. Web Services werden dabei nicht statisch, sondern je nach Zustand des Portals angesprochen, gemäß ihrer Definition.

[Weinreich2005] beschreibt einen Ansatz des Datenaustausches mithilfe von Portlets, welche Daten senden können (Data Source Portlets) und Portlets, welche Daten empfangen können (Data Sink Portlets), wobei ein Portlet auch beide Rollen einnehmen kann. Für beide Arten von Portlets liegt eine spezielle, zusätzlich zu der normalerweise für ein Portlet erforderlichen, Konfiguration vor, welche die Art des Datenaustausches und die darin enthaltenen Daten beschreibt. Die Daten, die gesendet werden sollen, werden im HTML Fragment des Data Source Portlets innerhalb eines HTML Kommentars abgelegt. Der Inhalt dieses Kommentars, welcher die entsprechenden Daten darstellt, ist XML basiert. Die fertigen HTML Fragmente werden wie gewohnt an das Portal übergeben. Vor der Auslieferung der Seite wird der HTML Code von einer Filter Komponente bearbeitet, welche die enthaltenen Data Source Daten analysiert und entsprechende Links aufbereitet, mit denen diese Daten an die entsprechenden Empfänger (Data Sink) Portlets geschickt werden können.

Eine vergleichbare Funktionalität ist in der Portlet 2.0 Spezifikation mithilfe des Event Mechanismus enthalten.

[Weinreich2007] baut auf der Arbeit von [Weinreich2005] auf und erweitert diesen Ansatz um eine Definition für einen zentralen Navigationsbereich, welcher portalweit vorhanden ist. Dies wird dadurch erreicht, indem jedes Portlet ein XML Fragment, welches die Navigation enthält, exportiert und dieses Fragment dann zu einer einheitlichen Navigation zusammengestellt wird. Auch das wird mithilfe von XML Daten die im HTML enthalten sind erreicht, die Zusammenstellung der tatsächlichen Navigation wird auch in einer Filter Komponente durchgeführt.

Schließlich geht auch [Zhang2005] in seiner Arbeit auf die fehlende Möglichkeit der Inter Portlet Kommunikation ein und entwickelt ein Modell um den User Context (d.h. die Informationen über einen Benutzer und die Informationen, die ein Benutzer benötigt) zwischen den einzelnen Portlets auszutauschen. Die Erweiterung des Standards um die hier benötigten Informationen geschieht dabei auch durch spezifische Eigenschaften, die in der Portlet Definition (`portlet.xml`) eingetragen werden.

2.9 Stärken und Schwächen der Ansätze

Ausgehend von den hier dargestellten Lösungsansätzen ergeben sich für die zuvor identifizierten Problembereiche Wege, die im Lösungsansatz, der in dieser Arbeit erstellt wird, mehr oder weniger Einfluss finden werden.

Die Vorteile der Arbeit von [Brandt2008] basieren in einer vollständigen Synchronisation der beiden Navigationsstrukturen des Portals und des Content Management Systems. Die Anzeige von Content Dokumenten erfolgt im Rahmen von speziellen Content Portlets, welche jeweils auf einer eigenen Portal Page eingebunden und somit durch die Portalnavigation erreichbar sind. Als Schwäche ist zu erwähnen, das die Arbeit auf einer konkreten Implementierung eines Portletcontainers, dem Websphere Portal, basiert und somit keinen allgemeingültigen Ansatz darstellt, der sich primär auf die Standards konzentriert. Darüber hinaus sind auch keine Ansätze betreffend einer einheitlichen Oberfläche oder von zentralen Services (Hilfetexte) zu finden. Die Integration der beiden Navigationsstrukturen beschränkt sich außerdem nur auf jene des Portals und des Content Management Systems, eine zusätzliche Synchronisation mit Navigationsstrukturen, welche innerhalb von Portlets (sofern es sich um umfangreichere Applikationen handelt) existieren, wird nicht beschrieben.

Der Ansatz von [Diaz2005] hat nur wenige Berührungspunkte mit der Aufgabenstellung in der vorliegenden Arbeit, von Interesse ist hier lediglich der Ansatz, das Applikationen mittels eines Wrappers (Bridge) in das Portal eingebunden werden können, womit eine völlige Neuimplementierung der Applikation als Portlet entfällt, sie aber dennoch innerhalb des Portals verwendet werden kann. Im Zuge dessen ist auch eine Vereinheitlichung der Oberflächen Styles zu finden. Eine Erweiterung dieses Ansatzes stellt [Handschuh2003] und [Diaz2005b] dar, interessant dabei ist die Verwendung von eigenen Eigenschaften (als <init-param> in der Datei portlet.xml), welche in der Portlet Definition angegeben werden können. Die Verwendung von eigenen Eigenschaften wird auch später im Lösungsansatz der in dieser Arbeit vorgestellt wird Verwendung finden.

Weniger Berührungspunkte ergeben sich mit der Arbeit von [Song2006], der Fokus liegt hierbei vor allem in der Einbindung von Web Services je nach Zustands eines oder mehreren Portlets.

[Weinreich2005] stellt in seiner Arbeit einen Ansatz für die Kommunikation zwischen Portlets, vor allem dem Datenaustausch zwischen Portlets dar. Diese Funktionalität wird mithilfe von Filtern erreicht. Der Ansatz der Filtertechnik wird auch im Lösungsvorschlag der vorliegenden Arbeit vorkommen, insbesondere die Verwendung von Portlet Filtern, welche seit der Portlet 2.0 Spezifikation vorliegen. Ebenfalls einen Ansatz, der für die vorliegende Arbeit von Interesse ist, wird in [Weinreich2007] vorgestellt. Diese Arbeit stellt eine Erweiterung der Arbeit von 2005 dar und konzentriert sich auf die Integration von Navigationsstrukturen, welche innerhalb von Portlets enthalten sind. Damit wird die Möglichkeit geschaffen, eine interne Navigationsstruktur in die Gesamtnavigationsstruktur zu integrieren.

[Zhang2005] schließlich beschreibt die Möglichkeit, den Zustand einer Benutzersitzung zwischen den Portlets auszutauschen. Auch dieser Ansatz ist von Interesse, allerdings ist in der vorliegenden Arbeit die Notwendigkeit gegeben, diese Daten nicht nur zwischen den Portlets auszutauschen, sondern auch zwischen einem Portlet bzw. dem Portal und dem dahinterliegenden Repository.

Zusammenfassend ist zu bemerken, das sich in den hier vorgestellten Ansätzen einige Punkte befinden, auf die in der Arbeit weiter aufgebaut werden kann. Konkret zu nennen ist hierbei die Synchronisation von Navigationsstrukturen (auch interne Strukturen von Portlets), die Verwendung von Filter oder die Definition von Eigenschaften in der Portlet Definition. Aber dennoch wird ein großer Teil der Problembereiche von diesen Ansätzen nicht berührt, wofür eine eigene Lösung gefunden werden muss.

3 Fallbeispiele

Das folgende Kapitel soll einen Überblick über drei Fallstudien geben, in denen die in der Literaturstudie in Kapitel 2 aufgezeigten Mängel bzw. Probleme bei der Einbindung von Content Management Systemen in Portale auch anhand von realen Projekten aufgezeigt werden. In den folgenden drei Institutionen wurde als Projekt die Einführung eines Content Management Systems mit einem Portal durchgeführt, diese drei Projekte bilden die Basis für die Fallstudien. Es handelt sich dabei um

- eSV Competence Center – elektronische Sozialversicherung[38]
- OÖGKK - Oberösterreichische Gebietskrankenkasse[39]
- Projekt Konzernportal[40]

In jedem dieser Projekte war das Ziel die Einbindung eines Content Management Systems in ein Portal und in jedem der drei Projekte wurde diese Aufgabenstellung auf unterschiedliche Art und Weise gelöst.

Mit dem methodischen Zugang der Fallstudie sollen die einzelnen Projekte analysiert werden, der methodische Zugang wird nachfolgend beschrieben.

3.1 Methodischer Zugang

[Stake1995] definiert eine Fallstudie als

„A cases study is expected to catch the complexity of a single case. A single leaf, even a single toothpick, has unique complexities - but rarely will we care enough to submit it to case study. We study a case when it itself is of very special interest. We look for the detail of interaction with its contexts. Case study is the study of the particularity and complexity of a single case, coming to understand its activity within important circumstances."

Wendet man diese Definition auf die vorliegende Problemstellung an so wäre der „single case" das Verbindungsstück zwischen Content Management System und Portal, die „circumstances" wiederum würden das Content Management System und das Portal selbst widerspiegeln.

Für das Forschungsdesign einer Fallstudie definiert [Yin1994] die folgenden fünf Komponenten:

- A study's questions
- Its propositions, if any

---

38 http://www.sozialversicherung.at
39 http://www.ooegkk.at
40 Da die Daten von diesem Projekt nur auf einer anonymen Basis veröffentlicht werden dürfen, wird dieses Projekt im weiteren Verlauf der Arbeit als „Projekt Konzernportal" bezeichnet.

- Its unit(s) of analysis
- The logic linking the data to the propositions
- The criteria for interpreting the findings

A studies questions: Die grundsätzliche Frage der Arbeit ist, wie eine Spezifikation für eine Content-Bridge aussehen muss, damit diese als Bindeglied (Content-Bridge) zwischen Portal und Content Management System funktioniert und es ermöglicht, die Daten eines Content Management Systems, welche in einem Content Repository gespeichert sind, in einem Portal nutzbar zu machen.

Its propositions, if any: Als Behauptung wird festgestellt, das die Content-Bridge in dem Fall funktionieren wird, sofern sie selbst die Standards JSR-286 und JSR-170 unterstützt. Eine weitere Voraussetzung ist, das das Portalsystem selbst den JSR-286 unterstützen muss und das Content Management System (bzw. das darunterliegende Content Repository) den JSR-170. Weiters wird die Behauptung aufgestellt, das im Falle des Einsatzes der Content-Bridge in den untersuchten Projekten eine erhebliche Einsparung an Zeit und Kosten möglich gewesen wäre.

Its unit(s) of analysis: Die Elemente der Analyse bestehen in der vorliegenden Arbeit aus drei abgeschlossenen Projekten, in denen jeweils ein Content Management System und ein Portal eingeführt wurden. In keinem der drei Projekte hat es zum Zeitpunkt des Projektstarts eine definierte Vorgehensweise bzw. Spezifikation bei der Integration der beiden Systeme gegeben.

The logic linking the data to the propositions: Hierbei wird versucht, nachdem eine entsprechende Definition für eine Content-Bridge erstellt wurde, diese Definition wiederum an den ausgewählten Fallstudien zu analysieren und deren Vorteil bei einem fiktiven Einsatz darzulegen.

The criteria for interpreting the findings: Als mögliche Kriterien für die Interpretation der Ergebnisse können Zeit- und Kostenschätzungen als auch die Erfüllung der vorgestellten Standards herangezogen werden.

3.1.1 Quellen

Im folgenden werden sechs Quellen ([Yin1994]) beschrieben, die als Basis der Information für die Fallstudien dienen. Mehrere Quellen werden gleichzeitig und je nach Relevanz stärker oder weniger stark verwendet, um dadurch die Schlüsse, die gezogen werden, besser zu untermauern und deren Qualität zu steigern. Aufgrund der Beschreibung von [Tellis1997] werden die Quellen im Kontext der ausgewählten Fallstudien näher beschrieben:

Documents: Als Dokumente im allgemeinen Sinn werden Dinge wie E-Mails, Memos, administrative Dokumente, Tagesordnungen von Sitzungen und alle anderen

Dokumente verstanden, welche für die Untersuchung geeignet sind. In der vorliegenden Arbeit besteht die Gruppe der Dokumente vor allem aus E-Mails und Protokolle von Meetings, welche vor allem die Ergebnisse der Erarbeitung der Architektur darstellen.

Archival records: Als Archiveinträge werden jene Informationen gesehen, die sich in diversen Datenbanken (z.B. Personal- oder Beschwerdedatenbank) befinden. Ergebnisse von Umfragen würden ebenfalls in diesen Bereich fallen. Für die vorliegende Arbeit sind vor allem die Einträge in Bugtracking Datenbanken von Interesse, da diese Einträge die Fehler und die mangelnden Funktionen widerspiegeln, wie sie vom Benutzer und vom Softwareentwickler wahrgenommen werden.

Interviews: Bei den Interviews wird zwischen offenem und geschlossenem Interview, sowie einer Umfrage unterschieden. Offene Interviews, die mit den beteiligten Software Architekten und technischen Projektverantwortlichen geführt wurden, werden in dieser Arbeit ausgewertet.

Direct observations: Als direkte Beobachtung gilt jede Form, in der das Forschungsgebiet vom Beobachter betreten wird, sei es um Daten zu sammeln, oder das Verhalten von Personen zu messen und zu protokollieren. In [Glesne1992] wird dem Beobachter dabei empfohlen, bei der Beobachtung so unaufdringlich wie eine Tapete zu sein. Direkte Beobachtung wurde in keinem der drei vorliegenden Projekte durchgeführt und wird deshalb auch nicht für die Fallstudie herangezogen.

Participant-observation: Bei der teilnehmenden Beobachtung wird der Grundsatz der Unaufdringlichkeit nicht mehr angewandt, im Gegenteil, der Beobachter bzw. Forscher nimmt einen aktiven Teil im Forschungsgebiet ein. Dieses hat zwar einerseits durch die Nähe zum Forschungsobjekt Vorteile, birgt allerdings auch Nachteile, beispielsweise wenn der Forscher durch sein Verhalten das Verhalten von anderen Personen oder Ergebnisse beeinflusst. Die teilnehmende Beobachtung nimmt einen wichtigen Teil in der Fallstudie ein, der Autor war in jedem der Projekte entweder als Entwickler oder als Software Architekt (vgl. [Bass2003]) direkt beteiligt.

Physical artifacts: Unter physischen Artefakten schließlich werden Dinge wie Tools, Instrumente, Vorgehensweisen oder Software Produkte verstanden. Vor allem der Teil der Software Produkte ist für die vorliegende Arbeit von besonderem Interesse, im speziellen geht es hier um die jeweils eingesetzten Content Management Systeme, Application Server, Portal Software und diverse andere Tools und Frameworks. Ein weiterer wesentlicher Teil stellt dabei jene Software dar, mit der die vorgestellten Probleme bei der Einbindung des CMS in das Portal ermöglicht wurde.

Aus der Auflistung geht hervor, dass nicht alle Quellen für eine Fallstudie geeignet sind, für die vorliegende Arbeit wurden die relevanten Quellen ausgesucht.

3.2 Zeitliche Einordnung

Die folgende Tabelle gibt einen Überblick über die zeitliche Einordnung der einzelnen Projekte und deren Arbeitspakte.

Zeitspanne	Arbeitspaket	Beschreibung
	eSV – elektronische Sozialversicherung	
2006/03-2006/06	Auswahl Portalsoftware	Analyse von drei Open Source basierten Portal Produkten, Umsetzung eines Proof-of-Concept Projektes mit jedem der drei Produkte.
2006/06-2007/06	Umsetzung	Migration der Internetauftritte aller österreichischen Sozialversicherungsträger in die ausgewählte Portalsoftware.
2008/01-2008/03	Auswahl CMS Software	Analyse von zwei Architekturen zur Einführung einer CMS Software und Auswahl des entsprechenden Produktes.
2008/06-2008/12	Umsetzung	Umsetzung der Einbindung der CMS Software in die bestehende Portalinfrastruktur.
	Oberösterreichische Gebietskrankenkasse - OÖGKK	
2007/06-2007/10	Auswahl CMS und Portal	Umfangreiche Teststellung einer Portal und einer CMS Software, Test und Proof-of-Concept der Einbindung von CMS und Portal.
2008/03-2008/12	Umsetzung CMS	Umsetzung und Einführung der CMS Komponente des Intranetportals.
2008/12-2009/06	Umsetzung Portal	Umsetzung und Einführung der Portal Komponenten des Intranetportals.
	Projekt Konzernportal	
2009/01-2009/03	Erarbeitung Architektur	Erarbeitung einer Gesamtarchitektur für den Webauftritt des Konzerns. Ziel war eine nahtlose Kopplung zwischen CMS und Portal. In dieser Phase wurde auch die Auswahl der Portalsoftware durchgeführt.

2009/04-2009/06	Auswahl CMS	Auswahl einer CMS Software, welche in der Lage ist, die Anforderungen an die Architektur zu erfüllen.
2009/07-2010/04	Umsetzung	Umsetzung und Einführung von CMS und Portalsoftware am neuen Internet Auftritt des Konzerns.

Tabelle 2: Zeitliche Einordnung der Projekte und Arbeitspakete

3.3 Die elektronische Sozialversicherung – eSV

Ende der 90er Jahre begannen die einzelnen Versicherungsträger in Österreich damit, Auftritte im WWW zu erstellen. Basis dieser Auftritte war primär ein informationsbasierter Ansatz, von technischer Seite her ist dieser Ansatz in die erste Stufe der Content Management Systeme einzuordnen. Um eine auseinander laufende Entwicklung der einzelnen Auftritte der jeweiligen Träger zu verhindern und vor allem auch um Synergien zu nutzen, wurde im Jahr 2001 das Projekt eSV – elektronische Sozialversicherung ins Leben gerufen, welches als erstes Ziel hatte, die einzelnen Auftritte der Träger in ein gemeinsames Gesamtportalsystem zu überführen.

3.3.1 Umfeld und Ausgangssituation

3.3.1.1 Österreichische Sozialversicherung

Die Anfänge der Sozialversicherung in Österreich reichen bis ins Mittelalter zurück, wo es für einzelne Stände eine Art Sozialversicherung gab, eine erste gesetzliche Verankerung gab es schließlich erstmals im Jahr 1889. Von dieser Sozialversicherung waren alle gewerblichen und industriellen Arbeiter und Angestellten erfasst.
Das heute gültige ASVG wurde schließlich in seiner Urfassung am 1.1.1956 verabschiedet, es löste alle anderen auf dem Gebiet der Sozialversicherung existierenden Gesetze

Abbildung 27: Struktur der österreichischen Sozialversicherung 2009

ab. Dieses Gesetz ist die Grundlage für die Kranken-, Unfall- und Pensionsversicherung für Arbeiter und Angestellte in Industrie, Bergbau, Gewerbe, Handel, Verkehr sowie Land- und Forstwirtschaft und regelt die Krankenversicherung für Pensionisten.
Die Aufgaben des ASVG und der übrigen daraus abgeleiteten Sozialversicherungsgesetze werden von insgesamt 22 Sozialversicherungsträgern durchgeführt, ein Überblick über die einzelnen Träger und deren Aufgaben ist in Abbildung 27 ersichtlich[41].

---

41 Siehe http://www.sozialversicherung.at/portal27/portal/esvportal/channel_content/cmsWindow?p_tabid=6&p_menuid=4948&action=2

Als Dachverband dieser Struktur fungiert der Hauptverband der Sozialversicherungsträger, welcher bereits im Jahr 1948 gegründet wurde.

3.3.1.2 Competence Center eSV

Die ersten Versuche der einzelnen Sozialversicherungsträger sich im WWW zu präsentieren, erfolgten Ende der 90er Jahre des letzten Jahrhunderts, schon bald kam man aber zu dem Schluss, dass es sinnvoll wäre, diese Aktivitäten zu bündeln und ein gemeinsames technisches System (Content Management System) aufzubauen, mit dem es allen Sozialversicherungsträgern möglich ist, ihre Web Auftritte zu warten.

Unter der Verantwortung des Hauptverbandes der österreichischen Sozialversicherungsträger wurde im Jahr 2001 das Projekt „eSV im Web — Dienstleistungen der Sozialversicherung" ins Leben gerufen, welches als Aufgabe die Einführung eines Content Management Systems und die Integration der einzelnen Trägerauftritte in dieses System hatte. Dieses Ziel wurde im Jahr 2003 erreicht, zu diesem Zeitpunkt stand ein Content Management System der Stufe 2 zur Verfügung (vgl. [Zschau2000]). Primärer Inhalt dieser Websites waren Informationen, die aus dem Content Management System gespeist wurden.

Im Jahr 2006 wurde das Projekt im Rahmen eines einjährigen Evaluierungsbetriebes in ein Competence Center (siehe [North2005]) überführt. Nachdem die Evaluierungsphase erfolgreich abgeschlossen werden konnte, wurde das Competence Center in den Regelbetrieb überführt und das CC eSV nahm seinen operativen Betrieb auf.

Die Aufgabe des CC eSV wird wie folgt beschrieben:

„Das CC eSV entwickelt Internetdienste für die gesamte österreichische Sozialversicherung und ist auch für den Betrieb der Internetdienste verantwortlich. Zu den Zielsetzungen gehören ein homogenes Informationsbild, eine geeignete und sichere Infrastruktur mit hoher Verfügbarkeit, die nationale und internationale Abstimmung von e-Government Konzepten und die Verlagerung von Geschäftsprozessen aus dem „konventionellen" Sektor in das Internetportal. "[42]

Mit der operativen Führung des Competence Centers betraut sind der Hauptverband der österreichischen Sozialversicherungsträger, als Partnerträger sind die Niederösterreichische Gebietskrankenkasse, die Oberösterreichische Gebietskrankenkasse, die Salzburger Gebietskrankenkasse sowie die Sozialversicherungsanstalt der gewerblichen Wirtschaft eingebunden. Eine der Hauptaufgaben in den Jahren 2006-2008 war die Einführung ei-

---

[42] Aus der sozialversicherungsinternen Web Präsenz des Competence Centers, http://www.esv.cc/portal27/portal/esv-ccportal/channel_content/cmsWindow?action=2&p_menuid=64931&p_tabid=3

ner Portalsoftware auf Basis von JSR-168 und darauf folgend die Einführung eines neuen Content Management Systems.

3.3.2 Portal der österreichischen Sozialversicherung

Bereits Ende der 90er Jahre des letzten Jahrhunderts waren die meisten Sozialversicherungsträger mit Websites im WWW vertreten. Alle diese Auftritte wurden unabhängig voneinander und auf technisch unterschiedlichen Plattformen entwickelt, dennoch zeigten alle Auftritte viele gleiche Merkmale:

- Der Hauptpunkt der Websites lag in statischer Information, welche als HTML Seiten, abgelegt in statischen Dateien, bereit gehalten wurde.
- Ein Content Management im herkömmlichen Sinn war nicht vorhanden, die HTML Seiten wurden entweder über Texteditoren oder Tools auf MSAccess Basis bearbeitet.
- Die Inhalte für variable Informationen (z.b. Adressen oder Druckwerke, die man über ein Formular bestellen konnte), welche in der Datenbank gehalten wurden, wurden auch direkt in der Datenbank gepflegt, dies geschah teilweise über Änderung und Einspielen von SQL Skripts.
- Dynamische Inhalte bzw. Funktionen (z.B. Listen aus einer Datenbank, Versand von Formularen) wurden über JSP, ASP oder CGI realisiert.
- Aus dem Blickwinkel der Inhalte, welche auf den Websites angeboten worden, waren alle Auftritte voneinander unabhängig, gleiche oder ähnliche Inhalte (z.B. über die Krankenversicherung in den Gebietskrankenkassen) wurden auf jeder Websites in einer unterschiedlichen Art und Weise dargestellt.

In der Verbandskonferenz am 27. März 2001 wurde die Errichtung eines Internet-Portals für die Sozialversicherung als Standardprodukt[43] beschlossen. In diesem Portal sollten in der ersten Ausbaustufe allgemeine SV-Themen (Organisation der SV, Geschichte, Statistiken etc.) enthalten sein ([ESV1]).

Basis dieser ersten Ausbaustufe war ein Content Management System auf Basis von Oracle Portal. Da Oracle Portal im Kern ein Dokumentenmanagement System darstellte, war es notwendig, das System um die meisten Kernfunktionalitäten eines Content Ma-

---

43 Als Standardprodukt wird in der Sozialversicherung nicht die Verwendung von „Standard" Softwarelösungen, wie z.B. MSOffice oder Internet Explorer verstanden, sondern damit werden jene Softwarelösungen bezeichnet, die innerhalb der Sozialversicherung entwickelt und dann als Standard bei allen betroffenen Sozialversicherungsträgern eingesetzt werden. Das Internet Portal von eSV ist insofern ein Standardprodukt, als es die Softwarelösung ist, die für die Wartung und den Betrieb von Internet Portalen verwendet wird. Weitere Beispiele für Standardprodukte wären eine Lösung für die Abbildung des Leistungsbereiches der Gebietskrankenkassen und des Melde-, Versicherungs- und Beitragswesens.

nagement Systems (Editor, Datenspeicherung, Rechtevergabe, etc.) zu erweitern. Dieses System war in der Lage, die Anforderungen an ein Content Management System der Stufe 2 zu erfüllen, wichtige Funktionen, wie z.B. Workflow oder die strikte Trennung von Content und Layout konnten in dieser Version allerdings nicht umgesetzt werden.

Die Anzeige der Inhalte zum Benutzer im WWW wiederum wurde durch eine Eigenentwicklung umgesetzt. Diese Entwicklung basierte auf mit `<jsp:include .../>` verschachtelten JSP Seiten. Den Rahmen dieses Frameworks bildete eine Page JSP, welche, aufgrund von definierten Parametern, die jeweiligen anderen JSPs einband und wichtige Informationen (Session, Page ID, Träger ID) an die Sub-Seiten weitergab (siehe Abbildung 28). Ein rudimentärer Portal Ansatz war daher in dieser Lösung enthalten, denn die Datei document.jsp konnte durch beliebige andere Dateien ausgetauscht werden, beispielsweise eine JSP zur Anzeige von Kontakten, Bestellformularen oder ähnlicher Dinge.

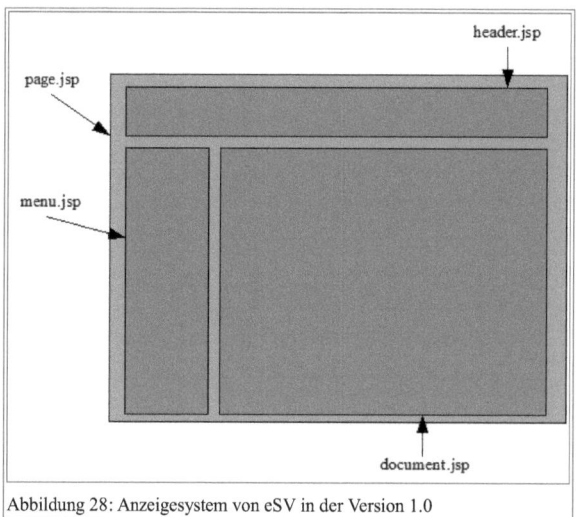

Abbildung 28: Anzeigesystem von eSV in der Version 1.0

Dieses Framework (im folgenden als Content Display System – CDS bezeichnet) kam auf einer Tomcat Servlet Engine zum Einsatz ([Brittain2003]).

Mit steigender Anzahl der in das System migrierten Websites der einzelnen Träger (zu Beginn 4, im Endausbau der Stufe 1 waren 25 Trägerauftritte vorhanden), mit steigender Anzahl der im System verwalteten Dokumente und der Benutzer, die auf das System, vor allem aus dem Internet zugriffen, kamen sowohl im Content Management System als auch im Content Display System in einigen Bereichen Mängel zum Vorschein, vor

allem im Bereich der Performance. Unter anderem gab es in folgenden Punkten Probleme ([ESV2]):
- Leistungsfähigkeit von Tomcat.
- Limitierung im Funktionsumfang bei der selbst entwickelten CDS-Software durch eine proprietäre Umsetzung von portal-ähnlichen Funktionen.
- Probleme bei der Replikation der Content Daten zwischen dem Redaktionssystem und dem Produktivsystem.
- Bugs und Probleme mit der Stabilität in Oracle Portal.

Aus diesen Gründen wurde im Projektlenkungsausschuss vom 24.05.2006 ([ESV3]) ein vollständiges Refactoring sowohl des Content Management Systems als auch des Content Display Systems beschlossen. Dieses Refactoring wurde mit Ende 2008 abgeschlossen und führte zu den zum aktuellen Zeitpunkt produktiven Systemen.

3.3.3 Eingesetzte Architektur

Aufgrund des Beschlusses des Projektlenkungsausschusses wurde damit begonnen, eine Nachfolge für das Content Management System und für das Content Display System zu suchen. Darüber hinaus wurde die Entscheidung getroffen, die Funktionalität des Content Display Systems in einer JSR-168 konformen Portalsoftware abzubilden. Die Struktur der bisherigen Datenspeicherung wurde nicht verändert, d.h. auch das neue System hatte als Basis ein ähnliches Datenmodell wie die erste Version. Der Einsatz eines Content Repositories wurde in einem der möglichen Lösungsansätze angedacht. Dieser Lösungsansatz kam aber später nicht zur Umsetzung.

Eine grobe Beschreibung der Architektur des Systems ist in Abbildung 29 ersichtlich. Das Content Management System speichert die Daten in einer relationalen Datenbank (Oracle) in einer internen Netzwerkzone. Von dieser Datenbank werden die Daten dann in eine weitere Datenbank in einer DMZ ([Abie2000]) repliziert und von dieser Datenbank dann von mehreren speziellen CMS Portlets ausgelesen und für die Anzeige aufbereitet. Beispiele für CMS Portlets sind die Anzeige des Content, der vom Content Management System erstellt wird, die Anzeige des Menüs oder die Anzeige einer Sitemap aller im Portal vorhandenen Seiten.

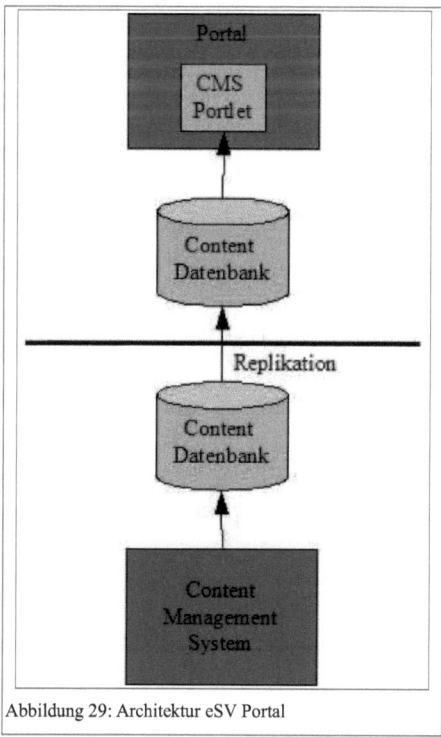
Abbildung 29: Architektur eSV Portal

3.3.3.1 Komponenten

Content Display System Version 2

Als erster Schritt beim Upgrade des System wurde damit begonnen, die Frontend (Content Display System) Komponente zu ersetzen, deren Hauptaufgabe das Auslesen der Inhalte aus der Datenbank und die Aufbereitung zur Anzeige für den Benutzer im Internet darstellt. Die KO-Kriterien für diese Komponente waren die folgenden ([ESV4]):

- JSR-168: Erfüllung der in der JSR-168 Spezifikation definierten Standards für Portale.
- eSV Login Modul: Das Portal der Sozialversicherung nutzt ein spezielles Login Modul, welches mit der Bürgerkartenfunktion der e-Card genutzt werden kann. Dieses Login Modul musste mit der Portalsoftware betrieben werden können.

- SEU-CC Konformität: Das Competence Center für die Standard Entwicklungs-Umgebung legt innerhalb der Sozialversicherung fest, welche Anforderungen an Komponenten (d.h. Art und Weise der Komponenten und deren Version) gestellt werden. Ein Beispiel für solch eine Festlegung einer Komponente wäre z.b. die Vorschrift für das Logging die Komponente Log4j in der Version 1.2.8 zu verwenden.

Nach einer groben Studie von möglichen Kandidaten wurden schließlich die Produkte

- JBoss Portal[44]
- eXo Plattform[45]
- Jetspeed[46]

als Kandidaten für eine Evaluierung festgelegt. Die Evaluierung war primär technisch orientiert und fokussierte darauf, die damals aktuelle Startseite und deren Funktionalität von www.sozialversicherung.at jeweils in dem ausgewählten Produktkandidaten darzustellen. Bei Apache Jetspeed wurde sehr schnell deutlich, dass dieses Produkt noch keine Reife aufweist, mit dem ein Produktiveinsatz gerechtfertigt werden kann. Die verbliebenen zwei Kandidaten waren in ihrer Leistungsfähigkeit und dem Funktionsumfang vergleichbar, die Wahl fiel schließlich aber auf das Portalprodukt von JBoss, unter anderem aufgrund der folgenden Eigenschaften:

- Die Template Erstellung ist in der eXo Plattform mit einer eigenen Skriptsprache durchzuführen, beim JBoss Portal ist die Erstellung von Templates über normale JSP Dateien möglich.
- Das JBoss Portal bietet laut eigener Definition ein Portalframework, in das die notwendigen Portlets erst selbst integriert werden müssen. Unnötiger Ballast ist deshalb nicht vorhanden und das selbständige Erstellen der Portlets war in diesem Fall auch kein Problem, da das Content Display System an sich als Eigenentwicklung angedacht war.
- Bei den, auf die gegebenen Verhältnisse angepassten, durchgeführten Lasttests konnte das JBoss Portal eine bessere Leistung erzielen als das eXo Portal Produkt. Da alle Webseiten von allen Sozialversicherungsträgern in Zukunft über diese Plattform laufen würden, war dieser Punkt von hoher Bedeutung.

---

44 http://jboss.org/jbossportal/docs/index.html, Version 2.2
45 http://www.exoplatform.com/portal/public/website/product/exoproducts/portal/portaloverview
46 http://portals.apache.org/jetspeed-2/

- JBoss ist der vom SEU-CC ausgewählte Applikationsserver innerhalb der Sozialversicherung, deshalb ist eine nahtlose Integration des JBoss Portal Produktes in diesen Applikationsserver möglich.

JBoss Portal wurde schließlich als Plattform ausgewählt und auf Basis dieser Plattform wurden zwischen August 2007 und Juni 2008 alle Trägerauftritte migriert.[47]

Oracle UCM

Nach der Entscheidung für die Plattform des Content Display Systems stand als nächster Schritt die Ablöse des Content Management Systems an. In diesem Bereich standen zwei Alternativen zur Auswahl, nämlich das Upgrade des bestehenden Content Management Systems auf die neueste Version des von Oracle hergestellten Oracle Universal Content Management[48] und einer Variante, die eine Eigenentwicklung eines Content Management Systems auf Basis von Standard Open Source Komponenten (z.B. JSR-170 Content Repository, Text Editor, Workflow Engine) vorgesehen hätte. Generelle Fragestellungen zu diesem Thema ([ESV5]) waren:
- Abhängigkeit von Herstellern vs. Abhängigkeit von Dienstleistern (Mitarbeitern).
- Lösungspotential (Ressourcen, Verfügbarkeiten) bei etwaigen Problemen (in der Abwicklung oder später).
- Folgekosten in der Wartung (Know-How Verfügbarkeit, Anpassung an aktuelle Umgebungen, aber auch Lizenzen).
- Weiterentwicklung des Produktes (über „eigene" Dienstleistung oder pauschal über Wartungsentgelt).

Beide Vorschläge wurden sowohl in technischer Hinsicht als auch aus Kostensicht in etwa gleichwertig bewertet, aufgrund der geringeren Durchlaufzeit bei der Einführung des Oracle Universal Content Management wurde die Entscheidung von der Steuerungsgruppe des Competence Centers eSV schließlich in diese Richtung gefällt.

---

47 Seit dem Jahr 2010 gibt es die Version 3.0 des Portalproduktes von JBoss. Basis dieser neuen Version ist einerseits das Portalframework der vorhergehenden Versionen und die Oberfläche, Portlets und die Verwaltungsmöglichkeiten von eXo. Dieses neue Produkt stellt deshalb eine Verschmelzung der beiden bisher eigenständigen Produkte dar.
48 http://www.oracle.com/technology/products/content-management/ucm/index.html

Systemintegration

In diesem Kapitel soll die Integration zwischen dem Oracle Universal Content Management und dem Content Display System, welches auf dem JBoss Portal basiert, beschrieben werden.

Das Universal Content Management von Oracle stellt sowohl ein Redaktionssystem als auch ein Publikationssystem zur Verfügung, d.h. Inhalte werden über das System sowohl eingepflegt als auch angezeigt. Im vorliegenden Fall konnte eine Reihe der Funktionalitäten nicht genutzt werden, da die Anzeigeschicht von einer eigenen Komponente übernommen und nicht durch jene von UCM umgesetzt wurde. Um eine Integration der beiden Systeme, bzw. der Inhalte, zu ermöglichen, mussten die folgenden Fragen, die sich vor allem mit dem Einsatz von UCM stellten, gelöst werden:

- Die Datenspeicherung in UCM erfolgt in einem proprietären Format, welches von Drittsystemen nur schwer gelesen werden kann. Eine Speicherung in einem Content Repository (JSR-170) ist nicht vorgesehen.
- Die Bereitstellung der Inhalte (d.h. Freigabe, Caching, Gültigkeitsdatum) wird nicht über das UCM eigene System abgebildet, sondern muss in einer Kommunikationskomponente mit dem Content Display System umgesetzt werden.
- Die in UCM enthaltene Content Publishing Funktion konnte nicht verwendet werden, da eine der Vorgaben war, den Inhalt so aufzubereiten, dass er in das vorhandene Datenmodell des Content Display Systems, welches bereits seit der ersten Version existiert, gespeichert werden kann.

Eine detaillierte Darstellung des standardmäßigen Funktionsumfanges des UCM Content Management Systems ist in [Oracle2007] zu finden.

Aufbau der Vorlagen: Für die Darstellung des Portals werden insgesamt fünf Portal Page Templates verwendet, zwei Templates für die Darstellung der Inhalte, je eines für die Ansicht der Startseite, der Druckansicht und von Applikationen. Die Content Vorlagen sind im wesentlichen im Baustein Format gespeichert, eine Content Seite besteht aus den Metadaten (Titel, Gültigkeitsdatum, Kategorie, etc.) und kann aus mehreren Textblöcken bestehen, ein Textblock besteht aus Titel, Subtitel, Text und einem Medienelement (Bild oder Link auf eine Datei). Die Daten selbst werden vom Content Display System aus einer relationalen Datenbank gelesen und beinhalten bereits einige wenige HTML Formatierungen (z.B. fett oder kursiv Darstellung).

Portlets: Die Darstellung der Inhalte wird im wesentlichen durch zwei Portlets realisiert: ein Portlet zur Darstellung der Inhaltsseiten, die aus Textblöcken bestehen und ein zweites Portlet, welches die Anzeige eines Menüs und der Navigation durchführt. Ein Beispiel für eine Standardseitenansicht ist in Abbildung 30 zu sehen.

Auf der linken Seite befindet sich das Menü Portlet, dessen Daten in einer eigenen Struktur gespeichert sind, und deren Links in diesem Portlet „portalgerecht" aufbereitet werden. Im mittleren Bereich ist eine Inhaltsdarstellung ersichtlich, welche aus mehreren Textblöcken besteht. Menüpunkte und Inhaltsseiten sind voneinander unabhängig, sie werden vom Redakteur miteinander verbunden. Eine Zuordnung von mehreren Seiten zu einem Menüpunkt ist möglich, in diesem Fall wird noch eine zusätzliche Übersicht über alle zu diesem Menüpunkt zugeordneten Seiten angezeigt. Beide Inhaltstypen, sowohl Menüpunkte als auch Inhaltsseiten werden in einer relationalen Datenbank gespeichert.

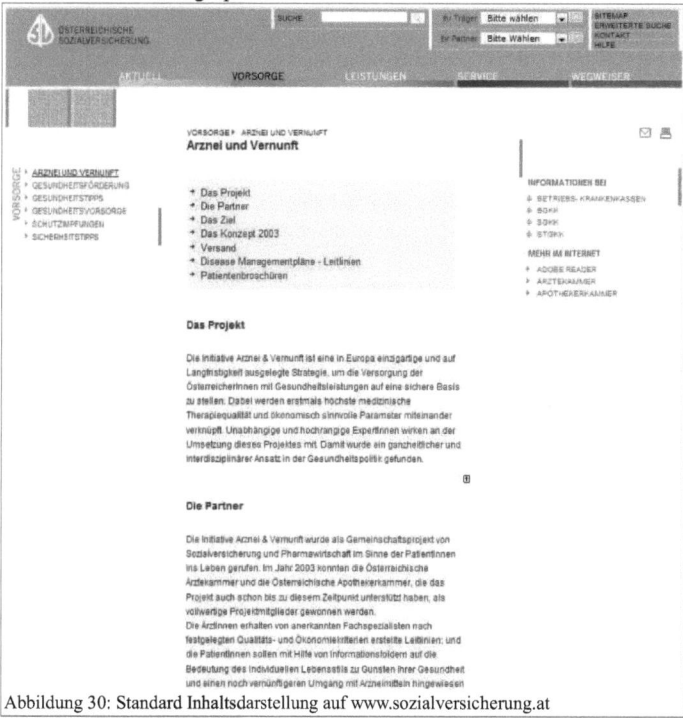

Abbildung 30: Standard Inhaltsdarstellung auf www.sozialversicherung.at

Replikation: Die Datenspeicherung erfolgt in dieser Variante in einer relationalen Datenbank, mittels **Datenbankjobs** werden die notwendigen Daten in eine zweite Datenbank repliziert, aus der die Inhaltsportlets diese Daten auslesen können. Eine JSR-170 konforme **Datenspeicherung** ist nicht gegeben, ebenso folgt die Struktur, welche hier verwendet wird, einem proprietären Ansatz. Eine Vorgenerierung von HTML

Code für die Darstellung wird nicht durchgeführt, der HTML Code wird bei jedem Zugriff neu generiert. Einziges Hilfsmittel zur Steigerung der Performance ist eine O/R Mapping Schicht, welche mit Hibernate ([Bauer2005]) umgesetzt wurde. Damit werden alle Inhalte als Java Objekte solange im Hauptspeicher gehalten, bis sie aktualisiert werden, oder ihr Gültigkeitsdatum abläuft. Wenn nun ein Zugriff auf eines dieser Content Objekte durchgeführt wird, so wird, sofern das Objekt schon zu einem früheren Zeitpunkt geladen wurde, nicht auf die Datenbank zugegriffen, sondern das Objekt direkt aus dem Hauptspeicher des Systems geladen. Dadurch, dass der Zugriff auf die Datenbank fehlt, können mit dieser Variante erhebliche Performancegewinne im Vergleich zu einem direkten Zugriff auf die Datenbank realisiert werden.

Cachecleaner: Viele Content Management Systeme verwenden vorgenerierte HTML Seiten bzw. Fragmente, die zum Zeitpunkt der Veröffentlichung erstellt bzw. durch eine neuere Version überschrieben werden. Im eSV Content Display System liegen die Daten in einer Datenbank, die Content Elemente werden durch Ehcache ([Luck2006]) im Hauptspeicher gehalten. Werden nun durch das Content Management System Änderungen in der Datenbank durchgeführt, dann passiert diese Speicherung auf Datenbank Level und nicht über Hibernate, wodurch der Cache nichts von der Änderung der Objekte erfährt. Aus diesem Grund wurde eine Funktion entwickelt, welche vom Content Management System aus angesprochen werden kann und durch die Übergabe von Steuerparameter in der Lage ist, einzelne Objekte und Objektklassen inklusive deren interne Abhängigkeiten aus dem Cache zu löschen und so eine Aktualisierung zu erzwingen. Zusätzlich ist es möglich, auch den gesamten Cache des Content Display Systems mit einer Operation zu löschen.

Vorschaufunktionalität: Eine der wesentlichen Eigenschaften für den Redakteur ist die Darstellung der Seite bei der Bearbeitung bereits in einer Form, die der späteren Form der Darstellung sehr ähnlich bzw. gleich ist. Aus diesem Grund wurde für die Einpflege der Daten ein Hybridsystem entwickelt, welches dem Redakteur auf seinem Arbeitsplatz zwei Bereiche zur Anzeige liefert:

- Einen Bereich, in dem alle Elemente einer Seite in einer Baumstruktur aufgelistete sind.
- Einen Bereich, der vom Content Display System eingebunden wird und dem Benutzer bereits eine 1:1 Anzeige über das spätere (bzw. aktuelle) Aussehen der Seite liefert.

In ersterem Bereich ist es für den Redakteur möglich, Elemente und deren Inhalte anzulegen und auf der Seite zu platzieren oder zu verschieben. Im zweiten Bereich wird eine Vorlage vom Content Display System geladen, die den Bereich der Dokumentenanzeige mit den aktuell bearbeiteten Daten bereits so darstellt, wie er später in der

Live Version aussehen wird. Wesentlich dabei ist, das sowohl die Stylesheet Vorlagen als auch die Templates vom Produktivsystem verwendet werden und damit eine realistische Vorschau möglich ist. Ein Beispiel für eine Bearbeitungsseite ist in Abbildung 31 dargestellt.

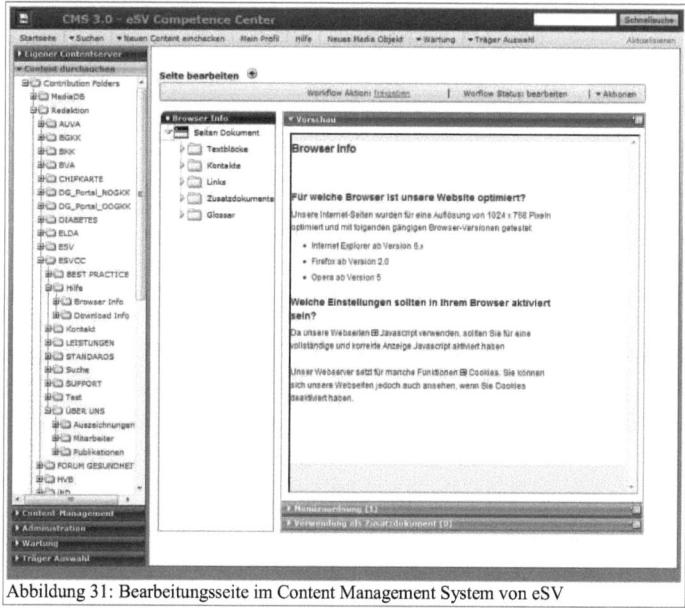

Abbildung 31: Bearbeitungsseite im Content Management System von eSV

Editor: Die Editor Funktion wurde nicht neu implementiert, sondern hier wird auf den frei verfügbaren FCKEditor[49] zurückgegriffen. Damit ist nicht nur die Eingabe von Text möglich, sondern über Plugins können auch eigene Funktionen hinzugefügt werden. Mit einem der selbst hinzugefügten Plugins ist es möglich für Betragselemente einen Platzhalter zu setzen, der dann zur Laufzeit durch den tatsächlichen Wert ersetzt wird (z.B. für die Höchstbeitragsgrundlage in der Sozialversicherung). Dadurch ist es bei einer Änderung der Beträge, vor allem beim Jahreswechsel, nur noch nötig diese in einer zentralen Datenbank zu ändern, aber nicht in jedem einzelnen Inhaltsdokument.

Steuerparameter: Als eine Konvention im eSV Portal wurde festgelegt, dass zu jeder Seite die Information vorhanden sein muss, welcher der Channels und welcher der Menüpunkte im Moment aktiv ist. Dies ist in Abbildung 32 dargestellt.

---

[49] http://www.fckeditor.net

Abbildung 32: Channels und Menüpunkte im eSV Portal

Aufgrund dieser Information wird einerseits die grundlegende Farbgebung bestimmt, im Beispiel blau, und andererseits das Menü an der richtigen Stelle aufgeklappt, im vorliegenden Beispiel der Menüpunkt „Gesund bleiben". Diese beiden Parameter müssen bei allen Links und Formularen hinterlegt sein und von allen Portlets auf einer Seite ausgelesen werden können. In der Version 2.0 des Content Display Systems wurde diese Funktion mit der in der Portlet Spezifikation enthaltenen Definition der Public Render Parameter umgesetzt. Jedes Portlet, welches im Portal eingebunden ist muss diese beiden Parameter erstens aus dem Request lesen und dann als Public Render Parameter an Links und Formular Aktionen, welche sich innerhalb des eigenen Portlets befinden, anhängen.

3.3.3.2 Lösungsansatz

Die Kernbereiche des Lösungsansatzes, so wie er in diesem Projekt verwendet wurde und auch die Problemstellungen der Arbeit betrifft, beschränkt sich vor allem auf die folgenden Bereiche:
- Speicherung und Replikation der CMS Daten
- Steuerparameter und Inter-Portlet-Kommunikation
- Stylesheets
- Navigation

Basierend auf der vorhandenen Lösung des Content Display Systems in der Version 1 wurde sehr rasch der Entschluss gefasst, dass das bestehenden Datenmodell auch in der neuen Version Bestand haben sollte, weil dadurch die geringsten Aufwände in der Migration der Anzeigekomponenten auf Portlets und bei der Migration der bestehenden Daten[50] bestehen würde.

Speicherung und Replikation der CMS Daten: Basis der Datenspeicherung ist eine Oracle Datenbank, das Datenmodell wird dabei von der Content Management Seite her beschrieben, in eine zweite Oracle Instanz repliziert und dort vom Content Display System ausgelesen. Dieses Datenmodell ist einerseits historisch aus der Datenspeicherung in der ersten Version von Oracle Portal ([Oracle2003]) hervorgegangen, andererseits gab es die Notwendigkeit von umfangreichen Anpassungsarbeiten am Produkt um die gestellten Anforderungen der Benutzer abdecken zu können. Eine Konformität zu standardisierten Content Repositories ist nicht gegeben, zum Zeitpunkt des Starts des ersten Projektes im Jahr 2001 lag die JSR-170 Spezifikation noch nicht vor, sondern wurde erst ein Jahr später gestartet. Heute standardisierte Dinge wie eine einheitliche Ablage, Zugriffskontrolle auf die einzelnen Objekte oder ein strukturierter Import und Export sind daher nicht Out-of-the-Box möglich, sondern müssen spezifisch in das bestehende Produkt integriert werden.

Steuerparameter und Inter-Portlet-Kommunikation: Der zentrale Punkt bei diesem Portal ist die Navigation, welche in zwei Ebenen abgebildet ist. Auf der ersten Ebene werden über sogenannte Channels die Hauptmenü- und Einstiegspunkte definiert und dann in zweiter Ebene eine Baumstruktur, mit der die Navigation innerhalb eines Channels dargestellt wird. Der aktuelle Punkt im Portal, an dem man sich befindet, wird über eine Leitfarbe und über die Markierung des aktuellen Menüpunktes gekennzeichnet. Aus diesem Grund ist es zu jedem Zeitpunkt für das Header und das Menü Portlet notwendig, dass sie Informationen über diesen Zustand erhalten. Diese Information wird dabei über die beiden Parameter `p_tabid` (ID des ausgewählten Channels) und `p_menuid` (ID des ausgewählten Menüpunktes) weitergegeben, welche bei jedem Request vorhanden sein müssen. Da diese Information über mehrere Portlets vorhanden und verteilt werden müssen, ein Mechanismus für eine Inter-Portlet-Kommunikation aber in der Version 1 der Portlet Spezifikation fehlte, wurde hier ein proprietärer Ansatz über Thread-Local Variablen umgesetzt ([Arnold2005]). Auch in der aktuellen Version des Portals war die Notwendigkeit der Verteilung der Parameter gegeben, allerdings konnte das in dieser Version einfach über die Verwendung des Mechanismus der Public Render Parameter gelöst werden.

Stylesheets: Bereits in früheren Versionen wo es neben dem Portal auch alleinstehende Applikationen gab, wurde versucht, zumindest das gleiche Set an Stylesheets zu verwenden, allerdings wurden die einzelnen Stylesheet Dateien immer innerhalb der

---

50 Zum Zeitpunkt der Migration waren im System 25 Websites und ca. 20.000 Webseiten Dokumente gespeichert.

Applikation abgelegt. Dies führte dazu, dass nach einer gewissen Zeit die Konsistenz der Stylesheets über alle Applikationen nicht mehr gegeben war. Für den Entwickler war es leicht, in die Stylesheet Vorlagen neue Styles einzubauen und diese dann innerhalb seiner Applikation zu verwenden. Weiters konnte ein schnelles Deployment der Stylevorlagen bei einer Änderung der Vorlage nicht durchgeführt werden. In der nun aktuellen Version des Portals gibt es einen zentralen Punkt im Portal, an dem die Stylesheets abgelegt sind. Sofern eine Applikation als Portlet in das Portal eingebunden wird müssen in der Applikation keine Stylesheets mehr angegeben werden, da diese im Portal Template bereits vorhanden sind und von der Applikation genutzt werden können. Der Entwickler selbst hat keinen Zugriff mehr auf die Stylesheet Dateien, somit ist es auch nicht mehr möglich diese individuell zu ändern.

Navigation: Im Bereich der Navigation gibt es weder eine Verbindung oder Synchronisierung mit der Struktur der Portal Pages im Portal, noch mit der internen Ablagestruktur welche das Content Management System für die Dokumente verwendet. Die Navigation ist als alleinstehende Applikation gelöst, welche die Erstellung einer vom Content Management System her völlig unabhängigen Navigationsstruktur ermöglicht. Aus dem CMS heraus ist es möglich, Dokumente zu einem Menüpunkt in dieser Navigationsstruktur zu hängen, ebenso können auch Applikationen, welche im Content Management System als Platzhalter hinterlegt sind, zugeordnet werden. Die Anzeigelogik des Portlets für die Darstellung des Menüs im Content Display System ist für die Darstellung dieser Struktur verantwortlich und errechnet zur Laufzeit aus diesen Informationen Links, welche eine gültige Portal URL darstellen und dann dem Benutzer dargestellt werden.

3.3.3.3 Vor- und Nachteile der Lösung

Die für das Portal der österreichischen Sozialversicherung umgesetzte Lösung weist einen hohen Anteil an spezifischen Anpassungen ([Blom2000]) auf, um damit die Anforderung der Integration eines Content Management Systems in ein Portal umsetzen zu können. Aufgrund der in diesem Projekt gemachten Erfahrungen und auch mit den Erfahrungen, die sich im laufenden Betrieb ergeben haben, zeigen sich die folgenden Vor- als auch Nachteile dieser Lösung.

Vorteile

Obwohl kein standardisierter Datenspeicher verwendet wird, wurde eine Offenheit bzw. eine klare Trennung zwischen Portal und Content Management System umgesetzt. Einzelne Komponenten des Content Management Systems sind im Portal nicht vorhanden, die Schnittstelle ist das Datenbankschema. Sollte in Zukunft ein Austausch des Content Management Systems notwendig sein, so ist hier nur eine Anpassung insoweit erforderlich, als dass das Content Management System das Datenbankschema in der notwendigen Form befüllen muss.

Die Anzeigekomponente, das Content Display System, ist vollständig vom Content Management System gelöst. In diesem System befinden sich nur die Komponenten, die auch für die Darstellung der Inhalte notwendig sind. Dadurch wird ein schlankes System erreicht, welches eine hohe Performance bietet, aber auch durch die Entkopplung sicherstellt, dass bei einem Fehlverhalten des Content Management Systems das Content Display System nicht betroffen ist.

Um die notwendige Performance bei der Anzeige der Dokumente zu erreichen werden bei vielen Content Management Systemen HTML Seiten vorgeneriert. Da in diesem Fall das Content Management System die Inhalte nicht nach Außen darstellt, sondern ein Portlet diese Aufgabe übernimmt und die Inhalte in einer relationalen Datenbank gehalten werden, konnte auf den Caching Mechanismus von Hibernate zurückgegriffen werden. Damit ist es möglich, auf einer sehr granularen Ebene Objekte vom Cache verwalten zu lassen.

Da die Applikation für die Anzeige der Navigationsstruktur eigenständig ist und die Daten mit keiner anderen Struktur synchronisiert werden müssen, entfällt in diesem Bereich eine große Fehlerquelle, die bei der Zusammenführung der Strukturen auftreten kann.

In der Anzeigenschicht, dem Content Display System wird ein JSR-286 konformer Portletcontainer verwendet; in diesem Bereich werden standardisierte Schnittstellen verwendet. Portlets für die Anzeige von Content, die Menüstruktur aber auch Portlets welche die bisherigen Applikationen abbilden, können im Portletcontainer einfach miteinander verbunden werden.

Nachteile

Durch den Einsatz einer relationalen Datenbank als Basis der Content Daten und die Verwendung eines proprietären Datenmodells werden zukünftige Upgrades der Produkte immer wieder die Frage aufwerfen, ob die getätigten Anpassungen auch beim neuen Produkt durchgeführt werden, oder ob das Gesamtsystem soweit abgeändert wird, dass auch im Bereich der Datenspeicherung auf Standardkomponenten zurückgegriffen wird. Bezüglich der Datenspeicherung des Content Management Systems sollte auf Komponenten zurückgegriffen werden, welche die Standards JSR-170 bzw. dessen Nachfolgestandard unterstützen.

Das Caching Verhalten des Portals wird mittels Hibernate umgesetzt, welches einerseits durch die Granularität Vorteile bringt, allerdings dadurch auch einige Nachteile nach sich zieht. Da die für die Anzeige von einer Content Seite notwendigen Daten nicht nur in einem Hibernate Objekt gespeichert sind, sondern in einem ganzen Objektbaum mit vielen Abhängigkeiten ist es vor allem bei einem Update von einzelnen Komponenten durchaus komplex, den gesamten Objektbaum zu aktualisieren und dadurch eine stringente Anzeige zu erreichen.

Im Bereich des Menüs wurde eine alleinstehende Lösung umgesetzt, hier mussten die notwendigen Funktionen, wie z.b. das Rendering von Portal konformen URLs nachgebaut werden. Weiters können in dieser Lösung nicht alle Portal Standard Funktionen, wie z.b. die Rechteverwaltung auf Portal Pages, die auch auf Content Seiten genutzt werden können oder die Nutzung der internen Navigationsstruktur, genutzt werden.

Im Bereich der Stylesheets kommt es auch in dieser Lösung immer wieder zu auseinanderlaufenden Entwicklungen, da es für Elemente der Content Darstellung und Elemente in Applikationen keine einheitlichen Stylevorlagen gibt, sondern zwei früher unabhängige Vorlagen, die miteinander verbunden werden.

3.3.4 Offene Probleme

Da in diesem Projekt schon sehr früh Erfahrungen mit Portalen und Content Management Systemen gesammelt werden konnten, konnte eine Reihe von Problemen sehr gut gelöst werden. Dennoch gibt es noch eine Reihe offener Fragen.

Navigation: Die Applikationen, welche als Portlets im Portal der österreichischen Sozialversicherung angeboten werden, werden als Portal Pages im Portal konfiguriert, dadurch entsteht eine portalbasierte Navigationsstruktur. Auf der anderen Seite entsteht auch im Content Management System durch die Erstellung der Menüstruktur eine Navigation. Diese beiden Strukturen werden nicht miteinander synchronisiert, sondern es müssen händisch die im Portal vorhandenen Applikationen mittels Verweisen in die Struktur des CMS eingebunden werden. Die Grundfunktionalität des Portals bietet auf der Ebene der Portal Pages bereits eine umfangreiche Rechteverwaltung an, einzelne Portal Pages können rollenbasiert gesperrt werden. Auf diese Art und Weise ist es möglich, einzelnen Applikationen nur einem eingeschränkten Nutzerkreis zu öffnen. Im Bereich der Inhaltsanzeige ist dies im Moment nicht möglich, d.h. es existiert keine Möglichkeit einzelne Dokumente für einen Benutzerkreis zu kennzeichnen, ebenso wenig ist es möglich, eine rollenbasierte Navigationsstruktur zu erstellen, die je nach Rolle des Benutzers einzelne Menüpunkte anzeigt oder ausblendet. Diese Funktionalität ist eine Kernfunktionalität des Portals, würde man die Content Seiten als Portal Pages ablegen und die Navigationsstruktur mit der des Portals zusammenführen, dann wäre diese Funktionalität Out-of-the-Box nutzbar.

Datenablage: Im Bereich der Datenablage, welche datenbankbasiert erfolgt fehlen im Moment alle jene Funktionen, die mit einem JSR-170 konformen Content Repository möglich sind. Ein Import oder Export von Daten ist nur über die Standard Datenbankfunktionalität von Oracle gegeben, genauso ist auch eine Suche nur über Standard SQL bzw. über proprietäre Oracle Erweiterungen möglich. Die in einem Content Repository vorhanden Funktionalität der Rechtevergabe auf einzelnen Knoten muss über einen eigenen Mechanismus gelöst werden, da diese nicht über die Rechtevergabe von Datenbankbenutzern gelöst werden kann.

Aufgrund der historischen Entwicklung, welche einerseits von der Basis Oracle Portal und andererseits von einer hohen Stufe von individuellen Anpassungen kommt, ist die benutzte Ablagestruktur nicht mit der definierten Ablagestruktur von JSR-170 konform. Diese Tatsache betrifft in selbem Umfang auch die Speicherung und die Struktur der Dokumente an sich. Auch eine Versionierung wird in der aktuellen Version des Content Management Systems nicht genutzt, da auch diese nachgebaut werden müsste.

Anzeige/Darstellung: Der Bereich der Stylesheets und der Anzeige stellt den Bereich dar, der am besten gelöst wurde. Die Stylesheet Definition liegt zentral im Portal und wird sowohl von Applikationsportlets als auch von den Content Portlets gelesen. Verbesserungen sind hier nur noch dort möglich, wo im Moment noch gleiche Elemente unterschiedlich dargestellt werden, konkret sollte eine Überschrift sowohl in einer Applikation als auch im Content gleich dargestellt und mit denselben Style Klassen hinterlegt werden.

Kommunikation/zentrale Services: Das Problem der Inter-Portlet-Kommunikation wurde, wie schon in den vorangegangenen Kapiteln dargestellt, in der aktuellen Version des Portals mittels Public-Render Parameter gelöst, dennoch gibt es auch in diesem Bereich einige offene Probleme bzw. wünschenswerte Funktionen, vor allem im Bereich der zentralen Services.

Derzeit ist es nicht möglich Benutzerinformationen zu speichern, auch dafür würde es vom Portal her eine Schnittstelle geben. Eine Erweiterung dazu wäre die Speicherung von Informationen eines Benutzers auch direkt im Content Repository, wie z.B. die Anzahl der Aufrufe eines Dokumentes mit dem Clickstream Analysen möglich wären. Eine weitere sinnvolle Verbindung von Content und Applikation wäre die Verwendung von Content Dokumenten in Applikationen als Hilfe- oder Fehlertexte. Derzeit werden diese Texte in der Applikation direkt gespeichert, was bei einer Änderung der Texte auch zu einem neuen Deployment der Applikation bzw. der Portlets führt.

Eine Erweiterung zur Rechtespeicherung in den Portal Pages könnte die Synchronisation dieser Rechte mit den Rechten sein, die im Repository auf einzelne Dokumente (bzw. Knoten) vergeben werden kann.

3.4 Oberösterreichische Gebietskrankenkasse – Intranet

So wie viele andere Institutionen auch, betreibt die Oberösterreichische Gebietskrankenkasse für ihre Mitarbeiter ein internes Informationsportal. Die Anfänge dieses Informationsportals, welche ins Jahr 1999 zurückreichen, bildeten statische HTML Seiten, welche von einem Redaktionsteam mittels eines WYSIWYG Editors bearbeitet und gepflegt wurden. Nach einigen Jahren wurde schließlich die technische Basis dieser Lösung zu alt, wichtige Erweiterungen konnten nicht umgesetzt werden und auch das Potential eines modernen Informationsportal konnte nicht ausgeschöpft werden (vgl. [Gurzki2003a]). Auch die Wartung der Inhalte mit einfachen Editoren ohne Content Management System erschien nicht mehr zeitgemäß und stieß aufgrund des Umfanges und der Anzahl der zu verwaltenden Objekte an seine Grenzen.

Schließlich wurde im Jahr 2007 der Entschluss gefasst, die Basis dieses Intranet Portals abzulösen und durch eine neue technische Grundlage zu ersetzen. Der Implementierung sollte eine Evaluierung der möglichen Architekturen vorangehen. Für die Content Management Aufgaben standen die Produkte Alfresco, OpenCms und das Portal interne Content Management System von JBoss Portal zur Auswahl, auf der Seite des Portals wurde, aufgrund der sozialversicherungsinternen Vorgaben und des bereits vorhandenen Know-Hows das Portal von JBoss ausgewählt.

3.4.1 Umfeld und Ausgangssituation

Wie bereits eingangs erwähnt handelte es sich bei der abzulösenden Infrastruktur um eine Content Management Lösung der Stufe 1. Diese zeichnet sich durch die Verwendung von WYSIWYG Editoren aus, mit denen statische HTML Seiten gepflegt und auch verwaltet werden konnten. Des weiteren war in dieser Lösung die Möglichkeit einer einfachen und rudimentären Nutzung von Vorlagen (Templating) und eines Deployments der Seiten in das Produktivsystem gegeben. Eine Versionierung der Seiten stand zu diesem Zeitpunkt nicht zur Verfügung. Zur Unterstützung des Information Retrieval kam eine externe Suchmaschine zum Einsatz. Die einzige Werkzeugunterstützung für die Redakteure bestand in der Verwendung des Produktes Dreamweaver von Macromedia[51], dieses Produkt wurde vor allem für die Erstellung und Verwaltung der Seiten verwendet. Mit Hilfe des in diesem Produkt vorhandenen, internen FTP Clients war es auch möglich, diese Seiten auf das Produktivsystem zu übertragen.

Wie bei allen anderen Lösungen der Version 1 von Content Management Systemen kamen auch hier eine Reihe von Problemen zum Vorschein. Durch das direkte Bearbeiten der HTML Seiten gab es keine Trennung zwischen Inhalten und Layout, ebenso wenig eine zwingende Verwendung von Stylesheet Vorlagen um ein einheitliches Aussehen zu erreichen. Da das Konzept dieser Datenspeicherung eine auf Basis von HTML Seiten war, war es dadurch auch nicht möglich, den Content strukturiert zu exportieren bzw. einen Import von Content von einem anderen System durchzuführen. Trotz der toolbasierten Unterstützung und der Verwendung eines WYSIWYG Editors zeigte die Praxis, dass die Erstellung und Wartung der Seiten nur von einem kleinen Personenkreis durchgeführt werden konnte, da die Bearbeitung von Seiten nicht nur die reine Bearbeitung einschließt, sondern auch Tätigkeiten wie Workflow, Kontrolle usw. und diese Dinge mit dem eingesetzten Tool nicht abbildbar waren. Das Fehlen einer Validitätsprüfung für Links führte sehr rasch zu einer unübersichtlichen Struktur, in der sich viele Links und Verweise befanden, die nicht mehr vorhanden oder nicht mehr aktuell waren. Dieses Verhalten wurde vor allem im Bereich der Suchmaschine sichtbar, da diese viele fehlerhafte, alte oder nicht mehr aktuelle Links und Dokumente in den Suchergebnissen darstellte.

Ein weiterer Punkt bildet die Einbindung von Applikationen und Geschäftsprozessen in das Portal, auch in diesem Fall wurden sehr schnell die Grenzen des bestehenden Systems erreicht. Applikationen aber auch dynamische Inhalte waren nicht abbildbar, Funktionen wie Personalisierung oder die Authentifizierung am Portal konnten nicht umgesetzt werden.

Rückblickend kann festgestellt werden, dass das eingesetzte System das Ende seiner Lebenszeit erreicht bzw. überschritten hatte und es an der Zeit war, ein neues System, auf einer technisch aktuelleren Basis einzuführen.

3.4.1.1 Oberösterreichische Gebietskrankenkasse

„Die OÖGKK ist ein modernes, leistungsfähiges und beitragsfinanziertes Dienstleistungsunternehmen. Sie bemüht sich mit ihren Versicherungsvertretern und Mitarbeitern um die Erhaltung und Wiederherstellung der Gesundheit ihrer Versicherten und deren Angehörigen. Sie sichert für diese Personengruppen die Versorgung mit Gesundheitsgü-

---

51 Seit dem Kauf der Fa. Macromedia durch Adobe wird das Produkt unter diesem Firmennamen vertrieben. Siehe http://www.adobe.com/de/products/dreamweaver/

tern aktuellen Standards bei angemessenem Mitteleinsatz unter sozialer Rechtsanwendung."[52]

Die oberösterreichische Gebietskrankenkasse, nach der Wiener Gebietskrankenkasse der zweitgrößte gesetzliche Krankenversicherer Österreichs mit durchschnittlich 1.500.000 Versicherten, bietet Schutz bei Krankheit und bei Arbeitsunfähigkeit in Folge von Krankheit oder Mutterschutz. Mit zahlreichen Initiativen wie z.b. Vorsorgeuntersuchungen und Gesundheitsförderung wird versucht eine Vorbeugung zu erreichen, sodass die Leistungen der GKK erst gar nicht in Anspruch genommen werden müssen.

Im Sinne des Allspartenservice[53] werden aber Unterstützung und Hilfe bei Fragen auch zu allen anderen Leistungen der Sozialversicherung, wie z.b. zum Pensionsservice, gegeben.

Im Jahr 2007 betrugen die Aufwendungen für Leistungen an die Versicherten EUR 1.532 Millionen, die Einnahmen aus Beiträgen lagen mit EUR 1.392 Millionen um EUR 140 Millionen darunter. Dennoch konnte in den 10 Jahren seit dem Jahr 1997 insgesamt acht mal ein Überschuss erwirtschaftet werden, zwei Jahre lang musste mit Ende des Jahres mit einem negativen Ergebnis bilanziert werden.

Die österreichische Sozialversicherung, und damit auch die oberösterreichische Gebietskrankenkasse, wird seit ihrer Gründung im Prinzip der Selbstverwaltung

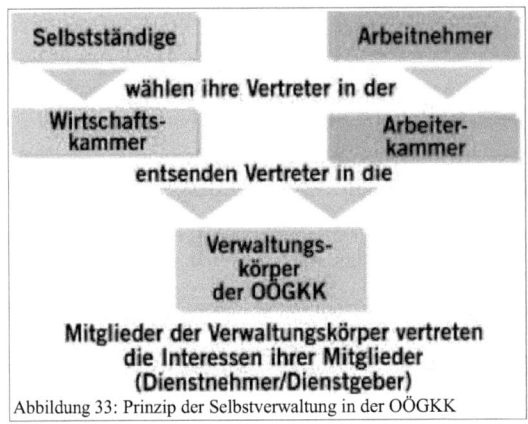

Abbildung 33: Prinzip der Selbstverwaltung in der OÖGKK

---

52 Auszug aus dem Leitbild der OÖGKK,
 http://www.ooegkk.at/portal27/portal/ooegkkportal/channel_content/cmsWindow?
  action=2&p_menuid=2909&p_tabid=6
53 http://www.sozialversicherung.at/portal27/portal/esvportal/channel_content/cmsWindow?
  action=2&p_menuid=499&p_tabid=5&p_pubid=284

([Eckhart2009]) geführt. Das bedeutet, dass nicht der Staat die Sozialversicherung führt und verwaltet, sondern dass diese Aufgabe von den Arbeitnehmern und Arbeitgebern, welche die Beitragszahler und die Versicherten darstellen, wahrgenommen wird. Das Prinzip dieser Selbstverwaltung ist in Abbildung 33[54] dargestellt.

Für die Durchführung der Aufgaben und Ziele, die die Selbstverwaltung festlegt, ist das Büro zuständig, welches die operative Geschäftsführung übernimmt. Dieses ist in die Bereiche Strategie & Führung, Ressourcen & Information, Vertragspartner und Kundenbetreuung & Gesundheit aufgeteilt und beschäftigt insgesamt ca. 2.000 Mitarbeiter, von denen mehr als ein Drittel im medizinischen Bereich tätig sind. Dem Bereich Ressourcen & Information eingegliedert ist die Abteilung IT-Entwicklung (IT-E), welche 80 Mitarbeiter beschäftigt und für die Umsetzung und die technische Betreuung des Intranetportals verantwortlich ist. Im folgenden Kapitel soll diese Organisationseinheit und ihre Aufgaben kurz näher beschrieben werden.

3.4.1.2 IT-E / eServices

Die Gruppe eServices der Abteilung „IT-E"[55] in der OÖGKK war für die Konzeption und die Umsetzung des Intranetportals zuständig. Nach der Produktivsetzung hat sich die Tätigkeit vor allem auf die Weiterentwicklung und Wartung des Intranetportals verschoben. Die Aufgaben der Abteilung „IT-E" werden wie folgt definiert:

„Aufgabe der OE[56] IT-Entwicklung ist es, die OÖGKK bei der Umsetzung ihrer Geschäftsprozesse in technischer Hinsicht zu unterstützen und sich dabei an den in der BSC definierten Unternehmenszielen auszurichten."[57]

Die Umsetzung dieser Ziele geschieht durch die Eigenentwicklung und die spätere Betreuung von Software, z.B. ein Produkt zur Abwicklung aller leistungsrelevanten Geschäftsprozesse in den Gebietskrankenkassen, die Betreuung einer Datawarehouse Lösung oder wie in der vorliegenden Fallstudie des Intranet Portals. Ein professionelles, werkzeugunterstütztes Servicemanagement unterstützt die Mitarbeiter bei diesen Aufgaben, die Ausrichtung an internationalen Standards und die Anwendung von neuen innovativen Technologien und Methoden garantiert eine ständige Weiterentwicklung des Umfeldes und eine moderne Infrastruktur. Erreicht wird dies unter anderem durch viel-

---

54 Aus http://www.ooegkk.at/portal27/portal/ooegkkportal/channel_content/cmsWindow?action=2&p_menuid=1197&p_tabid=6
55 Für eine umfangreichere Beschreibung der Abteilung siehe
   http://int.ooegkk.at/opencms/opencms/wir/bg2/itentwicklung/aufgaben.html.
56 Organisationseinheit.
57 Intranet Portal der OÖGKK.

fältige Kooperationen mit Universitäten, Fachhochschulen und externen Beratern. Ein wesentliches Ziel der Abteilung ist auch, eine offensive Strategie bei der Entwicklung und bei der Einführung von neuen Anwendungen zu verfolgen, wodurch eine Einsparung bei der Abbildung der Geschäftsprozesse erreicht werden soll. Im Sinne des Standardprodukt Ansatzes in der Sozialversicherung wird danach gestrebt, Softwarelösungen nicht nur für die eigene Institution, sondern für alle Sozialversicherungsträger bzw. Gebietskrankenkassen zu erstellen und zu betreiben.

Die Abteilung „IT-E" ist in neun Gruppen unterteilt, von denen eine dieser Gruppen die Gruppe eServices[58] darstellt. Aufgabe dieser Gruppe ist die technische Betreuung und Analyse der Internet- und Intranetaktivitäten und von zukunftsweisenden eHealth Themenfeldern. Insbesondere fällt in diesen Bereich die Erarbeitung einer Architektur für das Intranet Portal, die darauffolgende Auswahl einer Content Management und Portal Lösung und schließlich deren Weiterentwicklung und die Betreuung des laufenden Betriebes. Ein Schwerpunkt der aktuellen Tätigkeiten ist unter anderem, Applikationen (z.B. Telefonbuch, Lob- und Beschwerdemanagement System) als Portlets in das Intranet Portal einzubinden. Auch in dieser Gruppe werden Softwarelösungen entwickelt, die bei mehreren Sozialversicherungsträgern eingesetzt werden, ein Beispiel dafür wäre das Produkt „EVA-AU" (Evaluierung Arbeitsunfähigkeit).

3.4.2 Intranet Portal der OÖGKK

Die derzeitige Lösung für das Intranet basiert auf zwei Basiskomponenten, welche zwei voneinander unabhängige Kanäle zum Mitarbeiter bieten. Dieses ist einerseits für die Präsentation von Inhalten ein Open Source Content Management System (OpenCms) und für die Bereitstellung von Applikationen eine Portal Software, welche auf der Lösung von JBoss basiert. Beide Lösungen bieten eine technisch voneinander unabhängige Basis, eine Verbindung der beiden Systeme ist nicht, oder nur in sehr rudimentärer Form, vorhanden. Lediglich bei der Verwendung der Stylesheets besteht ein Anknüpfungspunkt; es wurde versucht, diese für beide Systeme gleich zu definieren, um ein einheitliches Aussehen der jeweiligen HTML Darstellung zu erreichen.

Die Wartung und die Content Pflege des Content Management Systems erfolgt dezentral von einzelnen berechtigten Personen in den Abteilungen, diese Aufgabe wird aber in der Praxis von einer zentralen Redakteursgruppe übernommen. Die erstellten Inhalte werden vom System als XML Dateien im Dateisystem abgelegt, die Anzeige der Inhalte erfolgt über JSP Seiten, welche die Seitentemplates darstellen, und wo in definierte Berei-

---

58 Für eine umfangreichere Beschreibung der Gruppe siehe
http://int.ooegkk.at/opencms/opencms/wir/bg2/itentwicklung/Teams/eServices/

che die jeweiligen Inhaltsfragmente geladen werden. Durch die Verwendung von OpenCms als Redaktionssystem ergibt sich die Möglichkeit, einzelne vom Content Management System bereitgestellte Module zu verwenden bzw. diese in das Content Management System einzubinden, mit denen dann Funktionen wie Formulare, Fragebögen und Ähnliches möglich sind. Durch eine vermehrte Verwendung dieser Module steigt jedoch auch der Grad des Customizing und der Abhängigkeit, was vermutlich für die Zukunft einen Versionsupgrade oder einen Produktwechsel schwierig machen wird.

Die Applikationen wiederum werden als Portlets in das JBoss Portal eingebunden. Im Portalframework selbst ist eine Basisstruktur vorhanden, die ein generelles Aussehen und die Seitentemplates vorgibt. Aufgrund des Ansatzes der Applikationsintegration auf der Benutzerschnittstellenebene können die einzelnen Portlets mit verschiedenen Technologien (z.B. Struts, JSF oder einfache Portlets/JSPs) realisiert werden.

3.4.3 Eingesetzte Architektur

Abbildung 34 zeigt eine schematische Darstellung der in diesem Portal verwendeten Architektur.

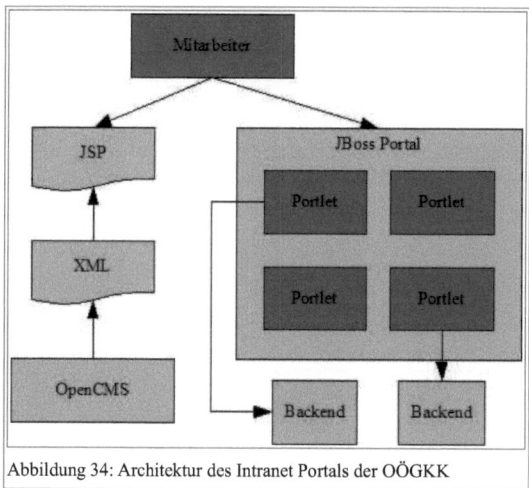

Abbildung 34: Architektur des Intranet Portals der OÖGKK

Den Mitarbeitern stehen zwei Einstiegspunkte zur Verfügung, die vom Content Management System erzeugten Inhaltsseiten, wobei die dafür notwendigen Daten von OpenCms in XML Dateien geschrieben werden und dann von JSP Dateien ausgelesen und aufbereitet werden. Der zweite Einstiegspunkt ist das Applikationsportal, dieses basiert auf JBoss Portal. In diesem Portal liegen die einzelnen Portlets, welche teilweise auf Backend Systeme zugreifen und die dort ausgelesenen Daten aufbereiten und dem Benutzer innerhalb einer Portal Page anzeigen.

Einen Berührungspunkt zwischen den beiden Systemen, außer einfache Links zwischen Content Seiten und Applikationen, existiert nicht.

3.4.3.1 Auswahlverfahren

Die erste Aufgabe im Projekt der Einführung eines neuen Intranetportals bestand in der Festlegung einer Architektur und in der Auswahl der einzelnen Komponenten dieser Architektur. Diese Architektur wurde unter anderem damit festgelegt, dass ein Portal eingesetzt wird, in dem alle Applikationen abgebildet werden können, und in die das Content Management System die Inhalte publizieren kann. Eine weitere Vorgabe war die Tatsache, dass für alle Komponenten einer Open Source Variante der Vorzug gegeben werden soll. Aufgrund der sozialversicherungsinternen Vorgaben bzgl. der Auswahl von Softwarekomponenten wurde als Portalkomponente das Produkt von JBoss, JBoss Portal, ausgewählt. Schwieriger gestaltete sich der Bereich des Content Management Systems, einerseits auf der Ebene der Architektur, andererseits auch bei der Auswahl des Content Management Systems. Konkret wurden die folgenden Varianten untersucht:

- Einsatz des internen Content Management Systems von JBoss Portal.
- Einsatz des externen Content Management Systems OpenCms[59].
- Einsatz des externen Content Management Systems Alfresco ([Shariff2006]).

JBoss Portal Content Management System: JBoss Portal bietet in seiner Standardausführung neben einigen Portlets zur Administration des Portals, der Benutzer und einfachen Beispielen auch eine Content Management Lösung. Diese Lösung ist sowohl von der Anzeigeseite als auch von der Redaktionsoberfläche her direkt in das Portal eingebunden. Die Ablagestruktur des Content Management Systems basiert auf dem Produkt Jackrabbit[60], welches von der Apache Software Foundation ([Foundation2009]) zur Verfügung gestellt wird, und bietet eine vollständige Implementierung des Standards für Java Content Repositories (JSR-170). Da der Fokus von JBoss bei seinem Portal Produkt primär auf der Portalframework Seite liegt, ist dieses Content Management System als Add-On zu verstehen, welches eine nur rudimentäre Unterstützung der Redaktionstätigkeit bietet, insbesondere in der Unterstützung des Redakteurs bei der täglichen Arbeit. Vor allem aufgrund dieser Tatsache wurde diese Lösung sehr rasch aus den möglichen Varianten ausgeschieden.

---

59 http://www.opencms.org/de/
60 http://jackrabbit.apache.org

OpenCms: Dieses Produkt ist eine frei verfügbare Implementierung eines Content Management Systems und basiert auf Java und XML. OpenCms kann von der Leistungsfähigkeit her mit anderen, kommerziellen Produkten verglichen werden und bietet umfangreiche Funktionen. Zum Zeitpunkt der Auswahl der Komponenten für das Intranetportal der OÖGKK standen allerdings keine Schnittstellen zur Einbindung der Inhalte als JSR-168 Portlet zur Verfügung, ebenso wurde eine proprietäre Form der Datenspeicherung verwendet, welche nicht auf dem Standard JSR-170 basiert. Die Benutzeroberfläche ist sehr umfangreich und bietet dem Redakteur eine sehr gute Unterstützung bei der täglichen Arbeit.

Alfresco: Dieses Produkt ist grundsätzlich im Bereich der Dokumentenmanagementsysteme ([Kampffmeyer2005], [Kohler2009]) angesiedelt, bietet allerdings auch die Möglichkeit, Web Inhalte zu verwalten. Auch dieses Produkt ist in einer frei nutzbaren Version erhältlich und bietet unter anderem eine Integration in das JBoss Portal. Die Daten werden in einem JSR-170 konformen Content Repository gespeichert, die Implementierung selbst basiert auf einer Reihe von Open Source Komponenten, wie Spring, jBPM, Hibernate, Lucene oder Java Server Faces. Das Produkt bietet einen umfangreichen Funktionsumfang, allerdings liegt der Fokus auf dem Dokumentenmanagement.

Nach einer Testinstallation dieser drei Produkte und eines Proof-of-Concept durch die späteren Redakteure wurde OpenCms in der Auswahl als erstes gereiht. Ausschlaggebend für die Entscheidung waren die folgenden Punkte, welche von OpenCms erfüllt werden:

- Frei verfügbar unter LGPL Lizenz.
- Läuft auf Basis des JBoss Application Servers.
- Einfache Installation.
- Einfache Bedienung durch die Redakteure.
- Möglichkeit, den Bearbeitungsworkflow für das Intranet Portal abzubilden.
- Erweiterbarkeit durch frei verfügbare Module.

Der nächste Schritt in der Auswahl bestand in der Untersuchung hinsichtlich der Möglichkeiten der Integration von OpenCms mit dem JBoss Portal. Dieses gestaltete sich herausfordernd, insbesondere im Bereich der Datenspeicherung, da in dem ausgewählten Produkt ein proprietäres Content Repository Verwendung findet.

3.4.3.2 Komponenten

Die umgesetzte Lösung für das Intranet der OÖGKK besteht im wesentlichen aus zwei Hauptkomponenten, dem Content Management System OpenCms und dem Portalframework von JBoss.

OpenCms: Die Entwicklung dieses Produktes wurde bereits im Jahr 1994 gestartet und wurde schließlich im Jahr 2000 veröffentlicht. Die Koordination für die Entwicklung und die Herausgabe von Releases wird seit dem Jahr 2002 von der Fa. Alkakon Software[61] übernommen. Die Verwendung von OpenCms unterliegt der GNU Lesser General Public License ([Wu2001]) und kann damit verwendet werden, ohne das dafür Lizenzgebühren anfallen. Für das vorliegende Projekt wurde OpenCms in der Version 7.4 eingesetzt. Dieses bietet eine vollständig browserbasierte Bedienung, welche eine Software Installation auf den jeweiligen Client Rechnern nicht notwendig macht. Abbildung 35 zeigt die Explorer ähnliche Darstellung der Inhalte, wie bereits im vorigen Kapitel angesprochen, werden die Dateien dabei in einem proprietären Filesystem abgelegt, welches als VFS – Virtuelles File System bezeichnet wird.

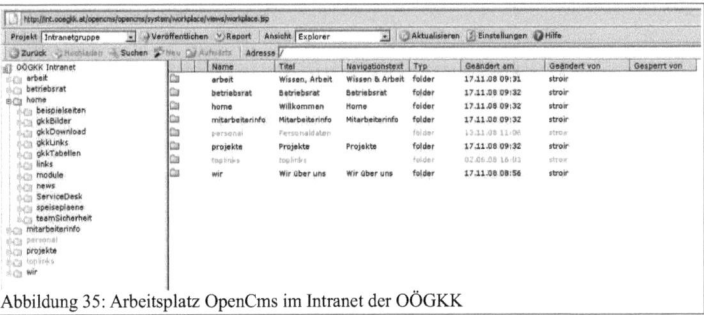

Abbildung 35: Arbeitsplatz OpenCms im Intranet der OÖGKK

In dieser Ansicht können alle Elemente der Website, wie HTML Dateien, Struktur Vorlagen, Layout Vorlagen, Bilder und Binärdateien verwaltet werden. Für die Bearbeitung der HTML Seiten dient ein WYSIWYG Editor, welcher eine Änderung der Inhalte im Rahmen der vorgegebenen Vorlagen ermöglicht. Abbildung 36 zeigt die entsprechende Startseite des Intranets, welche der Benutzer angezeigt bekommt.

---

61 http://www.alkakon.com

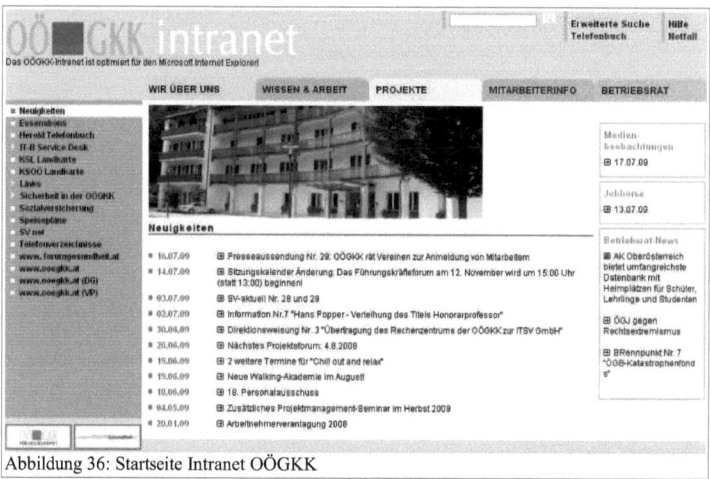
Abbildung 36: Startseite Intranet OÖGKK

JBoss Portal: Als zweite Komponente des Intranet Portals wurde das Portalframework von JBoss ausgewählt. Die Hauptaufgabe dieses Systems besteht nicht in der Darstellung von Content, sondern in der zur Verfügung Stellung einer Umgebung, in die Applikationen als Portlets deployed und ausgeführt werden können. Die Aufgabenstellung deckt sich dabei mit der eines Collaboration Portals ([Puschmann2003]). Im Rahmen der normalen Funktionalität der Portlet 2.0 Spezifikation und des ausgewählten Portalframeworks wurden Erweiterungen erstellt, die das einfache „einhängen" der Applikation in die Seitenstruktur ermöglicht und die Aufnahme des jeweiligen Menüpunktes in die Metanavigation im Header Bereich des Portals. Da es keine direkte Verbindung mit dem Content Management System gibt, wurde das Aussehen des Intranet Portals im Rahmen der Portal Template Definition nachgebaut. Ein Ziel war, dass sich das Look & Feel des Applikationsportals von dem des Content Portals nicht oder nur wenig unterscheidet um dem Benutzer eine einheitliche Benutzeroberfläche zu bieten. Abbildung 37 zeigt die Startseite des, zum Zeitpunkt der Erstellung der Arbeit noch rudimentär mit Applikationen befüllten, Applikationsportals.

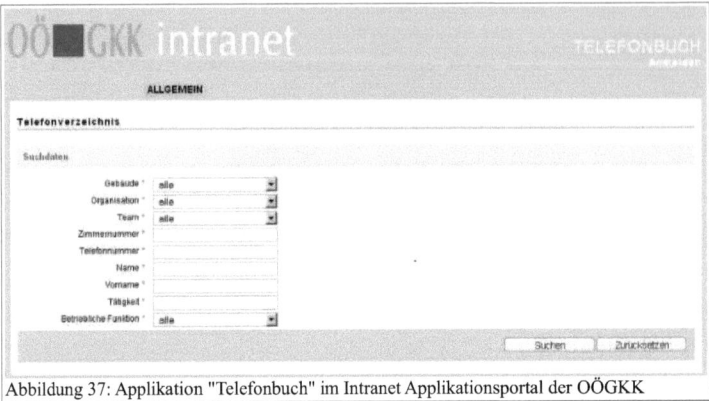

Abbildung 37: Applikation "Telefonbuch" im Intranet Applikationsportal der OÖGKK

3.4.3.3 Lösungsansatz

Vor dem Einsatz der beiden Komponenten wurde eine umfangreiche Testreihe durchgeführt um unter anderem die Einbindung des Contents aus dem Content Management System in das Portal zu evaluieren. Die Speicherung der Daten erfolgt in OpenCms in einem proprietären Dateiformat, optional kann als Speicherort das Dateisystem oder eine Datenbank angegeben werden. Grundsätzlich wird zwischen zwei Arten von Dokumenttypen unterschieden, einerseits Dokumente mit Freitext und andererseits Dokumente mit strukturiertem Inhalt. Erstere erlauben, den Text selbst mit einem HTML Editor zu bearbeiten, wobei innerhalb des Textes auch HTML Code vorkommen kann. Innerhalb eines Textfeldes in einem Dokument mit strukturiertem Inhalt ist dies nicht möglich, hier wird nur der reine Text gespeichert, dieser erhält dann bei der Anzeige durch das Einfügen an entsprechende Stellen im HTML Dokument sein Aussehen. Die Daten werden dabei als strukturierter Inhalt abgelegt, wobei eine Trennung zwischen Content und Metadaten erreicht wird. Im Folgenden Listing ist ein Beispiel für eine Content Datei mit strukturiertem Inhalt angegeben, wie sie in der Datenbank gespeichert wird ([GKK1]).

```xml
<?xml version="1.0" encoding="UTF-8"?>
<NewsArticles xmlns:xsi="http://www.w3.org/2001/XMLSchema-instance"
xsi:noNamespaceSchemaLocation="opencms://system/modules/test/test.xsd">
    <NewsArticle language="en">
        <Title><![CDATA[Ein Titel]]></Title>
        <Text name="Text0">
            <links/>
            <content>
                <![CDATA[<p>Der entsprechende Inhalt</p>]]>
            </content>
        </Text>
        <Date>1188901980000</Date>
    </NewsArticle>
</NewsArticles>
```

Listing 5: Beispiel für eine OpenCms Content Datei

Binärdaten wiederum werden über eine UUID referenziert und aus der Datenbank ausgelesen. Da zum Zeitpunkt der Erstellung dieses Portals erst die Portlet Spezifikation 1.0 vorgelegen ist, musste für die Anzeige von Binärdaten ein Workaround gefunden werden. Dieser Workaround bestand in der direkten Verlinkung auf ein Servlet, welches die Anzeige der Binärdaten ermöglichte.

Das Konzept der Einbindung sah ein Auslesen der Daten durch ein Portlet bzw. eine Business Schicht vor, welche den XML Content in ein DOM Objekt umwandelt und damit einen direkten Zugriff auf die einzelnen Elemente des Objektes erhält. Schwierigkeiten bestanden dabei aber vor allem mit unstrukturiertem Textinhalt, der nicht sauber in ein DOM Objekt umgewandelt werden konnte und mit dem darin enthaltenen unstrukturierten Inhalt. Da zusätzlich keine standardisierte Anzeigenkomponenten für Portlets vorlagen und auch das Auslesen und die Einbindung des Menüs einen großen Aufwand bedeutet hätte, wurde die Entscheidung getroffen, die Umsetzung des Portals ohne eine Verbindung zwischen Content Management System und Portal durchzuführen. Diese Entscheidung hatte dabei die folgenden Einflüsse auf die vier Kernbereiche, wie sie in der vorliegenden Arbeit beschrieben werden.

Navigation: Durch den Einsatz von zwei voneinander getrennten Systemen ist keine Synchronisation der im Content und im Applikationsportal vorhandenen Navigation umgesetzt. Beide Systeme enthalten die jeweils für sie notwendige Navigation, die Verwaltung dieser Navigation erfolgt im Content Management System durch den Redakteur, im Applikationsportal wird aus den eingehängten Applikationen automatisch eine Metanavigation erzeugt, welche im Header Bereich angezeigt wird. Im Bereich des Applikationsportals reagiert die Navigation auf den Login Zustand des jeweiligen

Benutzers. Abhängig davon, ob der Benutzer am System angemeldet ist oder nicht und welche Rollen er hat, wird die Navigation angepasst.

Datenablage: Die Datenablage erfolgt in OpenCms in einem proprietären Format, die grundsätzliche Datenspeicherung, im Dateisystem oder in einer Datenbank, kann aber frei gewählt werden. Im vorliegenden Projekt werden die Daten in einer PostgreSQL Datenbank ([Douglas2003]) gespeichert, welches es dem Administrator erlaubt, einfache Suchanfragen und ähnliches auch direkt in der Datenbank durchzuführen. Die vom Applikationsportal her notwendige Struktur wird ebenfalls in einer PostgreSQL Datenbank abgelegt, hat aber keine Verbindung zur Datenspeicherung des Content Management Systems.

Anzeige/Darstellung: Für die Anzeige und die Darstellung wurde ein Set an CSS Definitionen erstellt, diese Definitionen werden sowohl in der Präsentationsschicht von OpenCms als auch beim Applikationsportal verwendet. Dadurch wird ein einheitliches Look & Feel der beiden Portale und der darin enthaltenen Applikationen erreicht. Dem Benutzer ist es erst bei näherer Betrachtung ersichtlich, das es sich bei den vorliegenden Diensten um zwei unterschiedliche Portale handelt.

Kommunikation/zentrale Services: Zentrale Services, die speziell die beiden betrachteten System miteinander verbinden, wurden nicht eingesetzt. Gemeinsame zentrale Services, im Sinn von Backend Services, werden von beiden Systemen sehr wohl eingesetzt, dabei handelt es sich um Funktionen wie die Datenablage in einer Datenbank, oder die Abfrage von Benutzerdaten in einem LDAP Verzeichnis.

3.4.3.4 Vor- und Nachteile der Lösung

Eine grundlegende Eigenschaft der hier vorliegenden Lösung liegt in der starken Trennung zwischen Content Management System und dem Applikationsportal, welche einerseits eine einfache Art der Umsetzung möglich macht, andererseits aber die Vorteile aus einer integrierten Lösung nicht, oder nur auf Umwegen, nutzen kann. Diese Architektur bietet einige Vor- aber auch Nachteile, wobei diese konkret in folgenden Bereichen zu nennen sind:

Navigation: Durch das Fehlen einer Synchronisation der Navigationsstrukturen wird eine große Fehlerquelle umgangen und dem Benutzer auch eine klare Trennung zwischen Content und Applikationsportal Navigation geboten. Weiters besteht in diesem Ansatz die Möglichkeit, vor allem im Bereich des Applikationsportales, die teilweise umfangreichen applikationsinternen Navigationsstrukturen sauber und ohne Platzproblem auf der Seite darzustellen. Auf der anderen Seite fehlt in dieser Variante eine einheitliche Darstellung, vor allem auch wenn es darum geht, eine personalisierte Version der Navigation anzuzeigen. Diese Funktionalität ist nur im Applikationsportal vorhanden und wird dort auch in einer anderen Art und Weise als im Content Portal eingesetzt. Für den Benutzer gibt es eine klare Trennung zwischen Content und Applikationen, er muss für diese beiden Dinge jeweils unterschiedliche Systeme nutzen.

Datenablage: Dadurch, dass die Datenablage in einem proprietären Format erfolgt, ist für die Zukunft mit einem erhöhten Aufwand beim Import und Export von Daten zu rechnen. Eine Migration der Daten in ein anderes Content Management Produkt erscheint auch nur mit einem hohen Aufwand möglich zu sein.

Anzeige/Darstellung: Durch die Trennung der verwendeten Stylesheets (die CSS Dateien für das Content Management System als auch für das Applikationsportal liegen an verschiedenen Orten und können unabhängig voneinander geändert werden) wird die Möglichkeit geschaffen, spezifische Änderungen am jeweiligen Portal umzusetzen, ohne dabei unerwünschte Nebeneffekte auszulösen. Die einzelnen Style Definitionen können unabhängig voneinander zusammengestellt werden. Diese Lösung hat aber auch den Nachteil, dass sich dadurch die CSS Definitionen immer unähnlicher werden und mit der Zeit stark voneinander abweichen. Ein einheitliches Look & Feel der beiden Portale wird dann nicht mehr durchgängig gegeben sein.

Kommunikation/zentrale Services: Auch im Bereich der zentralen Services und der Kommunikation gibt es sehr wenige Abhängigkeiten, wodurch sich einerseits die beiden Systeme gegenseitig nicht negativ beeinflussen können, andererseits müssen aber teilweise allgemeine Funktionen (wie z.B. eine Authentifizierung) in beiden Systemen umgesetzt und auch mehrfach gewartet werden.

3.4.4 Offene Probleme

Das zentrale Problem bei der Umsetzung der Problemstellung der Einbindung von einem Content Management System in ein Portal in diesem Projekt bestand darin, das es zu diesem Zeitpunkt keine definierte Vorgehensweise bzw. Tools oder Frameworks für diese Einbindung gegeben hat. Eine mögliche technische Umsetzung wurde erarbeitet, aber dann aufgrund des zu erwartenden Aufwandes nicht in der Praxis umgesetzt. Dadurch wurden bei der Umsetzung Kosten und Aufwand gespart, allerdings zeigt sich mittlerweile im laufenden Betrieb, das es in manchen Bereichen zu Limitierungen im Einsatz kommt.

Ein Beispiel dafür ist der Bereich der Kommunikation und der zentralen Services. Innerhalb des Applikationsportales gibt es das Portlet „Telefonbuch", welches das Suchen nach Personen und die Anzeige von Kontaktdaten zu diesen Personen ermöglicht. Die dahinterliegende Datenspeicherung ist in einem LDAP Verzeichnis umgesetzt und wird durch Funktionen in der Applikation ausgelesen. Da es auch im Content Management

System notwendig ist, bei einzelnen Dokumenten Kontaktdaten von Personen anzugeben, wurde ein Aufwändiger Datenexport über die Telefonbuch Applikation in ein proprietäres OpenCms Format umgesetzt, welches dann die Daten in der Content Management System Anzeige einbindet.

Content Management System und Portal liegen hier als parallele Systeme nebeneinander und können die Synergien die bei einer eingebundenen Variante möglich wären, wie z.B. die gemeinsame Nutzung von zentralen Services, eine einheitliche Verwendung von Cascading Stylesheets oder die Integration der Navigationsstrukturen, nicht nutzen.

Deutlich wird im vorliegenden Beispiel aber auch, das es nicht möglich war, diese Integration auf einfache und strukturierte Art und Weise umzusetzen, weil dafür keine Definitionen vorhanden waren und die eingesetzten Produkte, vor allem im Bereich des Content Management Systems, solche Definitionen nicht unterstützen. Die Notwendig einer einheitlichen Definition und Vorgehensweise für die Einbindung eines Content Management Systems in ein Portal mit dem Fokus auf die vier dargestellten Problemfelder, so wie sie in der vorliegenden Arbeit erarbeitet werden soll, wird anhand dieses Beispiels deutlich gezeigt.

3.5 Projekt Konzernportal

Die dritte Fallstudie beschäftigt sich mit dem Aufbau bzw. der Migration eines Konzernportals einer Holding. Da von Seiten der verantwortlichen Personen des Konzerns die Bedingung bestand, die Daten anonymisiert in die Arbeit aufzunehmen finden sich im folgenden Kapitel keine Referenzen auf das Unternehmen. Unabhängig davon bietet diese Fallstudie jedoch eine sehr fortgeschrittene Entwicklung bei der Integration von Content Management Systemen in ein Portal.

Die Holding, für die dieses Projekt durchgeführt wurde, ist dabei in vier Tochtergesellschaften und eine Dienstleistungsgesellschaft aufgeteilt ([KPH1]). Aufbau und Betrieb einer Präsenz des Unternehmens im Internet fällt dabei in den Aufgabenbereich einer Abteilung innerhalb der Dienstleistungsgesellschaft.

Das bisherige System, über welches der Webauftritt des Konzerns und weitere Auftritte von Tochtergesellschaften und Konzernbereichen dargestellt wurden, basierte auf dem Content Management System „Powerslave" der Fa. Flying Dog Software[62]. So wie in der ersten Fallstudie (eSV) wurde auch im vorliegenden Beispiel mit der eingesetzten Software umfangreiche Anpassungen durchgeführt, was dazu führte, dass das Produkt einen großen Funktionsumfang bietet, welcher allerdings erheblich vom Standard abweicht. Applikationen und Services wurden sowohl innerhalb des Content Management

---

62 http://www.flyingdog.biz

Systems als proprietäre Module umgesetzt, als auch außerhalb des Content Management Systems als J2EE Standard Anwendungen. Die einzelnen Systeme waren über das Framework JOSSO[63] ([Akram2005]) verbunden und konnten dadurch Anmeldeinformationen der Benutzer austauschen.

Im Jahr 2008 wurde der Entschluss gefasst, das Content Management System abzulösen und durch ein anderes Produkt zu ersetzen. Ein weiteres Ziel war, das sowohl die Content Anzeige des Content Management Systems, die J2EE Anwendungen und auch alle neuen Applikationen in Zukunft innerhalb des auszuwählenden JSR-286 (Portlet 2.0) fähigen Portalframeworks laufen müssen.

3.5.1 Umfeld und Ausgangssituation

Die Eingangs beschriebene Aufteilung des Unternehmens in eine Holding und einer Reihe von Tochtergesellschaften führte zu einer Struktur der Webauftritte, welche diese Aufteilung abbilden, die Wiederverwendbarkeit der eingesetzten Applikationen sicherstellt und dabei auch die Corporate Identity der jeweiligen Tochtergesellschaft widerspiegeln musste. Obwohl in der bisherigen Lösung keine Portaltechnologie eingesetzt wurde, konnte dieses Ziel erreicht werden. Dennoch zeigte sich, dass die bisherige Architektur ihre Leistungsgrenzen erreicht hatte und eine Migration der Daten und der Applikationen in eine neue Infrastruktur notwendig war.

3.5.2 Portal des Konzerns

Bis zur Migration wurde der Webauftritt des Konzerns, im Konkreten der Holding und der vier operativen Tochtergesellschaften, mit dem Produkt „Powerslave" der Fa. Flying Dog Software durchgeführt. Das grundlegende Aussehen der Auftritte der Tochtergesellschaften war dabei vorgegeben, dennoch wurde über Logos und über die Auswahl einer Leitfarbe für die einzelnen Subseiten eine eigene Corporate Identity abgebildet. Nach ca. acht Jahren Betrieb dieser Software wurde das Ende des Lebenszyklus des Produktes erreicht und es musste eine Migration auf ein neues Produkt durchgeführt werden.

Die Gründe für den Umstieg stellten sich unter anderem dadurch dar, dass es im Bereich des Content Management Systems umfangreiche, spezifische Anpassungen der Software gegeben hat, welches einen Produktupgrade auf eine höhere Version nur noch schwer möglich machte. Durch das Fehlen dieser Upgrades war die Content Management Software zum Zeitpunkt der Migrationsentscheidung nicht mehr auf dem aktuellen Stand der Technik. Ein weiterer Bereich der historisch gewachsen war und in den immer mehr

---

63 http://http://josso.org/

Aufwand investiert werden musste war der Bereich der Applikationen. Diese waren als standalone, J2EE konforme Applikationen umgesetzt und wurden auf jeweils eigenen Servlet Engines (Tomcat) betrieben. Um die Corporate Identity, welche in den Content Seiten umgesetzt wurde, auch in den Applikationen zu erreichen, mussten alle CSS Dateien in den einzelnen Applikationen zur Verfügung stehen (inkl. der in den jeweiligen Applikationen spezifischen Stylesheets) um damit dort das Aussehen der Content HTML Seiten nachstellen zu können. Die Dateien existierten dabei, unter anderem aufgrund von applikationsspezifischen Anpassungen, in jeder Applikation ein mal. Des weiteren wurde eine Funktionalität implementiert, die es ermöglichte, dass das Aussehen nicht nur an das der Holding angepasst wurde, sondern auch dynamisch für die jeweiligen Tochtergesellschaften.

Eine Verbindung zum Content Management System war einerseits dadurch gegeben, dass auf XML Basis ein einfacher Datenaustausch, z.B. für das Auslesen eines Navigationsbaumes, realisiert wurde, andererseits aber auch ein System eingesetzt wurde, welches ein Single-Sign-On über alle Komponenten der Webseite ermöglichte. Um diese Single-Sign-On Funktionalität zu erreichen wurde das Framework JOSSO eingesetzt.

Die in dieser Struktur entstandenen Hauptprobleme können daher in der nicht mehr möglichen Upgrade Möglichkeit auf Seiten des Content Management Systems, der sehr komplexen Interaktion zwischen Content Management System und den Applikationen sowie der sehr schwer durchzuführenden Änderung an Designelementen, welche sich über die gesamte Webpräsenz zogen, zusammengefasst werden.

3.5.3 Eingesetzte Architektur

In einer drei Monate dauernden Konzeptphase wurde ein Vorschlag für eine neue Architektur ([KPH2]) erarbeitet, welcher die in der bisherigen Architektur gesammelten Erfahrungen berücksichtigt und dem aktuellen Stand der Technik entspricht.

Kern dieses Vorschlages ist dabei ein Portal, welches als einziges System aus dem Internet von Benutzern erreicht werden kann (es ist für die Benutzer nicht mehr möglich direkt auf das Content Management System oder auf eine Applikation zuzugreifen). Innerhalb dieses Portals existieren eine Reihe von zentralen Services (Authentifizierung, Stylesheets, Portal Templates) und Komponenten, wie die Authentifizierung oder jeweils ein zentrales Portlet für die Abbildung der Header und der Menüfunktionalität. Die Anzeigeschicht des Content Management Systems besteht dabei aus zwei Portlets, welche einerseits die Navigation, andererseits aber auch die Anzeige der Inhalte übernehmen. Alle bisherigen Applikationen werden in Portlets überführt und in das Portal gehängt, alle neuen Applikationen werden grundsätzlich als Portlets konzipiert. Eine Darstellung von Inhalten oder von Applikationen außerhalb des Portals ist in diesem Konzept nicht mehr vorgesehen und auch nicht mehr möglich.

3.5.3.1 Auswahlverfahren

Aufgrund der Vorgaben der Architektur gab es zwei Hauptbereiche, für die eine entsprechende Software ausgewählt werden musste, dies waren die Portalsoftware und die Content Management Software. Ausgehend von der Architekturbeschreibung und den Erfahrungen, die mit der alten Plattform im laufenden Betrieb gesammelt wurden, wurden für die beiden Komponenten die folgenden KO Kriterien ([KPH2]) festgelegt:

- Sowohl Content Management System als auch die Portalsoftware müssen eine produktive Referenz im deutschsprachigen Raum aufweisen können.
- Die Sicherheit muss gewährleistet sein, dies wird über eine Prüfung durch einen Security-Audit festgestellt.
- Das System soll für Internet, Extranet und Intranet eingesetzt werden können.
- Das Portal bzw. Content Management System muss eine personalisierte Suche ermöglichen, idealerweise über Content und Applikationen (sofern diese öffentlich sind).
- Das Content Management System muss in der Lage sein, die Seitenstruktur des Portals zu lesen und diese Information in die eigene Navigationswartung aufzunehmen. Dadurch soll eine durchgängige Navigation über Content Management System Inhalte und Applikationen erreicht werden.
- Das Content Management System muss dem Redakteur eine Vorschaumöglichkeit bieten, diese Vorschau soll möglichst nahe an das Produktivsystem angelehnt sein (d.h. die gesamte Seite inkl. Header und Navigation soll dem Redakteur angezeigt werden).
- Das Content Management System muss die Möglichkeit besitzen, Inhalte für Portlets aufbereitet zu exportieren (HTML, XML oder JSP Fragmente). Diese Fragmente sollen über das Dateisystem oder eine Datenbank in ein Live System synchronisiert werden können.
- Das Portal muss den Standard JSR-286 unterstützen.
- Das Portal muss Struts und JSF Bridging unterstützen.
- Das Portal muss WSRP unterstützen.

Als Portalsoftware wurde das Portalprodukt von JBoss ausgewählt, unter anderem deshalb, weil es einerseits alle in der Auflistung genannten KO Kriterien erfüllt, andererseits auch, weil es ohne Lizenzkosten verwendbar ist, in anderen Referenzprojekten bereits produktiv eingesetzt wird und dabei sehr gute Ergebnisse in Bezug auf Performance und Verfügbarkeit aufweist. Weitere ausschlaggebende Kriterien ([KPH3]) waren eine sehr gute Bridge Unterstützung sowohl von Struts, als auch von JSF ([Friedmann2009]), welche auch eine Weiterverwendung der bestehenden Applikationen, unter minimalem Anpassungsaufwand, sicherstellte.

Im Bereich des Content Management Systems gestaltete sich die Auswahl schwieriger, da keine Open Source Alternative verfügbar war, welche alle KO Kriterien unterstützt und eine ausreichende Usability für die Benutzer geboten hätte. Als kommerzielle Alternative kamen die Produkte Content.Node 4 der Fa. Gentics[64], Firstspirit 4.2 der Fa. e-Spirit[65] und das Professional Content Management System der Fa. Contens[66] in Frage. Nach einer intensiven Analysephase der Produkte und der dabei vorgelegten Konzepte für die Einbindung des Content Management Systems in das Portal des Konzerns wurde das Produkt Firstspirit 4.2 ausgewählt. Die Integration in das Portal besteht in dieser Lösung einerseits aus einer direkten Synchronisation der Navigationsbäume von Portal und Content Management System (wie in [Brandt2008] beschrieben), andererseits aus dem Export des Content in JSP Fragmenten, die dann von entsprechenden Portlets aufbereitet im Portal angezeigt werden.

3.5.3.2 Komponenten

Neben den beiden Hauptkomponenten Content Management System (Firstspirit) und Portal (JBoss Portal) gab es im vorliegenden Projekt auch noch eine Reihe von Applikationen, die von einer standalone Lösung in eine Portlet basierte Lösung migriert werden mussten. Zusätzlich wurde zur selben Zeit auch noch eine Online Lösung für Customer Self Services entwickelt, welche ebenfalls das Portal als Basis hatte.

Firstspirit Content Management System ([KPH5]): Das Content Management System Firstspirit bietet eine Plattformunabhängigkeit, welche auch durch die Import und Export Funktionalität in Java gegeben ist. So wie für ein Content Management System der Stufe 3 gefordert, ist eine strikte Trennung zwischen Inhalt und Layout gegeben. Ein wesentliches Kriterium, welches unter anderem auch zur Auswahl dieses Produktes geführt hat, ist die Möglichkeit, den Content auf verschiedene Kanäle zu publizieren. Im vorliegenden Projekt wurde diese Möglichkeit dahingehend genutzt, dass die Inhalte als XML und JSP Dateien ins Portal publiziert werden und dort von speziellen Portlets eingelesen und für den Benutzer aufbereitet werden. Weitere Funktionen, welche unter anderem für ein Content Management System der Stufe 3 typisch sind, sind ein integriertes Dokumenten- und Medienmanagement System

---

64 http://www.gentics.at/Content.Node/products/Content-Management-System.php
65 http://www.e-spirit.com/en/product/advantage/firstspirit42/firstspirit42.html
66 http://www.contens.de/de/pub/produkte/contens_professional.cfm

(inkl. der Möglichkeit, Bilder und Grafiken Online im Content Management System zu bearbeiten und auf verschiedene Größen zuzuschneiden), die Verwendung von WYSIWYG Editoren zur Content Erstellung, einem ausgefeilten Workflow auf Benutzer- und Gruppenebenen welcher über einen grafischen Editor konfiguriert werden kann, die Möglichkeit der Versionierung und der Archivierung der Inhalte. Mehrere Websites können mithilfe der integrierten Mandantenfähigkeit abgebildet werden.

Die Datenablage selbst erfolgt in einem proprietären Repository, auf das über eine Java API zugegriffen werden kann, eine Unterstützung des JSR-170 Standards für Java Content Repositories ist nicht gegeben.

JBoss Portal: Bereits in den vorhergehenden Fallstudien wurde als Portal-Basis das Produkt von JBoss verwendet, aus diesem Grund soll in diesem Absatz nur noch auf die spezifischen Besonderheiten bei der Verwendung im vorliegenden Projekt eingegangen werden.

Da in der alten Version des Internetauftrittes JOSSO als Authentifizierungssystem im Einsatz war und einerseits in diesem System eine große Anzahl von Benutzer bereits enthalten war, andererseits aber auch Fremdsysteme auf PHP Basis angebunden sind, musste auch in der neuen Version des Portals das Framework JOSSO weiterverwendet werden. Dies konnte über eine spezielle Konfiguration in JBoss Portal erreicht werden. Ein weiterer spezifischer Punkt stellte die zahlreiche Verwendung von Applikationen dar, welche Geschäftsprozesse abbilden. Aufgrund der verschiedenen Basistechnologien (Struts und JSF) dieser Applikationen musste auf die Bridge Technologie für beide Arten von Applikationen zurückgegriffen werden. Dadurch war es möglich, auch Applikationen, welche nicht auf Basis von `GenericPortlet` implementiert wurden, nahtlos in das Portal zu integrieren.

Anwendungen: Zum Zeitpunkt der Umsetzungsentscheidung waren insgesamt 17 Applikationen und Services in Produktion, für die entschieden wurde, sie ins Portal zu migrieren. Vier Services hatten als Basis das alte Content Management System und mussten von dort vollständig herausgelöst und neu implementiert werden, weitere vier Applikationen waren als einfache JSP Seiten vorhanden und konnten mit der Standard Portlet Technologie integriert werden. Fünf Applikationen lagen als Struts Projekte vor und konnten mithilfe der Struts Bridge in das Portal migriert werden, weitere drei Applikationen hatten JSF als Basis und konnten mit der dort zur Verfügung stehenden Bridge migriert werden. Die Hauptaufgabe bei der Integration der Struts und JSF Applikationen lag nicht in der technischen Realisierung, sondern vielmehr in der Anpassung der Präsentationsschicht auf die im Portal genutzten und für die neue Website erstellten CSS Styles, welche für Content und Applikationen gleichermaßen verwendet werden. Eine Applikation (Ticketerstellung und Auskunftssystem) hatte als Basis PHP und wurde nicht in das Portal integriert (lediglich über JOSSO mit dem Portal verbunden). Der Einsatz einer PHP Bridge wurde, trotzdem er in manchen Publikationen beschrieben wurde ([Baker2006]), nicht realisiert, da eine erfolgreiche produktive Referenz, die mit einem vertretbaren Aufwand realisiert wurde, dafür nicht gefunden werden konnte.

Zusätzlich zu der Migration der bereits vorhandenen Portlets wurde eine Reihe von Geschäftsprozessen als Customer Self Services mittels JSF Portlets abgebildet und neu in das Portal integriert.

3.5.3.3 Lösungsansatz

Der Lösungsansatz, der in diesem Projekt gewählt wurde, unterscheidet sich in einigen Punkten sehr wesentlich von den anderen Fallstudien, und zeichnet sich durch den Versuch aus, eine hohe Integration zwischen Content Management System und dem Portalframework zu schaffen. Um dieses Maß an Integration zu erreichen, wurden im Vorfeld unter anderem die folgenden Prämissen aufgestellt:

- Alle Applikationen müssen als Portlets im Portal laufen.
- Im Portal gibt es eine gemeinsame Stylesheet Datei, die an einer zentralen Stelle abgelegt wird.
- Das Menü zwischen Content Management System und den im Portal installierten Applikationen ist zu synchronisieren.

Die Vorgaben wurden unter anderem aus [Brandt2008] und [Herden2008] abgeleitet und für das bestehende Projekt adaptiert.

Navigation: Eines der zentralen Punkte bildete die Frage der Navigation. Der ursprüngliche Ansatz dafür sah eine eigene, vom Content Management System verwaltete Menüstruktur vor, welche vom Portal getrennt ist. Dieser Ansatz wurde aber zugunsten eines anderen Ansatzes aufgegeben, welcher eine Anlage jeweils einer eigenen Portal Page für jedes Content Dokument vorsieht und der durch Aufruf einer API im Portalframework diesen Navigationsknoten (Portal Page) im Portalframework einspielt. Portalspezifische Funktionen wie die Eltern-Kind Beziehung von Portal Pages und das direkte Verwenden von rollenbasierten Security Constraints dieser Portal Pages konnten dadurch genutzt werden. Dieser Ansatz ist in Abbildung 38: Integration des FirstSpirit Content Management System und JBoss Portal ([KPH5]) ersichtlich.

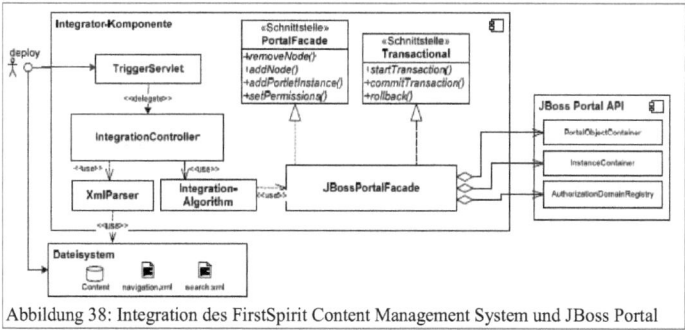

Abbildung 38: Integration des FirstSpirit Content Management System und JBoss Portal

Innerhalb der einzelnen Portal Pages ist immer eine Instanz des Content Management System Portlets referenziert, welche das Auslesen der Inhalte aus dem Dateisystem und die entsprechende Aufbereitung übernimmt.

Ein weiteres Problem stellte die Integration der Applikationsportlets in das Gesamtsystem dar, da diese Integration erstens nahtlos passieren sollte, d.h. es sollte keinen Unterschied geben, ob ein Portlet zur Anzeige von Inhalten oder ein Applikationsportlet angezeigt wird, und zweitens die Zuordnung zum Navigationsbaum muss durch den Redakteur im Content Management System vorgenommen werden. Dies wurde dadurch gelöst, dass im Content Management System für jedes Applikationsportlet ein Platzhalter definiert ist, den der Redakteur in den Menübaum hängen kann. Die Integrationskomponente erstellt dann im Portal eine entsprechende Portal Page, welche das dazu ausgewählte Portlet referenziert. Diese Funktionalität ist in Abbildung 39 dargestellt.

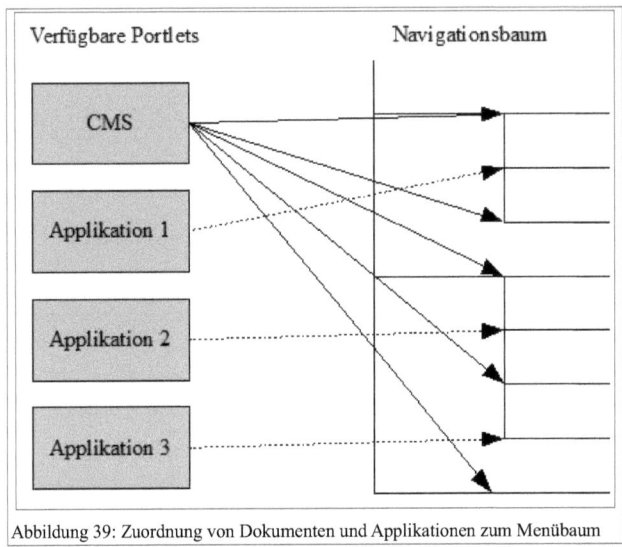

Abbildung 39: Zuordnung von Dokumenten und Applikationen zum Menübaum

Datenablage: Die grundsätzliche Datenspeicherung im Produkt FirstSpirit wird in einer relationalen Datenbank durchgeführt, im vorliegenden Projekt stellt dies eine Oracle Datenbank dar. Ein Zugriff auf diese Daten via JSR-170 ist nicht möglich, es existieren nur proprietäre Zugriffsmethoden auf die Daten oder direkt über die Datenbankfunktionalitäten. Zu jedem Navigationspunkt, welcher, wie im vorigen Punkt beschrieben, in die Portalstruktur synchronisiert wird, existiert jeweils eine Instanz eines Applikationsportlets oder, sofern es sich um die Anzeige von Inhalten handelt, um eine Instanz des Content Management System Portlets. Zusätzlich zur Navigation werden die Inhalte an sich in Form von JSP Dateien über eine Integrator Komponente in das Dateisystem des Portals kopiert (FTP bzw. SFTP Upload). Dort ist den entsprechenden Instanzen des Content Management System Portlets bekannt, an welchem Punkt des Navigationsbaumes sich der Benutzer aktuell befindet und leitet mittels des `PortletRequestDispatcher` an die zu diesem Punkt gehörige JSP Seite weiter, welche den dazugehörigen Content anzeigt.

Anzeige/Darstellung: Bereits zu Beginn des Projektes wurde die Feststellung getroffen, dass die Definition von Style Elementen nur an einer Stelle getroffen wird. Dies konnte auch so umgesetzt werden, es existiert portalweit nur 1 Stylesheet. Da alle Applikationen und auch die Anzeige der Inhalte aus dem Content Management System als Portlets im Portal liegen, sind diese gezwungen, einzig das zentrale Stylesheet zu verwenden. Dies bringt den Vorteil, das die dort definierten Elemente gleich in allen Applikationen am Portal verwendet werden und eine Änderung der Style Basis auch einfach möglich ist.

Kommunikation/zentrale Services: Als wesentliche zentrale Services existieren das zentrale Single-Sign-On, welches über das Portal durchgeführt wird und für alle im Portal befindlichen Portlets genutzt werden kann. Basis dieses zentralen Single-Sign-On Moduls ist das Framework JOSSO, welches schon bisher eingesetzt wurde und ohne größeren Aufwand für die Verwendung im Portal angepasst werden konnte.

Da das Content Management System über die Integrator Komponente direkt die Portalnavigation und die dazugehörigen Portal Pages erstellt, können diese Elemente bereits beim Anlegen vom Redakteur mit entsprechenden Metadaten, die dann im Portal verwendet werden können, versehen werden. Wesentlich dabei ist, dass einzelne Dokumente und Navigationspunkte mit Rollen hinterlegt werden können. Diese Rolleninformation kann vom Portal verwendet werden, um einzelne Menüpunkte nur angemeldeten Benutzern mit einer bestimmten Rolle anzuzeigen. Auf die gleiche Art und Weise ist es möglich, einzelne Dokumente zu schützen, und sie nur nach einem erfolgreichen Login dem Benutzer zur Verfügung zu stellen.

Durch den Wegfall einer eigenen Navigation des Content Management Systems und der Verwendung der Struktur vom Portal, die sich durch das Anlegen der Inhaltsseiten ergibt, ist es auch für andere Portlets einfach möglich, auf die Navigationsinformation zuzugreifen und diese zu nutzen. Ein zentrales „Navigationsobjekt", welches den Status über den aktuellen Zustand des Menübaumes enthält, kann somit entfallen.

3.5.3.4 Vor- und Nachteile der Lösung

Im Vergleich zu den ersten beiden Fallstudien stellt dieses Projekt den höchsten Grad der Einbindung des Content Management Systems in das Portal dar. Erreicht wurde das vor allem durch den Lösungsansatz der direkten Speicherung der Navigationsstruktur und der Inhaltsseiten als Portal Pages im Portal. Daraus ergeben sich die folgenden Vor- und Nachteile für diese Lösung:

Navigation: Durch die Speicherung bzw. Synchronisierung der Content Management System Navigation mit der Portalnavigation wurde eine sehr nahtlose Integration erreicht. Portal Pages (auch solche, die Applikationen und kein Content Management System Portlet enthalten) und deren Attribute können bereits vom Redakteur festgelegt werden. Durch dieses Konzept ist es möglich, eine rollenbasierte Anzeige der Navigation und der Content Dokumente zu erreichen. Auf der Portalseite wurden alle Standards, welche die Portletspezifikation 2.0 vorgibt erfüllt, auf der Content Management System Seite wurde die Datenspeicherung in einem proprietären Ansatz durch eine Speicherung in einer relationalen Datenbank umgesetzt, eine Verbindung oder Implementierung des JSR-170 Standards ist auf dieser Seite nicht vorhanden. Ein weiterer erwähnenswerter Punkt ist, das für dieses Konzept eine sehr enge Kopplung mit der JBoss internen Portal API umgesetzt werden musste, die nur mit diesem Produkt funktioniert. Allerdings wurde versucht, diese Aufrufe in einer einzigen Java Klasse zu kapseln, welcher auch der einzige Punkt wäre, der bei einem Austausch des Portalpoduktes verändert werden müsste.

Datenablage: Wie schon beim ersten Punkt angemerkt, werden bei der Datenspeicherung keine Standards, bis auf den einer relationalen Datenbank, verwendet. Der Export der Daten erfolgt aus dem Content Management System selbst, ein Zugriff auf die Daten über ein externes Tool ist über standardisierte Schnittstellen nicht möglich. Die Aufbereitung der Daten und deren Export erfolgt als JSP Dateien, diese können nahtlos mit der angelegten Portal Navigation und den Portlets interagieren, indem im Content Management System Portlet beim entsprechenden Menüpunkt mit dem `PortletRequestDispatcher` ein Forward auf die richtige JSP Datei durchgeführt wird. Diese einfache Lösung hat allerdings den Nachteil, dass die erzeugten JSP Dateien innerhalb der Web Applikation, welche das Portlet beinhaltet, kopiert werden müssen. Eine Weiterleitung von Portlets auf Dateien, die nicht innerhalb der gleichen Web Applikation liegen, ist in der Portlet Spezifikation nicht vorgesehen ([Hepper2008]).

Anzeige / Darstellung: Ein wesentliches Element der Vereinheitlichung der Oberflächen stellt die Verwendung von nur einer zentralen Stylesheet Definition dar. Die JSR-286 Spezifikation stellt bereits ein Set an definierten Style Klassen für ein Portal dar. Im Zuge der Analyse dieser Definition für das vorliegende Produkt musste allerdings festgestellt werden, dass dies einen sehr rudimentären und applikationsbezogenen Fokus darstellt. Durch das Fehlen von Definitionen für die Anzeige von Content und im Bereich der Applikationen, konnte diese Vorlage im Projekt nicht verwendet werden.

Kommunikation / zentrale Services: Ein wesentlicher Punkt bei der Integration von Content Management Systemen und Portalen, welcher in allen drei Projekten aufgetreten ist, stellt die Navigation dar und hier vor allem die Frage, wie die Information über den aktuellen Menüpunkt an alle Portlets auf der Portal Page weitergegeben werden kann. Da in diesem Projekt für die Navigation die Portal internen Funktionen verwendet werden, kann jedes Portlet einfach auf den Navigationsbaum und damit auf den aktuellen Zustand der Navigation zugreifen. Darüber hinaus sind in dieser Navigation auch Attribute wie Rollen und ähnliche Informationen gespeichert.

Trotzdem in diesem Projekt schon sehr viele Funktionen umgesetzt wurden, fehlt noch eine Integration von Applikationsmenüs in die Gesamtnavigation und die Anbindung des Content Management Systems aus dem Applikationen heraus um Hilfe- und Fehlertexte anzuzeigen.

3.5.4 Offene Probleme

Auch bei dem hier vorgestellten Lösungsansatz bleiben eine Reihe von offenen Fragestellungen und Problemen, die noch nicht gelöst werden konnten.

Die enge Kopplung des Synchronisationsprozesses mit dem Portal ermöglicht zwar einerseits eine weitgehend nahtlose Einbindung, die Integrationskomponente basiert allerdings auf einer JBoss proprietären API, welche mit einem anderen Portalprodukt nicht funktionieren wird und neu erstellt werden muss.

Auch die Datenablage der Inhalte des Content Management Systems ist in einer proprietären Art und Weise gelöst, der JSR-170 Standard für Java Content Repositories wird nicht eingesetzt. Dadurch ist ein Zugriff auf den Content nur über das Content Management selbst, oder direkt über die Datenbank möglich.

Der Versuch, im JSR-286 eine Menge an Style Klassenbezeichnungen für ein Portal zu definieren stellte sich im Praxistest im vorliegenden Projekt sehr schnell als nicht praktikabel dar. Weder konnten mit dem Umfang der vorhandenen Definitionen, welche stark für die Verwendung in Applikationen gedacht ist, ein Auslangen gefunden werden, noch konnten diese Style Klassen für die Anzeige von Content verwendet werden. Eine spezifische Definition von Style Klassen für die Anzeige von Content ist in der Spezifikation nicht vorhanden.

Im Bereich der zentralen Services wurde eine Umsetzung der Verwendung von Hilfe- und Fehlertexten für Applikationen zwar angedacht, konnte aber nicht umgesetzt werden. Da die Content Management System Inhalte allerdings bereits als JSP Seiten im Portal vorhanden sind und ein direkter Zugriff auf das Content Repository nicht möglich ist, wird dieser Punkt nur schwer umsetzbar sein. Hinsichtlich der Navigation wurde eine Lösung gefunden, allerdings sieht dieser Ansatz nicht die Einbindung von applikationsspezifischen Navigationen in die Gesamtnavigation des Portals vor.

Ein weiterer Punkt wird vor allem mit Anwachsen der Anzahl der Inhalte noch zu beobachten sein, nämlich die Performance des Portals bei einer großen Anzahl von Knotenpunkten in der Navigation und einer ebensolchen bei den Portal Objekten (Portal Pages, Attribute, etc.). Dieses ist vor allem beim Deployment Prozess wesentlich, da die Content Management System Inhalte nicht nur als reiner Text (HTML bzw. XML) exportiert werden, sondern über den Weg von JSP Seiten auch eine erweiterte Applikationslogik enthalten. Da diese JSP Seiten innerhalb der Web Applikation liegen, werden diese bei einem Hochstarten des Servers in dessen temporäres Verzeichnis deployed. Muss dieser Prozess für mehrere tausend Content Seiten durchgeführt werden, ist mit Verzögerungen bei einem Neustart des Portals zu rechnen.

3.6 Abschließende Betrachtung

Alle drei in der Fallstudie vorgestellten Projekte weisen von ihrem Inhalt und ihrer Aufgabenstellung her große Gemeinsamkeiten auf. Jeweils bestand die Anforderung darin, ein Web Portal auf Basis eines Portalframeworks aufzubauen und darin nicht nur Applikationen in Form von Portlets zur Verfügung zu stellen, sondern auch ein Content Management System derart in das Portal einzubinden, dass eine gemeinsame Oberfläche bei der Anzeige zum Benutzer hin umgesetzt wird, wobei das Portalframework das führende System darstellt. Diese bei allen Projekten gleiche Aufgabenstellung führte allerdings jeweils zu drei verschiedenen Lösungen, die in manchen Bereichen gleich und in anderen Bereichen unterschiedlich sind. In den jeweiligen Fallstudien konkret betrachtet wurden dabei die vier Problemfelder, welche bereits in der Literaturrecherche identifiziert worden sind. Im Detail können diese folgendermaßen beschrieben werden:

Navigation: In diesem Bereich wurden in jeder der drei Fallstudien unterschiedliche Lösungswege gewählt. Im Fall des OÖGKK Intranets wurde eine vollständig voneinander getrennte Navigation für jeweils Portal und Content Management System gewählt. Das Projekt eSV wiederum setzt auf eine ausschließlich durch das Content Management System gewartete Navigationsstruktur, welche die interne Navigation des Portals nicht einbindet. Beide Lösungswege können die im Portal vorhandenen Funktionen in Bezug auf die Navigation nicht nutzen (Rechtevergabe, Nutzung von Portalknoten). Die tiefgehendste Einbindung wurde im Projekt Konzernportal erreicht, hier werden die im Content Management System angelegten Navigationsknoten durch einen Integrator direkt als Portalknoten in das Portalframework synchronisiert. Auf diese Art und Weise ist es bereits dem Redakteur möglich, Rechte auf einen Navigationspunkt oder ein Content Dokument zu setzen, diese Einstellungen können dann vom Portal interpretiert werden.

Datenablage: Eines der wesentlichen Ziele der vorliegenden Arbeit stellt die Verwendung eines JSR-170 konformen Java Content Repositories als Datenablage für die Content Dokumente dar. In keinem der drei untersuchten Projekte wurde allerdings ein Content Repository auf dieser Basis eingesetzt. Zum Einsatz kommen einerseits eine proprietäre, datenbankbasierte Ablage (eSV) und jeweils ein im Content Management System enthaltenes, proprietäres Repository (OpenCms bzw. FirstSpirit). Die in Kapitel 2.5.6 (JSR-170) beschriebenen Funktionen des Compliance Level

1 und 2 können hier nicht genutzt werden bzw. es existiert dafür ein proprietärer Ersatz.

Anzeige / Darstellung: Zentrale Stylesheet Definitionen, welche sowohl für Applikationen als auch für die Content Darstellung der Dokumente aus dem Content Management System gültig sind, wurden in den Projekten von eSV und dem Konzernportal eingesetzt. Jeweils eine eigene Style Definition für Content Dokumente und für Applikationen wurde im Intranet der OÖGKK eingesetzt. In allen drei Projekten wurde dennoch versucht, die Style Definition so einheitlich wie möglich zu gestalten, um ein einheitliches Look & Feel zu erreichen.

Wie im Projekt Konzernportal aufgezeigt, gibt es in der Portlet Spezifikation ein Set Style Klassen, welche im Portal verwendet werden sollen. Dieses Set stellt sich allerdings als sehr rudimentär und für die Verwendung in Bezug auf Content Dokument als nicht nutzbringend dar und wurde daher in keinem der drei Projekte verwendet.

Kommunikation / zentrale Services: In jedem der drei Projekte wurden Funktionen die in diesen Bereich fallen unterschiedlich gelöst. Im Projekt eSV war ein wesentliches Element das Umsetzen einer Inter Portlet Kommunikation, im Intranet Portal werden zentrale Services nicht verwendet, unter anderem deshalb, weil Content Management System und Portalframework nicht miteinander verbunden sind. Auch in diesem Bereich stellt das Projekt Konzernportal die höchste Integration dar, durch die Synchronisation des Navigationsbaumes mit der Portalstruktur können dort Attribute (z.B. die Rolle) mitgegeben werden. Angedacht war hier außerdem der Einbau von Hilfe- und Fehlertexten, welche im Content Management System gewartet werden, in die Applikationsportlets.

Grundsätzlich fehlt in diesem Bereich allerdings eine klare Beschreibung der Funktionen. Diese Beschreibung und auch ein Lösungsansatz sollen im Rahmen der Content-Bridge erarbeitet werden.

3.7 Schlussfolgerungen für die Entwicklung einer Content-Bridge

Für die Entwicklung der Content-Bridge ergeben sich aus den Fallstudien einige Erkenntnisse, die berücksichtigt werden sollen.

- Die Integrationslösung des Navigationsbaumes im Projekt Konzernportal stellt eine sehr gute Variante dar und nutzt sehr viele der Funktionen des Portals aus. Der Bereich Navigation soll auf Basis dieses Lösungsansatzes definiert werden.
- Keine bzw. negative Rückschlüsse ergaben sich im Bereich der Datenspeicherung, da in allen drei Projekten kein JSR-170 konformes Content Repository verwendet wurde.

- Im Bereich der Anzeige und der Stylesheets ist eine klare Folgerung, dass einerseits die in JSR-286 definierten Style Klassen verwendet werden sollen, diese aber in der vorliegenden Form zu rudimentär sind. Eine Erweiterung dieser Definition, unter anderem auf den Bereich der Content Darstellung, soll angestrebt werden.
- Im Punkt Kommunikation und zentrale Services wurden einzelne Funktionen in den unterschiedlichen Fallstudien umgesetzt, diese Funktionen bildeten allerdings nur einen Randbereich der gesamten Funktionalität. Services wie Speicherung von Attributen im Content Repository, der Aufruf von Content Dokumenten über die Bridge oder die Einbindung von applikationsbezogenen Navigationsbäumen in die Gesamtnavigation bilden hier den Bereich, den es zu definieren gilt.

4 Lösungsvorschlag – Content-Bridge

Wie in den vorangegangenen Kapitel gezeigt, was durch die derzeit im Bereich der Portal vorliegende Java Specification Requests beschrieben wird, ist eine definierte Schnittstelle anzuwenden und zu implementieren, damit ein Portlet in ein Portal eingebunden werden kann. Viele der Applikationen in einer Institution liegen allerdings nicht als Portlets vor, so wie von der Spezifikation gefordert, sondern als standalone Applikationen, welche mit Technologien wie Struts ([Cavaness2002], [Ted2003]), Java Server Faces ([Bergsten2004]) oder aber auch mit nicht Java Frameworks wie PHP ([Argerich2005]) oder anderen, generischen Ansätzen ([Bellas2006]), umgesetzt sind. Diese Applikationen können nicht Out-of-the-Box mit der Portal-Schnittstelle kommunizieren und sind daher als Portlets nicht verwendbar. Um diese Funktionalität zu erreichen, wäre es notwendig, die Applikationen neu zu schreiben und zwar in einer der Portal-Schnittstelle entsprechenden Form. Dies bedeutet allerdings einen hohen Aufwand für die Umstellung mit dem Ergebnis, dass sich am Funktionsumfang der Applikation selbst nichts ändert. Andererseits würde man das Know-How, das im Bereich des jeweiligen Frameworks aufgebaut wurde, verlieren und könnte mit der Portlet Technologie auch nicht den gesamten Funktionsumfang den die Frameworks bieten (beispielhaft soll hier das Validator Framework von Struts genannt sein) nutzen.

Um diesen Nachteil auszugleichen und gleichzeitig eine Wiederverwendbarkeit jener Applikationen zu erreichen, welche nicht auf dem Portlet Standard aufsetzen, wurde eine Bridge Technologie entworfen, welche als Vermittlungsschicht zwischen dem Portlet Framework und der Applikation dient. Diese Vermittlungsschicht (Bridge) stellt für das Portal ein Portlet dar, welches alle notwendigen Schnittstellen unterstützt, auf der anderen Seite stellt es für die Applikation selbst den Client dar und bietet auch hier wiederum die dafür notwendigen Schnittstellen.

Ausgehend vom Konzept der Bridge für nicht portalfähige Frameworks soll in diesem Kapitel analog dazu eine Bridge, d.h. eine Vermittlungsschicht spezifiziert werden, welche als Schnittstelle zwischen einem Portal und einem Content Management System dienen soll. Vor allem für die Bereiche Navigation, Datenablage, Anzeige und zentrale Services soll in dieser Spezifikation ein Lösungsansatz erarbeitet werden. Die Spezifikation soll dabei JSR-286 (Portlets) und JSR-170 (Java Content Repositories) berücksichtigen und auf dieser Basis entwickelt werden. Ziel ist es, dass es bei Verwendung dieser Bridge gelingt, beliebige Portal Implementierungen und Content Management Systeme miteinander auf standardisierte Art und Weise zu verbinden.

4.1 Methodischer Zugang

March & Smith ([March1995]) definieren zwei Bereiche in der Wissenschaft, die *Natural* und die *Design Science*. Während in der *Natural Science* versucht wird zu verstehen, was die Wirklichkeit ist, liegt in der *Design Science* das Hauptaugenmerk darauf, Artefakte zu erstellen, mit denen gewisse Ziele erreicht werden können. Basierend auf dieser Kategorisierung definieren sich die Bereiche Forschungsergebnisse und Forschungsaktivitäten. Die Forschungsergebnisse, welche im Bereiche der *Design Science* erstellt werden, bilden immer Artefakte. Als Artefakte werden dabei die folgenden vier Dinge genannt:

Definitionen (Constructs): In diesem Bereich wird die Begrifflichkeit des Forschungsgebietes festgelegt. Hier werden Begriffe definiert mit welchen später dann die Probleme und Lösungen beschrieben werden.

Modelle (Model): Als Modell werden die Beziehungen zwischen den Begriffen beschrieben. Ein Modell kann als eine einfache Beschreibung gesehen werden, wie sich die Dinge zueinander verhalten.

Methoden (Method): Eine Methode wird als ein Algorithmus oder eine Vorgehensweise definiert, wie eine Tätigkeit ausgeführt wird. Die Methoden basieren dabei immer auf zugrundeliegende Begriffe und Modelle.

Anwendung (Instantiation): Bei der Anwendung werden schließlich die definierten Artefakte umgesetzt und in einer realen Umgebung zur Anwendung gebracht. Begriffe, Modelle und Methoden werden dabei operationalisiert.

Die Beziehung zwischen diesen vier Bereichen beschreibt [Jokela2001] dabei folgendermaßen:

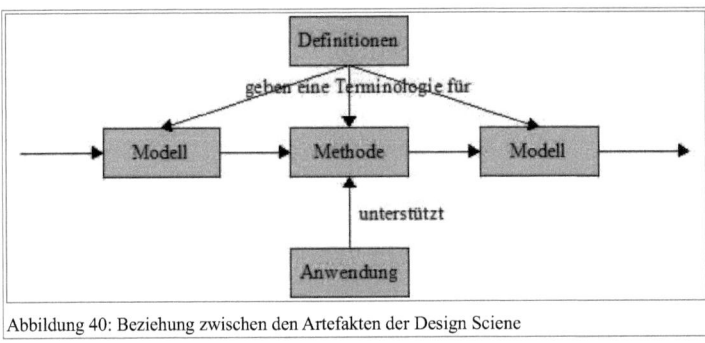

Abbildung 40: Beziehung zwischen den Artefakten der Design Sciene

Relevant für das vorliegende Kapitel sind dabei im besonderen die Definitionen, die definiert werden müssen. Aufbauend auf diesen Definitionen werden Methoden entwickelt mit denen versucht wird, einen Algorithmus und eine Vorgehensweise für die Anwendung von Modellen zu geben. In Randbereichen kommt es auch zur Definition von Modellen, die die Beziehung und Interaktion zwischen den einzelnen Definitionen beschreiben.

4.2 Portlet Bridges

Wie in der Einleitung dargestellt, existieren die Bridge Lösungen als Vermittlungsschicht zwischen einem Portal und einer nicht Portal fähigen Applikation und machen diese damit auch im Portal als Portlet nutzbar. Weiter betrachtet und für die Erarbeitung der Content-Bridge relevant sollen nur die für Java Frameworks (Struts, JSF ([McClanahan2003])) existierenden Bridge Lösungen sein. Bezüglich PHP Bridges, welche auf den JSR-223 ([Grogan2006]) aufsetzen, wird auf [Baker2006] und [Baker2006a] verwiesen.

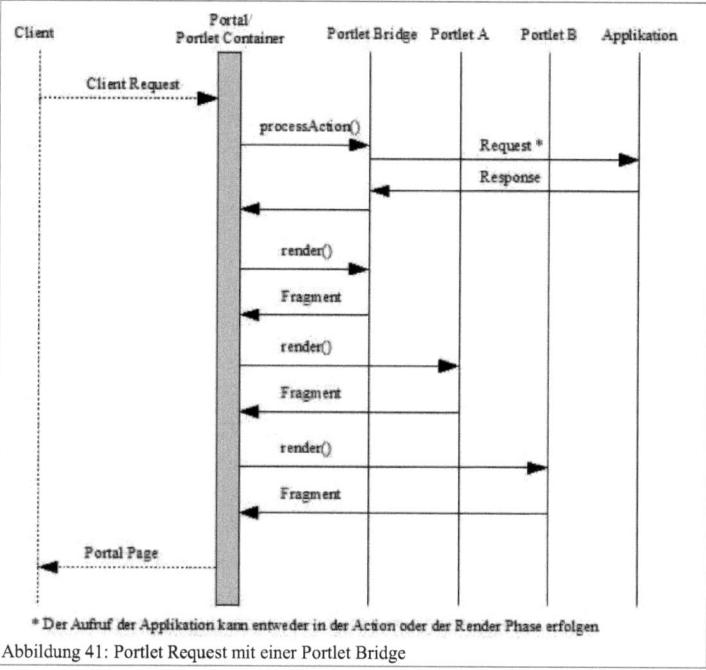

Abbildung 41: Portlet Request mit einer Portlet Bridge

Ein typischer Portlet Request/Response Lifecycle ist in Abbildung 41 dargestellt. Die Portlet Bridge agiert gegenüber dem Portal wie ein normales Portlet und nimmt den Action oder den Render Request entgegen. Je nachdem, ob die Bridge das aktive Portlet ist oder nicht, wird die Applikation im Hintergrund über einen normalen Request/Response aufgerufen und das dort generierte HTML Fragment an das Portal Framework zurückgeliefert. Dieses wiederum baut dieses Fragment gemeinsam mit den von den anderen Portlets auf der Seite generierten HTML Fragmenten zusammen und liefert die fertige Portal Page an den Client aus. Da die JSF Portlet Bridge anhand von JSR-301 ([Friedmann2009]) vorliegt und von allen Bridges am weitesten fortgeschritten ist, sollen deren wesentliche Elemente, welche später analog bzw. ähnlich für die Content-Bridge verwendet werden, hier beschrieben werden.

Bridge: Das Interface `Bridge` stellt den zentralen Einstiegspunkt der JSF Bridge API dar. Das Interface definiert denselben Lebenszyklus wie er für ein Portlet gilt. Wie bei einem Servlet stellt auch die Bridge eine `init()` und eine `destroy()` Methode dar. Zwischen diesen beiden Methoden kann die Bridge die diversen Requests der Portlets abhandeln, welches durch die Methode `doFacesRequest()` durchgeführt wird, wobei jedes Portlet dabei auf eine Instanz der Bridge referenziert.

GenericFacesPortlet: Das Interface Bridge ist an sich kein Portlet, sondern ein Subsystem, welches von einem Portlet aus instantiiert, aufgerufen und dann wieder zerstört wird und für die Kommunikation mit dem darunterliegenden System verantwortlich ist. Um eine stärkere Abstraktion zu erreichen und den Entwicklern auch eine bekannte Schnittstelle zu geben, definiert die API die Klasse `GenericFacesPortlet`, welches die direkte Schnittstelle zum Portal Container bildet. In dieser Klasse wird die Bridge erzeugt und aufgerufen. Dies geschieht durch einen Konfigurationsparameter in der Datei `portlet.xml`. Die Klasse `GenericFacesPortlet` ist eine Subklasse von `javax.portlet.GenericPortlet` und überschreibt die Methoden `init`, `destroy`, `doDispatch`, `doEdit`, `doHelp`, `doView`, und `processAction`. Gleichzeitig werden eine Reihe von eigenen Methoden definiert, welche die Schnittstelle zur Bridge bilden.

Request Lifecycle: Sobald ein Request an das Portal gestellt wird und dieser als ein Request identifiziert wird, der von der Bridge bearbeitet werden soll, wird die `doFacesRequest()` Methode der Bridge aufgerufen. Die Bridge stellt dann eine entsprechende Faces Umgebung zur Verfügung und ist dafür verantwortlich, die notwendigen Faces Funktionen aufzurufen und in der entsprechenden Reihenfolge zu bearbeiten, sodass diese mit der Faces Spezifikation übereinstimmen. Damit Faces unterstützt werden kann, ist die Bridge auch dafür verantwortlich, die (Action) Responses, welche an das Portlet zurückgegeben werden, so zu speichern, dass es die Request Umgebung bei der Ausführung der Render Phase wieder aufbauen kann. Dies ist deshalb notwendig, da eine normale Faces Applikation nur einen einfachen Request/Response Mechanismus kennt, in einer Portal Umgebung dies aber auf

ActionRequest/ActionResponse und RenderRequest/RenderResponse aufgeteilt ist. Dieser Aufgabenbereich wird als Bridge Request Scope bezeichnet, dieser verwaltet einerseits den Faces View State und zusätzliche Daten, welche an den Faces Request Scope gebunden sind.

ExternalContext: Der `ExternalContext` bietet eine vom Portlet Container unabhängige Abstraktion vom Request und Response gegenüber der Faces Runtime Umgebung. Über diesen externen Context bietet die Bridge die Möglichkeit für die Faces Umgebung, auf die Portal spezifischen Objekte, wie z.b. Portlet Request und Response, zuzugreifen.

ViewHandler: Die Bridge muss eine Implementierung des `ViewHandler` anbieten, welche in der Datei `faces-config.xml` eingestellt wird. Der View Handler muss das Decorator Design Pattern der JSF Spezifikation 1.2 implementieren.

BridgeRenderFilter: Da es im Portlet Container keine Möglichkeit gibt, ein Response Wrapping durchzuführen wird eine Klasse `RenderFilter` eingeführt, welche diese Aufgabe übernimmt. Diese Klasse verpackt den Servlet Response und speichert die HTML Ausgabe in einen Puffer. Dieser Puffer wird der Methode `render` in der Bridge übergeben (über ein Request Attribut) welche den Puffer nach dem Rendering des Faces Baumes ausgibt. Die Kommunikation zwischen der Methode `render` in der Bridge und dem Servlet Filter wird dabei mithilfe von zwei Request Attributen durchgeführt: `javax.portlet.faces.RenderAfterViewContext`, welches anzeigt, dass der Response gepuffert werden soll (weil er in einem Bridge bzw. Portlet Request läuft), `javax.portlet.faces.AfterViewContent` welches den Puffer enthält, der nach dem rendern des Faces Baumes ausgegeben wird.

Aufgrund dieser Funktionalitäten ergeben sich einige Funktionen, die auch für die Content-Bridge übernommen werden können. Zusätzlich gibt es allerdings auch Funktionen und Einstellungen, die für die Content-Bridge separat gelöst werden müssen. Dazu gehören die Definition eines eigenen Einstiegspunktes und einer eigenen Klasse, welche eine Subklasse von `javax.portlet.GenericPortlet` darstellt. Ebenso scheint es sinnvoll einen eigenen Context und Lifecycle zu definieren, in denen sowohl der Status gehalten wird, als auch diverse Zugriffe auf die dahinterliegenden Content Daten, welche in Java Content Repositories liegen, ermöglicht werden. Die Nutzung der Übergabe von Konfigurationsparametern in der Datei `portlet.xml` erscheint ebenfalls sinnvoll, da dort Dinge wie Verbindungseinstellungen zum Java Content Repository oder Ähnliches konfiguriert werden können. Weniger wichtig ist hingegen der gesamte Bereich des Speicherns und Haltens von View und State Informationen, die bei der Verwendung von JSF sicher einen höheren Stellenwert haben, da der Zugriff auf ein Java

Content Repository keinen eigenen HTTP Request/Response Mechanismus notwendig macht.

4.3 Content-Bridge

Die Funktionsweise der Content-Bridge ähnelt stark der von anderen Bridges, unter anderem derer der JSF Bridge. Die Content-Bridge dient als Adapter zwischen dem Portlet Container und einem Java Content Repository und bietet auf der einen Seite die für eine Portal Einbindung notwendigen Schnittstellen, auf der anderen Seite stellt sie Funktionen zur Verfügung, über die auf ein Java Content Repository zugegriffen werden kann und die dort möglichen Funktionen aufgerufen werden können.

Der Funktionsumfang ergibt sich aus den in den vorigen Kapiteln gezogenen Schlüssen, vor allem aus den Ergebnissen der Literaturstudie und aus den praktischen Beispielen der Fallstudien. Dieser Funktionsumfang beinhaltet einerseits Lösungen für die bereits behandelten vier Problemfelder, andererseits aber auch allgemeine Funktionen, die für die grundlegende Kommunikation der Komponenten notwendig sind und eine Beschreibung der möglichen Konfigurationsparameter, mit denen die Bridge auf eine gegebene Umgebung eingestellt werden kann. Die allgemeinen Funktionen und jene für die Verwaltung der Konfiguration bilden dabei einen Querlieger über die übrigen Funktionen.

Die allgemeinen Funktionen sind für die grundlegende Initialisierung der Bridge verantwortlich, sie bilden die Schnittstelle einerseits zur Portlet 2.0 API, andererseits werden darin die Konfigurationseinstellungen für die Kommunikation mit dem Java Content Repository festgelegt. Konfigurationseinstellungen liegen für den Zugriff auf das JCR vor, darin wird definiert, für welche Art der Darstellung das Portlet geeignet ist, hier ist zwischen Content Anzeige und Navigationsanzeige zu wählen. Die Einstellungen selbst werden als zusätzliche `<init-param>` Einträge innerhalb einer `portlet.xml` Datei eingefügt. Mit diesem Ansatz können alle zusätzlichen Einstellungen abgebildet werden und es ist nicht notwendig, für die Content-Bridge die Spezifikation der Portlet Deskriptor Datei zu ändern.

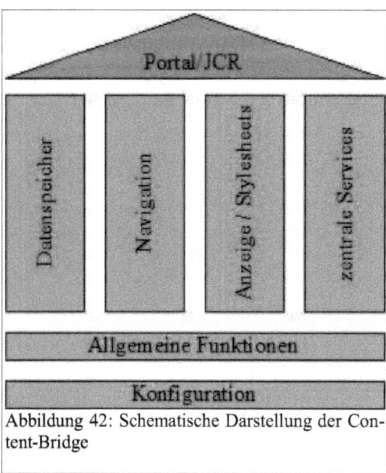
Abbildung 42: Schematische Darstellung der Content-Bridge

Im Bereich des Zugriffes auf den Datenspeicher, d.h. dem Zugriff auf das Java Content Repository werden Funktionen zur Verfügung gestellt, die das direkte Auslesen von Content Dokumenten ermöglichen, und diesen Content dann entweder als HTML Fragment oder in anderen Content Typen darstellen. Für die Darstellung als HTML Fragment kann auf die bereits vorhandene doView Methode zurückgegriffen werden, die Darstellung in anderen Content Typen (PDF, Word, etc.) kann über die Methode serveResource gelöst werden.

Einen großen Funktionsumfang bietet der Bereich der Navigation. Dieser stellt Methoden für das Portalframework zur Verfügung, als auch für das Java Content Repository. Diese Methoden werden dann aufgerufen, wenn die Navigationsstruktur oder Teile davon aus dem Repository exportiert und mit der Portalnavigation synchronisiert werden. Wichtige Funktionen sind das Auslesen der Navigationsstruktur und deren Anzeige, das Einbinden von in Applikationen vorhandenen Sub-Navigationsstrukturen in die Gesamtnavigation und die Möglichkeit, Links zu erstellen, die einerseits für den jeweiligen Portletcontainer gültig sind, aber andererseits auch die Möglichkeit geben auf andere Content Seiten und Portal Pages zu referenzieren. Die Darstellung der hier ausgelesenen Daten wird je nach Rolle des angemeldeten Benutzers unterschiedlich sein, je nach der Berechtigung, die zu einem bestimmten Navigationsknoten gespeichert ist. Für die Speicherung der Navigationsstruktur und der Zuordnung von Dokumenten und Applikationen (d.h. beliebigen Portlets) zu diesen Punkten sind im Java Content Repository entsprechende Funktionen bereitzustellen.

Die in JSR-286 vorhandene Definition von Stylesheets wird aufgrund der Erfahrungen aus den Fallstudien und der dort verwendeten Stylesheets erweitert werden, um auch den Bereich der Content Darstellung abdecken zu können.

Als zentrale Services werden schließlich die Möglichkeit, jederzeit ein Content Objekt mit seiner ID anzusprechen und auslesen zu können, das Speichern von Informationen zu einem Content Objekt in das Repository und das Auslesen und Speichern von Rolleninformation in die Spezifikation aufgenommen werden.

Diese Aufstellung soll einen groben Überblick über die in der Content-Bridge vorhandenen Funktionen bieten, in den nächsten Kapiteln werden diese Funktionen im Detail beschrieben und erläutert und darauf aufbauend eine Spezifikation für die Content-Bridge erstellt.

4.3.1 Allgemeine Funktionen

Unter diesem Punkt werden all jene Artefakte verstanden, die als Querlieger in allen vier Problembereichen Anwendung finden.

4.3.1.1 Definitionen

ContentBridgePortlet: Den zentralen Einstiegspunkt in die Content-Bridge bildet die Klasse `ContentBridgePortlet`, welche von `GenericPortlet` abgeleitet ist und durch diese Ableitung die notwendigen Schnittstellen zum Portletcontainer zur Verfügung stellt.

ContentBridgeContext: Das Ergebnis der Initialisierung ist ein `ContentBridgeContext`, der für das Portlet eine Umgebung darstellt in dem alle notwendigen Objekte vorliegen und deren Funktionen genutzt werden können. Von diesem Context gibt es zur Laufzeit nur eine Instanz welche für alle Instanzen, die von dem Portlet zur Laufzeit existieren, gültig ist.

Content URL: Innerhalb eines Portletcontainers ist es nicht mehr möglich, selbständig URLs zu erzeugen bzw. zu setzen, da dies innerhalb der Applikation passiert und der Applikation nicht bekannt ist, auf welcher Seite und in welchem Kontext die Applikation eingebunden ist und welchen Zustand das Portal hat (z.B. Aufruf kommt von einem angemeldeten Benutzer oder die Kommunikation des Portals erfolgt über SSL). Eine ähnliche Problematik ergibt sich auch beim Setzen von Links auf ein Dokument, da zum Zeitpunkt der Erstellung eines Dokumentes nicht bekannt ist, wo sich ein anderes Dokument befinden wird, auf das der Link gesetzt wird. Dieser Link wird bei der Erstellung durch einen Platzhalter, eine Content URL, ersetzt.

4.3.1.2 Methoden

Initialisierung: Bei der Initialisierung eines Content Portlets werden die Standardfunktionen beim Starten und Stoppen eines Portlets überschrieben und mit einer erweiterten Funktionalität ergänzt. Sind in der Konfiguration Verbindungseinstellungen zu einem Java Content Repository angegeben oder ist dort eine eigene, Portlet interne Navigationsstruktur definiert, so werden diese Objekte beim Aufrufen der `init()` Methode initialisiert und stehen dann dem Portlet zur Verfügung. Diese Objekte werden jeweils beim Aufruf der `destroy()` Methode wieder zerstört und aus dem Speicher gelöscht. Ist eine interne Navigationsstruktur angegeben, so wird diese in die allgemeine Navigationsstruktur integriert, dabei wird die Substruktur an einen definierten Punkt der allgemeinen Navigation eingehängt und mit diesem synchronisiert. Diese Funktionalität kann auch von Portlets genutzt werden, die nicht die Content-Bridge verwenden, d.h. damit ist es auch für JSF Portlets möglich, interne Navigationsstrukturen zu definieren. Ebenso wird in der `init()` Methode die Registrierung des Portlets am Repository durchgeführt, dabei werden die Daten des Portlets an das Repository übergeben und stehen dann dort für eine weitere Verwendung zur Verfügung. Ein Redakteur ist dann in der Lage, im Content Management System ein beliebiges Portlet (bzw. eine Instanz dieses Portlets) einem Menüpunkt zuzuordnen.

Common Interface: Um die geplante Funktionalität der Content-Bridge zu erreichen, ist es notwendig, dass die Kommunikation zwischen Portlet und Repository nicht nur in eine Richtung verläuft (d.h. das Portlet liest/schreibt Daten aus/in das Java Content Repository), sondern das auch aus dem Java Content Repository mit der Portlet Bridge kommuniziert werden kann. Die Content-Bridge stellt dazu eine Reihe an Funktionen zur Verfügung, die über JNDI aus dem Content Repository aus aufgerufen werden können. Innerhalb des Content Repositories läuft eine Integrator Komponente, die die Aufgabe dieser Kommunikation übernimmt. Kernpunkt der Funktionalität ist die Synchronisierung der Navigationsstrukturen von Portal und Repository. Damit diese beiden Strukturen synchron gehalten werden können, ist es notwendig, entsprechende Funktionen für das Erstellen, Änderung und Löschen von Navigationsknoten zur Verfügung zustellen.

Aufbereitung von Content URLs: Da zum Zeitpunkt des Erstellens eines Content Dokumentes und beim Speichern dessen in das Repository noch nicht bekannt ist, wo und in welchem Portal es laufen wird, müssen alle in diesem Dokument enthaltenen Links durch Platzhalter ersetzt werden die das referenzierte Objekt enthalten. Die Content-Bridge ist bei der Anzeige des Content Dokumentes dafür verantwortlich, dass diese Platzhalter ausgelesen werden und darauf aufbauend jeweils ein Link generiert wird, der in der Laufzeitumgebung (d.h. im Portletcontainer) zum gewünschten Ergebnis führt. Um diese Funktionalität zu erreichen werden die beiden Methoden `createRender-`

URL() und createActionURL() aus der Portlet Spezifikation überschrieben und für die Bedürfnisse der Content-Bridge angepasst. Diese Funktion wird nicht nur automatisch bei der Anzeige von Content verwendet, sondern sie kann auch jederzeit durch Übergabe einer Content ID aus dem Portlet heraus aufgerufen werden. Die Funktion berechnet aus der Content ID automatisch eine gültige Portal URL, welche dann z.B. bei der Navigation verwendet werden kann.

4.3.2 Konfigurationsparameter

Alle für die Konfiguration der Portlet Bridge notwendigen Konfigurationseinstellungen werden in der Datei `portlet.xml` vorgenommen. Eine Erweiterung oder Änderung der Elemente dieser Datei ist nicht vorgesehen, vielmehr soll mit den vorgegebenen Möglichkeiten, die diese Datei bietet, die Konfiguration der Content-Bridge durchgeführt werden können.

4.3.2.1 Definitionen

Initialisierungsparameter: Über den Mechanismus der Initialisierungsparameter (`<init-param>`) können im Portlet Deskriptor beliebige Name-Wert Paare angegeben werden, auf die im Portlet zugegriffen werden kann. Für die Content-Bridge werden die folgenden Einstellungen festgelegt.
Portlet Typ: Gibt den Typ an, um den es sich bei dem Portlet handelt. Je nach Typ bietet die Bridge spezielle Methoden für die Darstellung von Content, die Navigation oder einfach die Synchronisation einer applikationsinternen Navigationsstruktur mit der allgemeinen Struktur.
Verbindungseinstellungen zum Java Content Repository: In diesen Eigenschaften werden die Verbindungseinstellungen zum Content Repository hinterlegt. Hier sind alle notwendigen Informationen enthalten, damit ein erfolgreicher Zugriff auf ein Content Repository durchgeführt werden kann.
Einhängepunkt bzw. Einhängepunkte für die Navigationselemente aus dem Content Repository: Diese Eigenschaft definiert die Einstiegspunkte in der internen Navigation des Portals, an die die Navigation aus dem Repository gehängt bzw. synchronisiert wird.
ContentBridgeConfig: Diese Klasse stellt einen Container dar, in den die in der Datei `portlet.xml` enthaltenen Konfigurationsparameter bei der Initialisierung geladen werden. Über diese Klasse ist es später möglich, auf die einzelnen Konfigurationsparameter zuzugreifen.

Portlet Filter: Seit der Portlet Spezifikation 2.0 wurde das Konzept der Filter, analog wie es in der Servlet Spezifikation möglich ist, auch für Portlets geschaffen. Dabei ist es möglich, eine Klasse zu definieren, die vor oder nach einer bestimmten Aktion ausgeführt werden soll, mögliche Aktionen stellen dabei die Action-, Render-, Event- oder die Resource-Phase dar. Zusätzlich ist es möglich, so wie zu einem Portlet, auch zu einem Filter Initialisierungsparameter anzugeben. Beim Content-Bridge Filter enthalten diese Parameter für die Content-Bridge eine allfällige applikationsinterne Navigationsstruktur. Wird der Filter das erste mal durchlaufen, dann prüft er, ob in ihm Initialisierungsparameter zur Verfügung stehen, die eine Navigationsstruktur beschreiben. Ist dies der Fall, wird im nächsten Schritt geprüft, ob die Parameter bereits im Content-Bridge Context registriert sind, falls nicht, wird die Registrierung durchgeführt, falls die Daten schon vorhanden sind, dann läuft der Filter ohne eine weitere Aktion auszuführen, weiter.

Durch das Konzept der Filter ist es möglich, die Funktion einer applikationsinternen Navigationsstruktur auch dann zu nutzen, wenn es sich bei dem Portlet um kein „echtes" JSR-286 Portlet handelt, sondern um andere, wie z.B. ein Struts Bridge Portlet oder ein JSF Bridge Portlet. In diesen Fällen ist nämlich der Parameter `<portlet-class>` bereits mit den Werten `org.apache.portals.bridges.struts.StrutsPortlet` bzw. `javax.portlet.faces.GenericFacesPortlet` belegt und kann nicht zusätzlich auf die Klasse `ContentBridgePortlet` für die Content-Bridge geändert werden.

4.3.3 Datenablage

Dieser Bereich stellt einerseits die Möglichkeiten dar, wie aus dem Content-Bridge Portlet mit dem Java Content Repository kommuniziert werden kann, auf der anderen Seite wird hier auch beschrieben, welcher Art die im Repository gespeicherten Daten sein müssen.

4.3.3.1 Definitionen

Knotentypen: Ein Kernpunkt der Speicherung ist die Ablage der Daten im Repository. Die JCR Definition bietet dabei einen strukturierten Mechanismus, in dem die Daten in einer Baumstruktur gespeichert werden können. Die einzelnen Knoten der Baumstruktur können dabei vordefinierte Typen sein (z.B. `nt:base`, `nt:unstructured`, `nt:hierarchyNode`, `nt:file`), es ist aber auch möglich eigene Knotentypen zu definieren (die von `nt:base` abgeleitet sein müssen) und diesen Typen eine eigene Definition des Inhaltes zu geben. Für die vorliegende Arbeit wird eine einfache Definition von Knoten verwendet um die Kommunikation mit der Content-Bridge zu demonstrieren. Für spätere Arbeiten oder Implementierungen ist es aber möglich, diese Definition entweder zu erweitern, oder durch eine eigene Definition zu ersetzen. Ein Content Dokument des Content Management Systems ist dabei nicht in einem einzelnen Knoten gespeichert, sondern in mehreren Knoten, die untereinander verbunden werden können. Basis eines Content Dokumentes ist der Knoten `Document`, dieser besteht, zusätzlich zu den Standard Eigenschaften die für das Repository gesetzt werden müssen aus der Eigenschaft `Requests`, in die optional die Anzahl der Aufrufe des Knotens im Portal gespeichert werden kann, der Eigenschaft `Folder`, welche angibt, ob das Dokument selbst oder der Ordner inklusive aller Subdokumente angezeigt werden sollen und aus 0-n `Link` Knoten und aus 0-n `Textblock` Knoten. Weiters definieren die Eigenschaften `Title` und `Subtitle` die Bezeichnung des Dokumentes, so wie sie für den Benutzer dargestellt wird. Der Link Knoten enthält dabei die Eigenschaft `Order`, welche die Reihenfolge der Anzeige der Subknoten eines Dokumentes angibt und die Eigenschaft URL, welche entweder einen Verweis zu einer anderen Portal Page oder aber zu einer beliebigen URL (welche nicht zwangsweise im Portal laufen muss) beinhalten kann. Zusätzlich ist bei diesem Knotentyp zu beachten, das die enthaltenen Links, sofern es sich um Links auf interne Verweise im Portal handelt, von der Content-Bridge interpretiert werden müssen, um eine Portal konforme URL zu generieren. Der Knoten `Textblock` wiederum besteht aus 0-n `Link` Knoten und aus 0-1 `Media` Knoten. Eigenschaften sind `Order`, `Title`, `Subtitle`, `Text`. Der Knoten `Text` enthält dabei den Inhalt, welcher, um eine strikte Trennung zwischen Content und Layout zu erreichen keine HTML Tags enthalten darf. Ein `Media` Knoten besteht aus den Eigenschaften URL und `Align`. Primärer Inhalt dieses Knotens sind Bilder und Grafiken. Erstere Eigenschaft gibt dabei den Ort an, an dem das Medienelement gefunden werden kann, die zweite Eigenschaft enthält eine Information für die Darstellung, ob das Bild bzw. die Grafik links, mittig oder rechts zum Text angezeigt werden soll.

ContentTransformer: Die Aufgabe des Content Transformers besteht darin, die im Repository enthaltenen Knotentypen bzw. deren Inhalt in HTML Code umzuwandeln, um den Inhalt so auf einer HTML Seite anzeigen zu können. Aufgrund der strikten Trennung von Content und Layout, sind bei der Datenspeicherung im Repository zunächst keine Layoutangaben vorhanden.

4.3.3.2 Methoden

Anzeige von Dokumenten: Zur Laufzeit existiert im Portal eine Navigationsstruktur, welche nach demselben, baumartigen Schema wie die Struktur innerhalb des Content Repositories aufgebaut ist. Zu jedem Knoten in der Navigationsstruktur ist ein Portlet zugeordnet, welches, ähnlich wie dem Klassenkonzept in Java, eine Portlet Instanz erzeugt die aufgerufen werden kann. Bei der Portlet Instanz selbst handelt es sich, wenn es ein Content-Bridge Portlet ist, um eine Instanz der Klasse `ContentBridgePortlet`. Dieses Portlet bietet die Möglichkeit über eine definierte Methode den aktuellen Einhängepunkt im Portal auszulesen. Soll nun ein Content Dokument aus dem Java Content Repository angezeigt werden, dann wird vom Content-Bridge Portlet zuerst eine Verbindung zum Content Repository hergestellt, wobei die im `portlet.xml` angegebenen Verbindungsdaten verwendet werden. Danach wird der Einhängepunkt der Portlet Instanz ermittelt und damit eine Abfrage an das Repository durchgeführt, bei der die Struktur im Portal mit der im Repository übereinander gelegt wird und damit das entsprechende, dieser Portlet Instanz zugeordnete, Dokument gefunden wird. Die Klasse `ContentTransformer` wandelt danach die vom Repository zurückgegebenen Objekte in HTML Code um, welcher dann über die `doView()` Methode entweder direkt, oder in Verwendung einer JSP Datei angezeigt wird. Die Anzeigemethode kann dabei entweder direkt verwendet werden, indem der Standard Transformer und die Standard Anzeige benutzt wird, es ist aber auch möglich, wenn eine eigene, von der Klasse `ContentBridgePortlet` abgeleitete Portlet Klasse verwendet wird, die Objekte aus dem Content Repository nachzuarbeiten und mit einer eigenen Anzeigelogik zu versehen und darzustellen. Durch die Trennung von Content und Layout sind im Bereich der Darstellung der Daten keine Einschränkungen gegeben. Ist es für die Bridge nicht möglich, aufgrund des Einhängepfades des Portlets im Portal ein entsprechendes Dokument im Content Repository zu finden, dann kann eine Standard Fehlerseite ausgegeben werden.

Die für den Zugriff auf das Repository notwendigen Methoden und Routinen sind bereits in der Klasse `ContentBridgeContext`, ebenso wie die Einstellungen zum Zugriff in der Klasse `ContentBridgeConfig`, vorhanden. Die Methoden werden entweder explizit durch die Bridge selbst verwendet, können aber auch direkt über den Context angesprochen werden. Diese Aufteilung der Funktionen ermöglicht es, dass das Auslesen eines Dokumentes aus dem Repository nicht nur innerhalb des Content-Bridge Portlets möglich ist, sondern auch von anderen (Portlet) Applikationen aus aufgerufen werden kann.

Die Zugriffsmethoden auf das Content Repository, welche über den Bridge Context aufgerufen werden können, setzen voraus, das der Bridge Context im Application Server initialisiert wurde. Nach der Initialisierung stellt der Bridge Context die Repräsentation des Content Repositories dar, welche im Portlet Container aufrufbar ist und über den die Zugriffe und andere Methoden auf das Repository möglich sind. Die Initialisierung des Bridge Contexts setzt allerdings voraus, dass zumindest ein Content-Bridge Portlet innerhalb des Java Containers existiert, welches diese Initialisierung durchführt und damit den Bridge Context auch für andere Portlets aufrufbar macht.

Suchen von Dokumenten: Die Anzeige von Content Dokumenten ist, wie schon beschrieben wurde, automatisch durch die Zuordnung der Lage in der Navigationsstruktur im Portal auf den Speicherort im Java Content Repository möglich. Zusätzlich werden allerdings auch Fälle auftreten, in denen es notwendig ist, dass ein definiertes Dokument angezeigt werden soll, welches an einem anderen Platz gespeichert ist und nicht mit der Navigationsstruktur übereinstimmt oder aber eine freie Suche nach einem Dokument möglich sein soll. Dies wird dadurch erreicht, dass im Bridge Context Funktionen existieren, die das Suchen nach Dokumenten über den Ablagepfad eines Dokumentes (z.B. `/portal/aktuelles/presseaussendungen/jahresbericht_2009`) erlauben, sofern dieser bekannt ist. Ist der Ablagepfad eines Dokumentes nicht bekannt, wird eine Funktion zur Verfügung gestellt, mit der eine Volltextsuche innerhalb von definierten Feldern von Knoten möglich ist. Auf diese Weise ist es möglich, nicht nur ein Dokument zu suchen, dessen Ablagepfad bereits bekannt ist, sondern nach beliebigen Dokumenten zu suchen, die entweder die gleichen Eigenschaften aufweisen (z.B. gleicher Elternknoten, gleicher Titel, etc.), oder über die Volltextsuche eine Übereinstimmung erzielen.

Anzeige in einem anderen Format als HTML: In der Portlet 2.0 Spezifikation (JSR-286) wurde zum ersten mal auch die Möglichkeit geschaffen, nicht nur die Mime Typen `text/plain` und `text/html` von einem Portlet erzeugen zu lassen, sondern beliebige Mime Typen in einem Portlet auszuliefern. Diese geschieht über die Methode `serveResource()` eines Portlets. Im Content-Bridge Portlet ist die Methode bereits implementiert und erzeugt mit den aus dem Content Repository ausgelesenen Daten eine PDF, Word bzw. eine beliebige andere Darstellung der Daten und liefert das generierte Dokument an den Client aus. Durch die Verwendung von XSL-FO Stylesheets ([Leung2003]) und Frameworks wie z.B. FOP[67] ([Pawson2002]) ist es möglich, beliebige Typen von Dateien aus dem Content zu erzeugen. Möglich ist dies unter anderem dadurch, das in der Datenablage eine strikte Trennung zwischen Content und Layout umgesetzt ist. Um eine weitere Entkopplung zwischen der Generierung der Dateien und dem Content aus dem Repository zu erreichen, wird diese Funktion über ein Content Transformer Interface ausgelagert. Je nachdem, welche Art von Datei oder welche Art und Methode der Erzeugung der Dateien gewählt wird, kann eine individuelle Implementierung dieses Interfaces zur Verfügung gestellt werden.

---

[67] http://xmlgraphics.apache.org/fop/

Die zentralen Methoden, die zur Erfüllung der oben beschriebenen Funktionen notwendig sind, sind das Einlesen der Konfiguration aus der Portlet Deskriptor Datei und der Zugriff auf diese Daten. Mithilfe dieser Daten ist es möglich, weitere Funktionen durchzuführen. Dazu gehören Methoden zum Aufbau der Verbindung zu einem Repository, das Login in dieses Repository, das Erzeugen eines Session Contexts für diese Verbindung und das Halten dieses Session Contexts innerhalb des Bridge Contexts. Bei der Beendigung der Verbindung zum Content Repository ist eine äquivalente Methode zum Schließen der Verbindung und zur Zerstörung des Session Contexts notwendig. Während der Lebensdauer des Sessions Contexts sind noch weitere Methoden notwendig, die den tatsächlichen Zugriff auf das Repository notwendig machen. Dazu gehören unter anderem Methoden zum Auslesen eines Dokumentes aus dem Repository durch Angabe des Ablagepfades und eine weitere Methode, die das Suchen innerhalb des Repositories erlaubt und der als Suchkriterien Eigenschaften eines Knotens mitgegeben werden können. Eine andere Methode wird ebenfalls eine Suche ermöglichen, allerdings durch die Angabe von Freitext und die Durchführung einer Volltextsuche über definierte Felder von Knoten im Repository.

Die hier beschriebenen Funktionen stellen nur einen Teil, nämlich die Basismethoden, der notwendigen Funktionen zum Zugriff auf das Content Repository dar, die die Voraussetzung für die Content-Bridge sind. Weitere Methoden werden in den folgenden Kapiteln beschrieben und sind eine Funktionserweiterung der Basismethoden.

4.3.4 Navigation

Der Bereich der Navigation stellt einen zentralen Punkt innerhalb der Content-Bridge dar, er erlaubt unter anderem eine Zugriffsmöglichkeit von außen, aus dem Content Repository heraus auf die Content Bridge. Um eine volle Integration mit dem Portletcontainer zu erreichen und auch um alle hier zur Verfügung stehenden Funktionalitäten, die ein Portletcontainer bietet, nutzen zu können, ist es notwendig, dass die Navigationsstruktur aus dem Java Content Repository mit der des Portletcontainers synchronisiert wird.

4.3.4.1 Definitionen

Bridge Typ: Damit die Funktionalität der Anzeige der Navigation, über das gesamte Portal, erreicht werden kann, sind verschiedene Konfigurationseinstellungen notwendig. Eine der wesentlichsten Einstellungen wird bei der Portlet Konfiguration durchgeführt, über den Parameter `<init-param>` und den Namen `bridgetype` kann der Typ des

Content-Bridge Portlets festgelegt werden. Soll das Content-Bridge Portlet die Funktionen der Navigation annehmen, so wird ihm der Typ „`navigation`" eingestellt.

Knotentypen: Im Java Content Repository werden einige weitere Knotentypen definiert, in die die entsprechenden Informationen abgelegt werden können. Konkret handelt es sich dabei um den Knotentypen `AppPortlet`. Dieser Knotentyp besteht aus den folgenden Eigenschaften: `Name` des Portlets, dieses ist derselbe Name, wie er im Portlet Deskriptor als Display Name gefunden werden kann, ebenso wird auch der `Portletname` aus dem Deskriptor als Eigenschaft angeführt, er repräsentiert die eindeutige ID eines Portlets. Zusätzlich zu diesen beiden Eingenschaften existiert auch noch der `Instancename` des Portlets. Diese Eigenschaft ist deshalb notwendig, um später bei der Anlage von Portal Pages im Portletcontainer auf das gewünschte Portlet referenzieren zu können. Zusätzlich zu den Eigenschaften kann der Typ `AppPortlet` optional auch den Typ `Navigation` enthalten. In diesem Typen wird eine optional angeführte interne Portlet Navigation gespeichert. Der Typ Navigation besteht aus den Eigenschaften `Name` und `Querystring`. Der Inhalt der Eigenschaft Name wird dabei bei der Anzeige des Navigationspunktes verwendet, in der Eigenschaft Querystring können beliebige Name – Wert Paare angegeben werden, welche später an den Querystring des Links angehängt werden und über die beliebige Informationen an das Portlet übergeben werden können. Damit ist eine Navigation auf einzelne, definierte Bereiche innerhalb eines Portlets möglich. Der Typ Navigation kann selbst zusätzlich auch wieder beliebige Knoten des Typs Navigation enthalten. Damit kann eine von der Tiefe und vom Umfang her beliebige Navigationsstruktur innerhalb des Portlets erzeugt werden.

ContentBridgeFilter: Die grundsätzliche Definition der Navigationsstruktur erfolgt einerseits im Portlet Deskriptor und in einer zusätzlichen Datei „`portlet-navigation.xml`" (ein ähnlicher Ansatz wird bereits in [Weinreich2007] beschrieben).

Im Portlet Deskriptor einer beliebigen Portlet Applikation (auch solchen, die keine nativen Portlets darstellen, sondern Portlets über Bridges) ist ein Filter einzutragen, welcher von der Content-Bridge zur Verfügung gestellt wird. Dieser `ContentBridgeFilter` versucht die Datei `portlet-navigation.xml`, welche sich am selben Ort wie die Datei `portlet.xml` befinden muss, zu lesen. Ist das erfolgreich, wird die in dieser Datei enthaltene Navigationsstruktur ausgelesen und über den Bridge Context mit dem Java Content Repository synchronisiert. Die Filter Klasse prüft dabei, ob die Synchronisierung schon durchgeführt wurde und führt sie nur dann durch, wenn dies noch nicht geschehen ist.

```xml
<?xml version="1.0" encoding="UTF-8"?>
<portlet-navigation>
    <navigation-entry>
        <name>Personen anzeigen</name>
        <querystring></querystring>
        <navigation-entry>
            <name>Neue Person anlegen</name>
            <querystring>
                VIEWID=/add.xhtml
            </querystring>
        </navigation-entry>
        <navigation-entry>
            <name>Person löschen</name>
            <querystring>
                VIEWID=/delete.xhtml
            </querystring>
        </navigation-entry>
    </navigation-entry>
</portlet-navigation>
```
Listing 6: Beispiel einer applikationsinternen Navigation

ContentBridgeContextIntegrator/PortletContainerIntegrator: Dabei handelt es sich um eine Kapselung des Zugriffes von Außen auf Methoden im Bridge Context. Der `ContentBridgeContextIntegrator` stellt gemeinsam mit dem `PortletContainerIntegrator` nur eine definierte Anzahl von Methoden (als eine Art Proxy) zur Verfügung, die auch tatsächlich von außerhalb aus aufrufbar sind.

NavigationEntry: Element zur Darstellung einer hierarchischen Navigationsstruktur. Dieses Element ist in der Lage, den baumartigen Aufbau der Navigationsstruktur wiederzugeben.

ContentBridgeResponse: Element, welches es ermöglicht, für das Portal konforme URLs aufzubereiten (analog zum `ActionResponse` des PortletContainers). Diese Klasse stellt einen Wrapper für den `ActionResponse` dar und überschreibt dessen Methode `createActionURL()` bzw. `createRenderURL()`. Mit den entsprechenden Methoden im `ContentBridgeResponse` kann eine Verlinkung auf Content Dokumente erzeugt werden.

4.3.4.2 Methoden

Initialisierung: Die Initialisierung wird in zwei Stufen durchgeführt, diese beiden Stufen sind in Abbildung 43 dargestellt.

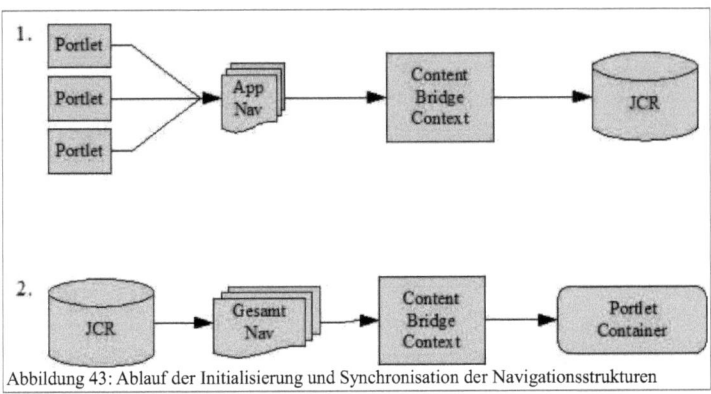

Abbildung 43: Ablauf der Initialisierung und Synchronisation der Navigationsstrukturen

In Schritt 1 werden bei der Initialisierung des Filters bei jedem Portlet, wo dieser Filter definiert ist, die interne Navigationsstrukturen ausgelesen. Diese Daten werden dann in einem weiteren Schritt an eine Methode im Content-Bridge Context übergeben. Da im Context die Verbindungsinformationen zum Java Content Repository enthalten sind, können die Navigationsdaten an das Repository übergeben werden. Dabei werden die Daten nicht überschrieben sondern eventuell bereits vorhandene Daten synchronisiert und auf den neuesten Stand gebracht (z.B. in dem Fall, wenn ein Portlet einen neuen internen Menüpunkt bekommen hat). Im Repository selbst wird aus diesen Informationen ein neuer Knoten angelegt, dieser allerdings zuerst in einem unsichtbaren Bereich, der nicht in der Navigationsstruktur angezeigt wird. Aus diesem unsichtbaren Bereich ist es dann für den Redakteur möglich, Portlets auszuwählen und in jene Ablagestruktur zu kopieren, aus der dann später die Navigationsstruktur ausgelesen und angezeigt wird.

Der zweite Schritt besteht darin, dass das Java Content Repository über den Standard Export Mechanismus die gesamte oder einen Teil der Ablagestruktur der Content-Bridge übergibt, welche wiederum dafür verantwortlich ist, dass diese Struktur als Portal Pages in die interne Struktur des Portletcontainers aufgenommen wird und damit dort zur Verfügung steht. Wie bereits im vorherigen Kapitel gezeigt, ist es Aufgabe des Content-Bridge Contextes die Verbindung zum Content Repository aufzubauen, zu halten, die notwendigen Zugriffsmethoden zur Verfügung zu stellen und die Verbindung bei Beendigung der Operationen auch wieder sauber zu schließen.

Durch die Verwendung des Filter Konzeptes ist es auch für fremde Portlets (d.h. Portlets, die nicht vom Typ `ContentBridgePortlet` sind) möglich, eine einfache Verbindung zum Bridge Context herzustellen, ohne das dafür das eigene Portlet geändert oder die Portlet Klasse im Deskriptor ausgetauscht werden müsste. Der Schwerpunkt der Funktionen der Filter Klasse liegt dabei in der Init Methode, da hier geprüft wird, ob eine interne Navigation vorliegt, im Falle des Vorliegens diese Struktur ausgelesen und über die Bridge an das Content Repository übergeben und dort gespeichert wird. Im Repository wird dann eine, zu der konfigurierten Struktur, analoge Knotenstruktur angelegt. Das jeweilige Content Management System muss eine Funktionalität zur Verfügung stellen, die es dem Redakteur ermöglicht, diese Knotenstruktur (Haupt- und Subknoten) zu kopieren und an eine beliebige Stelle in der Hauptnavigation einzufügen.

Common Interface: Damit die oben beschriebenen Funktionen umgesetzt werden können, ist es notwendig, dass die Content-Bridge, und zwar der zur Laufzeit des Containers verfügbare Content-Bridge Context von außen erreichbar ist. Die technische Lösung dazu könnte in der Bereitstellung von einzelnen Methoden bzw. Klassen als Enterprise Java Beans sein, über die ein Zugriff auf diese Methoden mittels RMI möglich ist. Damit nicht der gesamte Bridge Context und damit alle darin enthaltenen Methoden als Session Bean ([Panda2007]) zur Verfügung gestellt werden muss, wird die Einführung einer Integrator Komponente vorgeschlagen, die nur spezielle Methoden zum Zugriff zur Verfügung stellt. Diese Klasse, `ContentBridgeContextIntegrator`, hat ihrerseits wiederum vollen Zugriff auf die Methoden im Bridge Context und kann die dort vorhandenen Methoden nutzen. Neben dem Ermöglichen eines Zugriffes aus dem Java Content Repository heraus (bzw. aus jeder Java Applikation, die in der Lage ist ein EJB Service aufzurufen) besteht die zweite Aufgabe in der Schnittstelle zum Portletcontainer. Dafür wird ein Interface definiert, `PortletContainerIntegrator` welches Methoden zur Verfügung stellt, mit denen es möglich ist, die im `ContentBridge-ContextIntegrator` erhaltenen Daten aus dem Java Content Repository als Portal Pages im Portletcontainer anzulegen. Da das Anlegen und die Verwaltung von Portal Pages nicht mehr Teil der Portlet 2.0 Spezifikation sind wurden diese Aufgaben in jeder Portal Implementierung unterschiedlich und proprietär gelöst. Aus diesem Grund, steht der Integrator auch nur als Interface mit definierten Methoden zur Verfügung, die jeweilige Implementierung dieses Interfaces muss für jedes Portal Produkt eigens durchgeführt werden. Mit einer funktionierenden Implementierung ist der Datenexport der Navigationsstruktur aus dem Content Repository möglich und wird über die proprietäre API des jeweiligen Portal Produktes als Portal Pages in das Portal gespielt. Damit ist die Navigationsstruktur im Portal vorhanden, kann vom Navigationsportlet ausgelesen und mit den Daten eine HTML basierte Anzeige durchgeführt werden.

Anzeige der Navigation: Bestand die Hauptaufgabe des Content Portlets vom Typ „content" darin, Dokumente und Daten aus dem Content Repository anzuzeigen, so besteht die Hauptaufgabe von Content Portlets vom Typ „navigation" darin, die Navigationsstruktur aus dem Portal auszulesen. Auch für das Auslesen der Portal Page Navigation stehen im Interface PortletContainerIntegrator die notwendigen Methoden zur Verfügung, da auch dieser Zugriff wieder auf die jeweils proprietäre API durchgeführt wird und sich bei den einzelnen Produkten unterscheidet. Eine weitere Funktionalität, die durch die Abfrage der Navigationsstruktur im Portal erreicht wird, ist die rollenbasierte Anzeige der Navigationsstruktur, die es ermöglicht, je nach unterschiedlicher Rolle des angemeldeten Benutzers unterschiedliche Navigationsstrukturen anzuzeigen. Nach dem Auslesen der Navigationsknoten (Portal Pages) aus der Portal API werden die einzelnen Knoten als NavigationEntry Objekte angelegt. Diese Objektstruktur, welche den aktuellen Status der Navigation darstellt (z.B. welcher Menüpunkt aktiv und ausgewählt ist) wird vom Content-Bridge Portlet zur Anzeige der Struktur und zur Aufbereitung der entsprechenden HTML Repräsentation benutzt. Die NavigationEntry Objekte stellen eine ähnliche Objektstruktur dar, wie die Ablage im Content Repository, die Objekte sind nur um zusätzliche Daten erweitert, die in der Ablage noch nicht bekannt waren. Ein Beispiel dafür ist die URL die dem Navigationspunkt zugeordnet ist, diese kann erst zur Laufzeit vom Container berechnet und dem Navigationsobjekt zugeordnet werden.

Um die Navigation zu erreichen und dem Benutzer die Möglichkeit der Navigation zu geben ist es notwendig, die einzelnen Content Dokumente aus dem Repository aber auch die Portlets, die über die Ablagestruktur im Repository abgebildet werden, zu referenzieren. Dies geschieht dadurch, dass für jedes der NavigationEntry Objekte eine gültige Portal URL berechnet wird. In der Portlet 2.0 Spezifikation sind deshalb in der Klasse javax.portlet.PortletResponse die beiden Methoden createActionURL und createRenderURL vorgesehen. Für die Bridge wird auf diese Methoden aufgesetzt, es wird eine Klasse ContentBridgeResponse eingeführt, die mit dem aktuellen ActionRequest bzw. RenderRequest Objekte initialisiert werden. Aufgrund der im Navigationsobjekt vorhandenen Daten und der Daten und Methoden aus dem Original Request Objekt ist es für die Content-Bridge möglich, eine gültige Portal URL zu erzeugen, die zum Navigationsobjekt gespeichert wird. Die Klasse ContentBridgeResponse greift dazu über das Interface ContainerIntegrator auf die API des jeweiligen Portal Produktes und liest durch die entsprechenden Methoden die einzelnen Portalknoten aus. Für jeden der Portalknoten wird daraufhin die entsprechende URL berechnet und dem Navigationsobjekt zugewiesen. Diese URL kann dann 1:1 im generierten HTML Code verwendet werden. Da die Funktionalität des Erzeugens von Portal URLs auch an anderer Stelle notwendig ist, steht diese Funktionalität grundsätzlich allen Klassen in der Content-Bridge zur Verfügung. Das Auslesen der Navigationshierarchie geschieht dabei direkt aus der Struktur im Portal, in die bereits vorher die Ablagestruktur aus dem Java Content Repository exportiert wurde. Dieser Ansatz stellt sicher, das automatisch nur diejenigen Navigationspunkte ausgelesen werden, für die es auch eine entsprechende Berechtigung gibt, geschützte Objekte werden erst dann angezeigt, wenn die Berechtigung vorliegt, d.h. der Benutzer angemeldet ist und über die dazu notwendigen Rollen verfügt.

Wird bei einem Portlet des Typs „`content`" die Standardmethode des Portlets (`doView()`) dazu benutzt, um das Content Dokument anzuzeigen, so wird bei einem Portlet des Typs „`navigation`" die Standardmethode dazu benutzt, um den Navigationsbaum darzustellen. Die Anzeige erfolgt dabei durch einen Baum, der mit den Standard Stylesheets[68] der Portlet 2.0 Spezifikation hinterlegt ist. Der aktuelle Menüpunkt, an dem die Navigation aufgeklappt ist, wird dabei über die aktuelle Position in der Portal Page Navigation ermittelt. Für alle Fälle, in denen die Standard Anzeige der Bridge nicht ausreicht, ist es möglich, die Methode in einer eigenen Klasse zu überschreiben und für den Navigationsbaum eine eigene Anzeigelogik zu implementieren.

4.3.5 Anzeige/Darstellung

Ziel dieses Kapitels soll eine Erweiterung der in der Portlet 2.0 Spezifikation vorhandenen Stylesheet Klassen sein, da die in der Spezifikation enthaltenen Klassen primär für die Anzeige von Applikationen erstellt wurden. Die hier beschriebenen Erweiterungen ergeben sich unter anderem aus den praktischen Erfahrung der drei Fallstudien und den Style Klasse und Style Vorlagen, die dort verwendet wurden.

In allen drei Projekten bestand die grundlegende Aufgabe in der Anzeige von Content in verschiedenster Form. Gemeinsame Muster und Vorlagen konnten allerdings für die folgenden Darstellungsarten in allen Fällen gefunden werden.

4.3.5.1 Definitionen

Dokumentaufbau: In allen Projekten konnte die grundlegende Anzeige von Dokumenten darauf zurückgeführt werden, dass ein Dokument aus einem bis mehreren (einer beliebigen Anzahl) Textblockelementen besteht. Das Textblockelement selbst besteht aus einem Titel, einem Subtitel, dem Text, einem Medienelement und einer beliebigen Anzahl von Links. Diese Definition eines Dokumentes stellt eine Basis dar, welche flexibel

---

68 Siehe die Definition in [Hepper2008] ab Seite 246

genug ist und mit der für die meisten Dokumente eine Anzeige erreicht werden kann. Weitergehende Dokument Definitionen sind möglich, in der vorliegenden Arbeit wird darauf aber nicht detaillierter eingegangen.

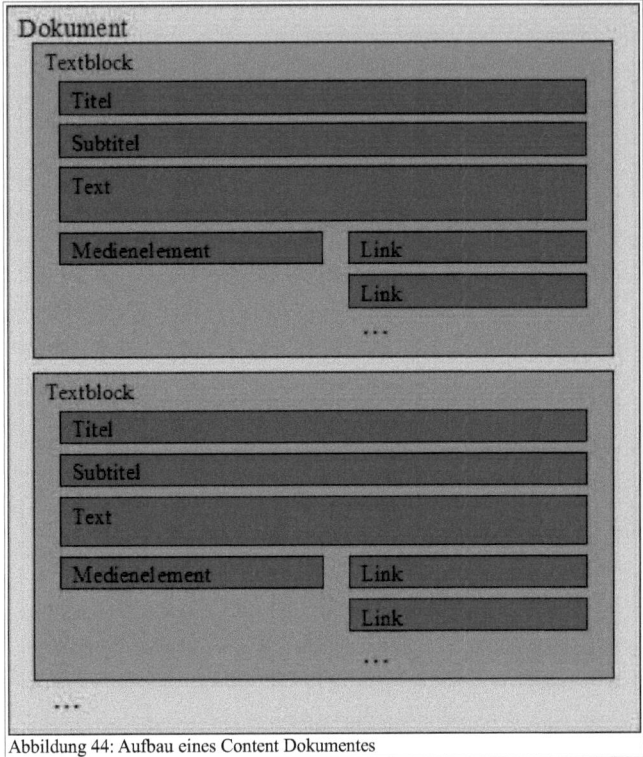

Abbildung 44: Aufbau eines Content Dokumentes

Eine schematische Darstellung dieses Aufbaues ist in Abbildung 44 ersichtlich.

Schlagzeilen / Archiv Anzeige: Um eine Anzeige aller in einem Ordner enthaltenen Dokumente zu erreichen ist eine Archivfunktion verfügbar. Diese stellt eine definierte Anzahl von Dokumenten auf einer Seite dar, wobei nicht alle Daten eines Dokumentes angezeigt werden, sondern nur der Titel, ein Anrisstext, das Datum und ein Link, mit dem man auf das Dokument selbst zugreifen kann. Der Umfang des Anrisstextes beschränkt sich dabei auf einen definierten Umfang Zeichen (z.B. 200). Sollen mehr Dokumente dargestellt werden, als die maximale Anzahl an Dokumenten auf einer Seite erlaubt, dann kann mithilfe einer Blätterfunktion innerhalb des Archives navigiert werden. Dabei ist es möglich auf eine definierte Seite des Archives, eine Seite nach vor, zurück, an den Anfang oder an das Ende, zu navigieren. Ein Beispiel, wie diese Art der Anzeige im Projekt eSV (www.sozialversicherung.at) gelöst wurde, ist in Abbildung 45 dargestellt.

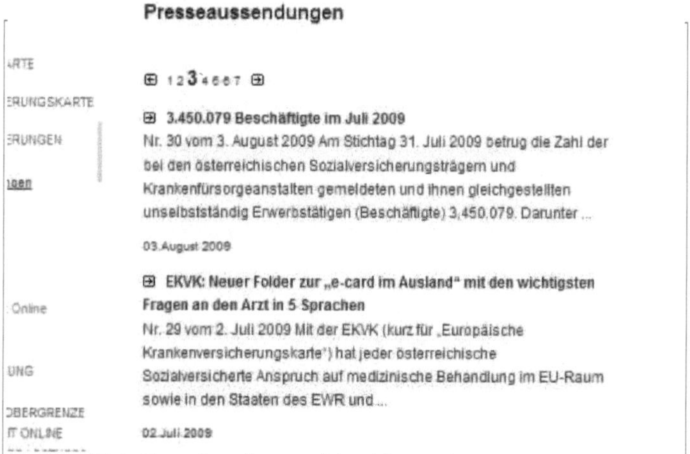

Abbildung 45: Archivanzeige auf www.sozialversicherung.at

Teaser Überschriften: Als Teaser Überschriften wird jene Anzeige von Dokumenten bezeichnet, bei der der Titel, ein Anrisstext und ein weiterführender Link auf das Dokument dargestellt werden. Die Länge des Anrisstextes beträgt ca. 50 Zeichen oder kann gänzlich entfallen. Diese Anzeigeform wird dazu verwendet, um in einem Randbereich der Seite (z.B. auf der rechten Seite) die aktuellsten News und Dokumente zusätzlich zur Gesamtseite zu präsentieren.

Kalender Anzeige: Ein wesentliches Element einer Website ist die Darstellung einer Kalenderfunktion. Dabei kann es sich um eine Auflistung von Terminen handeln oder aber auch um ein Hilfselement (z.B. Kalender Pop-Up) bei der Eingabe für ein Datumsfeld. In beiden Fällen sind aber die gleichen Elemente mit Styles zu hinterlegen, sodass diese gleich dargestellt werden können.

Anzeige von Formularen: Formulare spielen auf jeder Website eine zentrale Rolle, insbesondere dann, wenn eine Website einen hohen Grad an Interaktion bietet und vom Benutzer eine Eingabe möglich ist. Zusätzlich zu den bereits definierten Eingabeelementen und den dort definierten Styles sind weitergehende Definitionen notwendig, die vor allem den Fehlerfall abbilden und dem Benutzer auf einfache Art und Weise ersichtlich machen, welche Probleme es bei der Prüfung eines Formulars gegeben hat und wie er diese Fehler beheben kann. Dazu gehören eine zentrale Zusammenfassung aller Fehler, die auf einem Formular aufgetreten sind, die Kennzeichnung jener Eingabefelder, bei denen ein Problem aufgetreten ist (z.B. durch eine farbliche Kennzeichnung der Umrandung eines Eingabefeldes oder des Labels) und zusätzlich eine Anzeige eines Texts, welcher die Art des Fehlers und die Lösung zu einem spezifischen Eingabefeld zeigt.

Tabellenanzeige: Zusätzlich zu der in der Spezifikation enthaltenen Definition für Tabellenelemente soll diese noch um einige spezifische Attribute erweitert werden, welche eine erweiterte Darstellung einer Tabelle ermöglicht. Abbildung 46[69] zeigt ein Beispiel für eine erweiterte Tabellenansicht.

Filtering Example

State Name	State Capital
Alabama	Montgomery
Alaska	Juneau
Arizona	Phoenix
Arkansas	Little Rock
California	Sacramento
Colorado	Denver
Connecticut	Hartford
Delaware	Dover
Florida	Tallahassee
Georgia	Atlanta
Hawaii	Honolulu
Idaho	Boise
Illinois	Springfield
Indiana	Indianapolis
Iowa	Des Moines
Kansas	Topeka
Kentucky	Frankfort
Louisiana	Baton Rouge
Maine	Augusta
Maryland	Annapolis

Abbildung 46: Beispiel einer erweiterten Tabellendarstellung

Die konkreten Erweiterungen beziehen sich dabei auf die Filterfunktion, welche über einzelne Spalten der Tabelle dargestellt ist und die Möglichkeit der Darstellung einer

69 Beispiel entnommen aus: http://livedemo.exadel.com/richfaces-demo/richfaces/filteringFeature.jsf?c=filtering&tab=usage

Blätterfunktion über die Inhalte der Tabelle, sofern die Anzahl der darzustellenden Inhalte die maximale Anzahl der möglichen Ergebnisse auf einer Seite übersteigt.

4.3.5.2 Methoden

In diesem Kapitel wird versucht, den im vorigen Kapitel definierten Darstellungsarten konkrete CSS Definitionen zu hinterlegen, um diese Darstellung zu erreichen. In diesem Kapitel werden jene Styles definiert, welche für die Darstellung der in Kapitel 4.3.5 beschriebenen Anwendungsfälle notwendig sind. Die Beschreibung dieser CSS Styles geschieht dabei in Anlehnung jener Beschreibung, welche in [Hepper2008] zu finden ist. Es handelt sich hierbei nicht um Methoden im eigentlichen Sinn, sondern eher um eine konkrete Ausprägung der Definitionen.

Alle definierten Style Klassen beginnen mit dem Präfix cb (für Content-Bridge) um somit eine eindeutige Unterscheidung und Abgrenzung der Content-Bridge Style Klassen mit anderen zu ermöglichen.

Dokumentenanzeige: Definiert jene Styles, die für die Darstellung der Dokumente notwendig, sie beschreiben die Darstellung der Metadaten eines Dokumentes als auch dessen Inhalt.

Style	*Beschreibung*
cb.document-title	Titel des Dokumentes
cb.document-subtitle	Subtitel eines Dokumentes, dieser kann optional zu einem Dokument vorhanden sein
cb.document-link	Links, die zu einem Dokument auf Dokumentenebene hinzugefügt wurden
cb.textblock-title	Titel eines Textblocks
cb.textblock-subtitle	Subtitel eines Textblocks, dieser kann optional zu einem Textblock vorhanden sein
cb.textblock-link	Links, die zu einem Textblock hinzugefügt wurden. Die Darstellung erfolgt beim jeweiligen Textblock
cb.textblock-text	Inhalt eines Textblocks. Dabei handelt es sich um den eigentlichen Inhalt eines Dokumentes
cb.textblock-media-left	Darstellung eines Medienelementes, das linksbündig in einem Textblock Text eingebunden ist
cb.textblock-media-right	Darstellung eines Medienelementes, das rechtsbündig in einem Textblock Text eingebunden ist
cb.textblock-media-link	Darstellung eines Medienelementes, wenn es sich dabei um einen Link handelt (z.B. Link auf ein PDF)

Schlagzeilen / Archiv Anzeige: Hier wird die Darstellung einer Schlagzeilen bzw. Archivfunktion beschrieben (siehe Abbildung 45). Bei dieser Anzeige handelt es sich um eine verkürzte Anzeige eines Dokumentes.

Style	Beschreibung
cb.archive-title	Titel des Schlagzeilentextes
cb.archive-text	Anrisstext des Dokumentes
cb.archive-date	Datum der Erstellung bzw. der Freigabe des Dokumentes
cb.archive-link	Link zur Vollversion des Dokumentes (z.B. unter „mehr")
cb.archive-next	Link zur nächsten Seite des Archives
cb.archive-previous	Link zur vorhergehenden Seite eines Archives
cb.archive-first	Link zur ersten Seite eines Archives
cb.archive-last	Link zur letzten Seite eines Archives
cb.archive-selected	Aktuell ausgewählte Seite eines Archives

Teaser: Diese Anzeige stellt eine, zur Archivanzeige nochmals verkürzte, Darstellung eines Textes dar. Abbildung 47 zeigt ein Beispiel für die Verwendung eines Teasers.

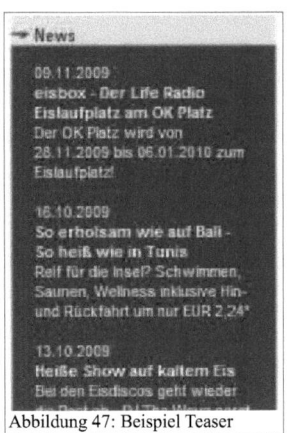
Abbildung 47: Beispiel Teaser

Style	Beschreibung
cb.teaser-title	Titel des Teasers
cb.teaser-text	Anrisstext des Teaser

cb.teaser-text.link	Link zur Vollversion eines Teasers, sofern vorhanden. Dieser Link ist hinter dem Titel hinterlegt
cb.teaser-date	Datum der Erstellung bzw. der Freigabe des Dokumentes

Kalender: Die Style Definition für die Darstellung eines Kalenders kann einerseits bei der Darstellung eines Kalenders an sich oder bei der Darstellung eines Kalenders als Hilfe bei der Eingabe eines Datums (Kalender Pop-Up) zur Verwendung kommen. Die folgende Abbildung gibt dafür ein Beispiel.

Abbildung 48: Darstellung eines Pop-Up Kalenders

Style	Beschreibung
cb.calender-active	Aktuell ausgewähltes Monat und Jahr
cb.calender-year-next	Link zum Blättern auf das nächste Jahr
cb.calender-year-previous	Link zum Blättern auf das vorhergehende Jahr
cb.calender-month-next	Link zum Blättern auf das nächste Monat
cb.calender-month-previous	Link zum Blättern auf das vorhergehende Monat
cb.calender-close	Link zum Schließen des Kalenders
cb.calender-today	Link zum Springen auf das aktuelle Datum
cb.calender-day	Anzeige der Tagesbezeichnung
cb.calender-saturday	Anzeige der Tagesbezeichnung, wenn es sich dabei um einen Samstag handelt
cb.calender-sunday	Anzeige der Tagesbezeichnung, wenn es sich dabei um einen Sonntag handelt
cb.calender-date-today	Anzeige des aktuellen Datums
cb.calender-date-active	Anzeige eines Datums, das innerhalb des ausge-

Style	
	wählten Monats liegen
cb.calender-date-inactive	Anzeige eines Datums, das außerhalb des ausgewählten Monats liegen
cb.calender-date-holiday	Anzeige eines Datums, welches einen Feiertag darstellt
cb.calender-date-link	Anzeige eines Datums, welches mit einem Link hinterlegt ist

Formulare: Da die grundsätzliche Anzeige von Formularen bereits in der Portlet 2.0 Spezifikation enthalten ist, soll hier nur die darüber hinausgehende Darstellung beschrieben werden.

Style	Beschreibung
cb.error-block	Darstellung eines Blocks, in dem eine Reihe von Fehler oder Warnung - Texten darstellte werden
cb.error-text	Darstellung eines Fehler Textes innerhalb eines Blocks
cb.message-text	Darstellung eines Warnung Textes innerhalb eines Blocks
cb.field-label-error	Darstellung des Labels eines Eingabefeldes, in dem ein Fehler aufgetreten ist
cb.field-error	Darstellung eines Eingabefeldes, in dem ein Fehler aufgetreten ist
cb.field-error-text	Darstellung eines Fehlertextes zu einem Eingabefeld
cb.field-leabel-message	Darstellung des Labels eines Eingabefeldes, in dem eine Warnung aufgetreten ist
cb.field-message	Darstellung eines Eingabefeldes, in dem eine Warnung aufgetreten ist
cb.field-message-text	Darstellung eines Warnung - Textes zu einem Eingabefeld

Tabellen: Wie im vorigen Absatz, soll auch in diesem nur die Erweiterungen zu den in der Portletspezifikation enthaltenen Style Vorgaben beschrieben werden.

Style	Beschreibung
cb.table-filter	Darstellung eines Filterfeldes zu einer Tabellenspalte
cb.table-page	Darstellung des Links auf eine Tabellenseite
cb.table-page-selected	Darstellung der aktiven Tabellenseite

`cb.table-page-first`	Darstellung des Links auf die erste Tabellenseite
`cb.table-page-last`	Darstellung des Links auf die letzte Tabellenseite
`cb.table-page-next`	Darstellung des Links auf die nächste Tabellenseite
`cb.table-page-previous`	Darstellung des Links auf die vorhergehende Tabellenseite

4.3.6 Zentrale Services

In diesem Bereich werden all jene Funktionen und Services dargestellt, welche nicht in den anderen drei Funktionsbereichen (siehe Abbildung 42) ihre Einordnung finden. Dabei handelt es sich um Funktionen, die nicht primär einem Bereich zugeordnet werden können, sondern teilweise auch von den anderen Bereichen genutzt werden.

4.3.6.1 Definitionen

Hilfe bzw. Fehler Texte: Viele Applikationen, die entwickelt werden, weisen ein hohes Maß an Komplexität bei der Bedienung auf. Dies erfordert einerseits eine genaue Prüfung der Benutzerinteraktion (z.B. bei der Eingabe von Daten) andererseits auch eine ausführliche Beschreibung der Funktionalität, die dem Benutzer als Unterstützung bei der Bedienung des Produktes dient. Dies erfordert eine Reihe von Texten, die dem Benutzer erstens die notwendige Hilfestellung für die Applikation geben, andererseits aber auch bei Fehlern auf die entsprechenden Lösungsmöglichkeiten hinweisen.

Abbildung 49 zeigt ein Beispiel für einen Hilfetext, der für die Eingabe eines Formulars verwendet wird.

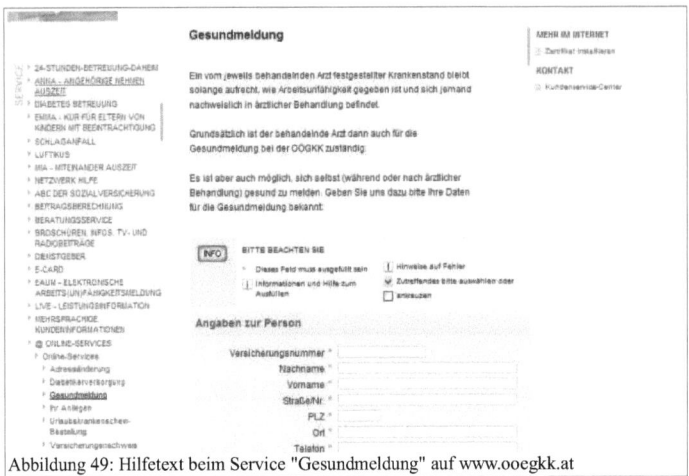

Abbildung 49: Hilfetext beim Service "Gesundmeldung" auf www.ooegkk.at

Aufgrund der Komplexität von Applikationen können diese Texte vom Umfang und von der Anzahl her eine beträchtliche Größe erreichen und damit eine Wartung erschweren, sofern diese Texte innerhalb der Applikation eingebunden sind. Für jede Änderung eines Textes wäre daher eine Änderung der Applikation notwendig, was auch einen neuen Build, Test und Deployment der Applikation erforderlich macht, obwohl nichts an der Funktionalität, sondern nur am Inhalt geändert wurde.

Als Lösungsmöglichkeit wird hier die Verwendung eines bestimmten Content Typen im Java Content Repository vorgeschlagen, in dem die entsprechenden Daten gespeichert werden. Dieses `MessageEntry` Objekt besteht aus den Attributen `id`, `kind`, `title` und `text`. Ersteres Attribut ist eine eindeutige ID innerhalb der Message Objekte, zweiteres beschreibt die Art des Objektes (`message`, `help` oder `error`) das dritte einen Titel des Textes und das letzte Attribut enthält den Text selbst, der zur Anzeige kommen soll. Über eine spezielle Funktion (`getMessage()`) im Bridge Context ist es möglich, mithilfe der ID einen bestimmten Text zu finden und diesen zur Anzeige zu bringen. Dadurch, dass die Zugriffsmethodik vollständig im Bridge Context gekapselt ist, ist es für die abfragende Applikation nicht notwendig, zusätzliche Informationen über das Repository oder den Zugriff auf das Repository zu speichern. Einzige Voraussetzung ist, dass die Applikation ein Portlet in einem Portlet Container darstellt und der Bridge Context durch ein `ContentBridgePortlet` bereits initialisiert wurde. Auf diese Art und Weise ist es möglich, in einer Applikation nur noch Referenzen auf Texte, die Texte selbst aber außerhalb der Applikation zu speichern. Dadurch ist es einem Redakteur möglich, Änderungen an den Texten durchzuführen und diese zur Anzeige zu bringen, ohne das dafür eine Änderung an der Applikation durchgeführt werden müsste.

Aufbereitung von Links: Die Verlinkung innerhalb des Portals stellt eine zentrale Funktion dar. Aufgrund der Gegebenheiten in einem Portal kann ein gültiger Link, welcher auf ein Objekt innerhalb des eigenen Portals verweist, erst zur Laufzeit erstellt werden. Erst zu diesem Zeitpunkt ist der Applikation nämlich bekannt, welcher Portletcontainer zum Einsatz kommt, welchen Status der anfragende Client hat (Benutzer ist angemeldet oder verwendet eine verschlüsselte Verbindung) und an welchem Ort im Portletcontainer das entsprechende Objekt zu finden ist. Die Portletspezifikation gibt zwar eine Definition für eine Methode zur Generierung der Portal Links vor, es gibt allerdings keine Spezifikation, welche Elemente und welchen Aufbau eine Portlet URL haben muss. Aus diesem Grund sind die Portlet URLs je nach Implementierung unterschiedlich und deshalb können diese URLs nicht 1:1 im Java Content Repository gespeichert werden. Die Generierung dieser URLs erfolgt in der Methode `createRenderURL()` bzw. `createActionURL()`, welche beide in der Klasse `RenderResponse` zu finden sind. Die Content-Bridge erweitert diese Funktionalität dahingehend, das durch die Übergabe eines `NavigationEntry` Objektes die für das verwendete Portal gültige URL berechnet wird. Dazu wird eine neue Klasse `ContentBridgeResponse` eingeführt, in welcher diese Methoden zu finden sind.

Archivfunktion: In Kapitel 4.3.5 wurde bereits die Aufbereitung der Darstellung einer Archivfunktion gezeigt. Damit diese Darstellung möglich ist, ist ein entsprechendes Auslesen der dazu notwendigen Daten notwendig. Damit diese Funktionalität umgesetzt werden kann ist eine entsprechende Eigenschaft auf dem Content Objekt zu interpretieren. Es handelt sich dabei um die Eigenschaft „`folder`" welche schon in einem vorherigen Kapitel beschrieben worden ist. Ist diese Eigenschaft für ein Content Objekt gesetzt, so wird nicht das Content Dokument selbst angezeigt, sondern es werden rekursiv in allen darunter befindlichen Ordnern und Sub-Ordnern alle Dokumente ausgelesen, die sich dort befinden. Nach einer Sortierung nach Datum werden diese Dokumente in einer Archivfunktion dargestellt; dabei wird nur der Titel, ein Anrisstext von maximal 200 Zeichen Länge, das Datum und ein Link auf das vollständige Dokument angezeigt. Die maximale Anzahl von Dokumenten, die auf einer Seite dargestellt werden können, werden in der Datei `portlet.xml` in der Eigenschaft `maxDocsPerPage` angegeben. Überschreitet die Anzahl der Dokumente die maximale Anzahl der Dokumente, die pro Seite dargestellt werden können, so wird automatisch eine Blätterfunktion über das gesamte Archiv zur Verfügung gestellt. Die Darstellung wird dabei mit den bereits beschriebenen Style Vorlagen umgesetzt.

Rolleninformation: Ein wesentliches Element der Anzeige der Daten in einem Portal ist jene der Personalisierung, im vorliegenden Konzept wird dabei die Personalisierung auf Rollenebene verstanden, nicht die Personalisierung auf Benutzerebene. Portale bieten als Grundfunktionalität bereits das Zuweisen von Security Constraints auf Portal Pages (d.h. der Zugriff wird nur für bestimmte Rollen erlaubt). Diese Funktionalität kann für die Content-Bridge dahingehend genutzt werden, dass Dokumente über diese Funktion geschützt werden können. Für den Redakteur ist es möglich, bei der Erstellung eines Dokumentes zusätzlich jene Rollen anzugeben, für die das Dokument freigeschaltet ist, d.h. bei denen das Dokument auch tatsächlich angezeigt wird (beim überwiegenden Teil der Dokumente wird diese Information nicht vorhanden sein, da die meisten Dokumente öffentlich und für jeden Benutzer einsehbar sind). Bei der Synchronisation der Struktur des Java Content Repositories mit jenem des Portals werden auch die Rolleninformationen berücksichtigt und Portal Pages mit den entsprechenden Security Constraints angelegt. Wesentlich dabei ist, dass im Content Management System nur jene Rollen zur Auswahl stehen, die auch im Portal bekannt sind. Somit wird die Zuweisung einer Rolle in Content Management System, welche im Portal nicht vorhanden ist, verhindert.

Zusätzlich bietet die API der Portletcontainer die Funktionalität, für Abfragen auf die Seitenstruktur nur jene Objekte zu liefern, für welche der aktuelle angemeldete Benutzer (bzw. ein anonymer Benutzer) auch Zugriff hat. Dadurch wird erreicht, das einem Benutzer nur jene Dokumente und nur jener Strukturbaum angezeigt wird, welcher seiner aktuellen Rolle entspricht.

Statistische Funktionen: Aufgrund der Synchronisation der Rollen zwischen Portal und Repository, im Konkreten jener Rollen, die ein Benutzer einnehmen kann, ist es möglich, diese Information nicht nur dazu benutzen, um dem Benutzer personalisierte Inhalte darzustellen, sondern auch, Informationen über den Benutzer und das Verhalten des Benutzers zu erfassen und zu speichern. Beispiele für solche Informationen sind die Aufrufe eines Content Dokumentes oder einer Portal Page durch den Benutzer. Auf diese Art und Weise lässt sich ein Klickpfad eines Benutzers durch das Portal erstellen. Werden die Klickpfade von mehreren Benutzern miteinander verbunden, dann kann diese Information auf die gesamten Benutzer eines Portals ausgeweitet werden. Aber auch allgemeine Informationen, z.B. die Gesamtanzahl der Aufrufe eines Textes können protokolliert werden, diese Information kann direkt in den entsprechenden Knoten im Repository gespeichert, bzw. aktualisiert werden. Das dafür notwendige Feld zur Speicherung ist das Attribut `requests` im entsprechenden Knotentyp.

Für beide der vorgestellten Anwendungsbeispiele ist sowohl eine anonyme (d.h. ohne Anmeldung des Benutzers am Portal) als auch eine personalisierte (unter Nutzung der Benutzerdaten) Verwendung der Informationen bei der Speicherung möglich.

Sitemap: Standardmäßig steht im `ContentBridgePortlet` die Funktion `getSitemap()` zu Verfügung. Über diese Funktion ist es möglich, die gesamte Knotenstruktur des Portals auszulesen. Dabei wird diese Struktur in einer strukturierten Form als Rückgabewert der Funktion zur Verfügung gestellt. Beim Auslesen der Struktur wird bereits der Status des Requests überprüft, d.h. ob es sich dabei um einen normalen Request oder um den Request eines angemeldeten Benutzers handelt. Falls zweiteres der Fall ist, wird in der Abfrage auch die Rolle des Benutzers, welcher am Portal angemeldet ist, berücksichtigt und dementsprechend die Knotenstruktur aufgebaut.

Für die Anzeige dieser Struktur gibt es keine vorgefertigte Funktionalität; sie muss für den jeweiligen Anwendungsfall individuell implementiert werden. Auf diese Weise soll eine möglichst hohe Flexibilität in der Darstellung aber auch in der Anzeige (z.B. Implementierung eine Auf- und Zuklappfunktion der einzelnen Knoten) erreicht werden.

5 Anwendung der Content-Bridge

5.1 Methodischer Zugang

Im vorhergehenden Kapitel kam es zu Definitionen der für die vorliegende Arbeit notwendigen Forschungsergebnisse. In diesem Kapitel sollen diese Artefakte, die für die Content-Bridge definiert wurden, überprüft werden.

[March1995] definieren vier Bereiche, in denen wissenschaftliche Aktivitäten ausgeführt werden:

Erstellung (Build): Mit der Erstellung wird die Konstruktion eines Artefaktes für eine spezifische Aufgabe beschrieben. Insbesondere wird dabei demonstriert, dass ein Artefakt auch tatsächlich erstellt werden kann und schließt dabei alle Artefakte in den Bereichen Begriffe, Modelle, Methoden und die Anwendung mit ein. Die zentrale Frage dabei ist „*Funktioniert es?*"[70].

Evaluierung (Evaluate): Hierbei wird untersucht, wie gut sich das Artefakt verhält. Dabei werden Kriterien erarbeitet mit denen das Verhalten des Artefaktes bewertet werden kann. Dabei wird untersucht, ob mit dem Artefakt eine Verbesserung und ein Schritt nach vorne gemacht worden ist. Eine wesentliche Voraussetzung für diese Beurteilung ist die Kenntnis über die Umgebung, in der das Artefakt eingesetzt wird. Eine unzureichende Kenntnis darüber kann daher sehr leicht in verfälschten Ergebnissen bei der Bewertung resultieren. Die zentrale Frage dabei ist: „*Gibt es eine positive Auswirkung durch die Anwendung des Artefakts?*".

Theorisierung (Theorize): Bei der Theoretisierung wird erklärt, wie und warum die Begriffe, Modelle, Methoden und Anwendungen funktionieren.

Begründung (Justifiy): Die getroffenen Aussagen über ein Artefakt müssen begründet werden. Dazu wird vor allem das Sammeln von Daten und darauf folgend deren Analyse eingesetzt.

Abbildung 50 gibt einen Überblick über die einzelnen Dimensionen des Forschungsframeworks. Dabei entstehen insgesamt 16 Zellen, in denen jeweils der Fokus der wissenschaftlichen Forschung gelegt werden kann. Im Folgenden werden alle Zellen beschrieben, die für die vorliegende Arbeit von Relevanz sind und bei der Erstellung der Content-Bridge und deren Prüfung verwendet werden. Die Felder, welche mit einem Kreis markiert sind, bilden jene Bereiche, in denen Forschungsaktivitäten im Rahmen der vorliegenden Arbeit durchgeführt werden. Die Größe des Kreises gibt darüber hinaus noch an, welchen Anteil die jeweilige Zelle in der vorliegenden Arbeit hat. Im vorangegange-

---

70 [March1995], Seite 8

nen Kapitel wurden für die gefundenen Problemfelder die Definitionen und Methoden erstellt, in diesem Kapitel sollen diese beiden Bereiche evaluiert werden. Die Evaluierung wird dabei auf Basis der Daten aus den Fallstudien durchgeführt. Abschließend wird versucht die Frage zu beantworten, warum durch die erarbeiteten Definitionen und Methoden ein Fortschritt erzielt wurde.

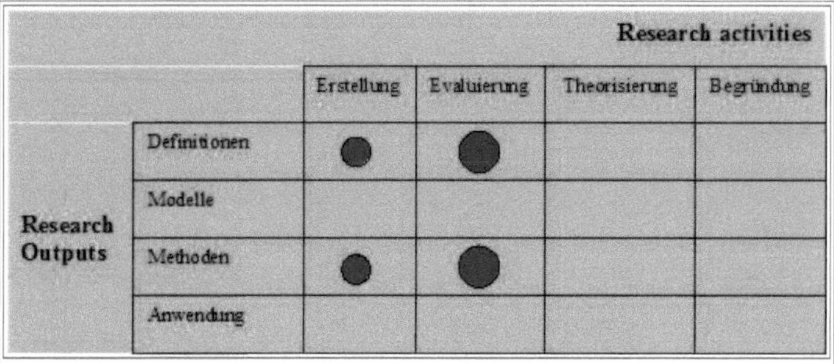

		Research activities			
		Erstellung	Evaluierung	Theorisierung	Begründung
Research Outputs	Definitionen	●	●		
	Modelle				
	Methoden	●	●		
	Anwendung				

Abbildung 50: Matrix des Research Frameworks nach March & Smith

Als Ergebnis der wissenschaftlichen Forschung der vorliegenden Arbeit wurden Definitionen im Rahmen der Content-Bridge erarbeitet, sowie Methoden über die diese Definitionen zum Einsatz kommen und untereinander interagieren. Diese Definitionen sollen nun abschließend bewertet werden.

[Jaervinen2007] fasst diese Aktivitäten in den folgenden Charakteristiken der Design Science zusammen:

> DS-2: Design science produces design knowledge (concepts, constructs, models and methods).[71]

Wie bereits in der Matrix (Abbildung 50) ersichtlich ist, ist das Ergebnis im vorliegenden Fall eine Definition von Artefakten und Methoden, mit denen diese Artefakte angewandt werden können.

> DS-3: Building and evaluation are the two main activities of design science.[72]

Die Hauptaktivitäten der vorliegenden Arbeit sind vor allem die Erstellung („building") von Definitionen und Methoden und anschließend deren Evaluierung („evaluation"). Während der Evaluierung folgt noch eine Phase, in der die erstellten Artefakte theoretisch anhand der drei in der Arbeit vorgestellten Fallstudien eine Anwendung finden und diese Anwendung bewertet wird.

---

71 [Jaervinen2007], Seite 15
72 [Jaervinen2007], Seite 15

DS-1: Design science solves construction problems (producing new innovations) and improvement problems (improving the performance of existing entities).[73]

Hauptziel der Content-Bridge soll es sein, eine Verbesserung bei der Integration eines Content Management Systems in ein Portal zu bieten. Insbesondere soll es bei solch einer Problemstellung nicht mehr notwendig sein, spezifische Konzepte zu entwickeln, sondern es soll möglich sein, das im Rahmen der Content-Bridge entwickelte Konzept zur Anwendung zu bringen.

5.2 Evaluierung

In diesem Kapitel wird beschrieben, wie gut sich die in den vorherigen Kapiteln definierten Artefakte, in diesem Fall die Definitionen und die Methoden, verhalten. Kernpunkt der Evaluierung bildet dabei die Fragestellung, ob mit den neuen Artefakten eine Verbesserung bzw. ein Fortschritt erreicht worden ist.

Gemäß den Aussagen von March & Smith ist ein Fortschritt dann erzielt, wenn die neuen Artefakte dazu führen, das sie auch in der realen Welt eingesetzt werden können und dort die bisher in Verwendung stehenden Technologien ersetzen.

Einen wesentlichen Punkt bildet dabei das Umfeld, in dem die Artefakte eingesetzt werden. Dieses Umfeld muss vollständig bekannt sein, um durch Seiteneffekte eine ungenaue Aussage über die Artefakte zu vermeiden. Dies wird im vorliegenden Fall dadurch versucht, dass die Fallstudien zur Evaluierung herangezogen werden können.

Ausgangspunkt für die Evaluierung bildet dabei das Erstellen von Kriterien für die Definitionen und die Methoden. Mit diesen Kriterien können die Artefakte untersucht werden.

Bei der Evaluierung der Definitionen ist vor allem auf eine Vollständigkeit der Definitionen zu prüfen und es ist zu vermeiden, dass sich wesentliche Bereiche nicht in den Definitionen wiederfinden. Weitere wichtige Kriterien sind die Eleganz der Definitionen und deren einfache Verwendung. Gemäß dem KISS[74] Prinzip sollen die Definitionen möglichst einfach sein, aber dennoch alles wesentliche beinhalten. Durch diese Prägnanz soll auch eine möglichst einfache Verwendung der Definitionen möglich sein.

Die Evaluierung der Methoden schließlich setzt ihren Fokus auf der Anwendbarkeit, d.h. das wesentliche Kriterium besteht darin zu prüfen, ob die Methoden von Menschen verwendet werden und ob sie die Aufgaben, für die sie entwickelt wurden, auch tatsächlich erfüllen können. Neben dem KISS Prinzip ist in diesem Bereich außerdem noch die Ef-

---

73 [Jaervinen2007], Seite 15
74 Keep it Small and Simple, siehe http://de.wikipedia.org/wiki/Keep_it_small_and_simple

fizienz und die Generalisierung wichtig, d.h. die Methoden sollen nicht auf einen spezifischen Anwendungsbereich beschränkt werden.

Tabelle 3 gibt einen Überblick über die in Kapitel 4.3 Content-Bridge erstellten und definierten Artefakte. Die einzelnen Artefakte werden in den folgenden Kapiteln näher betrachtet.

Bereich	Definitionen	Methoden
Allgemeine Funktionen	ContentBridgePortlet ContentBridgeContext ContentURL	Initialisierung Common Interface Erzeugung Content URL
Konfigurationsparameter	Initialisierungsparameter Portlet Typ Verbindungsinfo JCR Einhängepunkt Navigation Content Bridge Config Portlet Filter	
Datenablage	Knotentypen Content Transformer	Dokumentanzeige Dokumentsuche alternative Anzeige zu HTML
Navigation	Bridge Typ Knotentypen Content Bridge Filter Content Bridge Context Integrator Portlet Container Integrator Navigation Entry Content Bridge Response	Initialisierung Common Interface Navigationsanzeige
Anzeige / Darstellung	Dokumentaufbau Schlagzeilen/Archiv Teaser Kalender Formulare Tabellen	Style Klassen für die Definitionen
zentrale Services	Hilfe / Fehlertexte Linkaufbereitung Archiv Rolleninfo Statistiken Sitemap	

Tabelle 3: Aufstellung der Definitionen und Methoden der Content-Bridge

5.2.1 Definitionen

Bei der Evaluierung der Definitionen werden eine Reihe von Kriterien bzw. Fragen aufgestellt, die im folgenden für jede der einzelnen Definitionen beantwortet wird. Laut [Khosrowpour2008] gilt es, bei der Evaluierung von Definitionen („constructs") ein Ergebnis zu bringen, welches in dem folgenden Satz angewandt werden kann:

The <IT construct-type> for building <IT-artifact-type> has been evaluated using <performance measuring metrics>. The paper shows/fails to show that the <IT construct-type> has better/favorable <performance-type> than/to existing constructs.[75]

Die Bezeichnungen innerhalb von < und > beziehen sich dabei auf Platzhalter, welche entsprechend zu ersetzen sind. Wendet man diese Definition auf die Content-Bridge an, dann ergibt sich folgende Aussage:

> Die Content-Bridge, mit der die Einbindung von Content Management Systemen in Portale erreicht werden kann, wurde anhand von definierten Kriterien evaluiert. Die Evaluierung zeigt, das die Content-Bridge die genannten Kriterien unterstützt und dadurch eine definierte und einfach anwendbare Vorgehensweise erst möglich macht.

Für die Evaluierung können, in Anlehnung an [March1995], die folgenden Kriterien aufgestellt werden. Diese sind unter anderem um eigene Fragestellungen erweitert worden. Die einzelnen Kriterien werden aufsteigend als KD[76] durchnummeriert.

KD-1: Die Definitionen sollen sich in das Gesamtkonzept von Portal/Bridge und JCR einfügen. Es sollen, sofern es bereits vorhandene Definitionen und dafür Artefakte gibt, keine neuen Definitionen aufgestellt werden, sondern die bestehenden Definitionen weiterverwendet werden.

KD-2: Die Definitionen sollen auf den Standard Content Management System und Portal Techniken aufsetzen. Insbesondere sind die Java Specification Requests 168/286 und 170 zu beachten und zu unterstützen.

KD-3: Für alle Anwendungsfälle soll es in der Content-Bridge eine entsprechende Definition geben. Die Vollständigkeit dieser Aussage wird anhand der in den Fallstudien aufgetretenen Fragestellungen überprüft.

KD-4: Die hier erstellten Definitionen sollen sich nicht gegenseitig widersprechen und sich auch nicht gegenseitig überlappen (d.h. mehrere Definitionen für ein und denselben Problembereich).

KD-5: Die Definitionen sollen die Kernpunkte des Problems erreichen, insbesondere jene, die in Kapitel 2 (Problembeschreibung) aufgezeigt wurden.

KD-6: Die Definitionen sind auf Vollständigkeit, Einfachheit, Eleganz, Verständlichkeit und einfache Anwendung zu prüfen.

Insbesondere das Kriterium KD-5 wird in einem späteren Kapitel anhand der beschriebenen drei Fallstudien näher evaluiert werden.

ContentBridgePortlet: Das Content-Bridge Portlet erfüllt KD-1 und KD-2 insofern, als es von einem normalen Portlet abgeleitet ist und sich deshalb an die JSR Spezifikationen hält. Bestehenden Funktionen des Generic Portlets werden genutzt, darüber hinaus

---
75 [Khosrowpour2008], Seite 345
76 KD=Kriterium Definition

ist das Content-Bridge Portlet in der Lage, die Darstellung von allen Arten von Content durchzuführen (KD-3, KD-5). Gemäß KD-5 bildet das Content-Bridge Portlet die einzige Stelle, an der Content dargestellt wird.

ContentBridgeContext: In diesem Bereich kann dieselbe Argumentation wie beim Content-Bridge Portlet herangezogen werden.

ContentURL: Für die Erstellung einer URL die auf Content verweist, ist bisher noch keine Definition zu finden, daher lehnt sich die Content URL an die Render bzw. Action URL der JSR Spezifikation an und erweitert diese (KD-1, KD-2). Mit der Content URL ist es möglich, jeglichen Content zu Verlinken und zur Anzeige zu bringen (auch als PDF oder in anderen Formaten als HTML – KD-3). Alle URLs die im System generiert werden, basieren auf der Content URL (KD-3), sie ist auch die einzige Stelle in der Content-Bridge, an der URLs generiert werden (KD-4). Es handelt sich hierbei um einen Kernpunkt des Systems (KD-5), da erst damit eine Navigation im Portal, über Portlets verschiedener Arten, ermöglicht wird.

Initialisierungsparameter: Für die Einbindung der Initialisierungsparameter wird der in der Portlet Spezifikation vorgesehene Mechanismus der Init-Parameter verwendet (KD-1, KD-2). Innerhalb der Datei `portlet.xml` befindet sich auch der einzige Ort, an dem diese Parameter definiert werden, doppelte Definitionen sind daher ausgeschlossen (KD-4, KD-5).

Portlet Typ: Der Portlet Typ kann genau jene Werte annehmen, für die es auch einen Anwendungsfall gibt: Anzeige von Content, Anzeige einer Navigation (KD-3).

Verbindungsinfo JCR: In diesem Bereich werden die Standardwerte (d.h. jene Informationen) eingetragen, die zum Aufbau einer Verbindung zu einem JSR-170 Repository notwendig sind (KD-1, KD-2). Dies bildet die einzige Stelle, an der eine Verbindung zum Repository definiert ist (KD-4).

Einhängepunkt Navigation: Diese Information beschreibt die Stelle, an der die Struktur des Repository in jene des Portals gehängt wird. Vor allem auf Seiten des Repository ist diese Struktur durch den JSR definiert (KD-1, KD-2). Die Synchronisation der Navigation stellt einen wesentlichen Teil der Content-Bridge dar, da nur damit eine vollständige Integration möglich ist (KD-5).

Content Bridge Config: Diese Klasse stellt eine 1:1 Abbildung der in der Datei `portlet.xml` vorhandenen Initialisierungsparameter dar und bietet zur Laufzeit Zugriffsmethoden auf die einzelnen Werte. Damit gelten hier dieselben Kriterien wie bei den Initialisierungsparametern.

Portlet Filter / Content Bridge Filter: Hierbei handelt es sich direkt um eine Implementierung des in der Portlet Spezifikation vorhandenen Mechanismus des Portlet Filters. Dadurch werden die Kriterien KD-1 und KD-2 erfüllt.

Knotentypen: KD-4: Definitionen von Knotentypen kommen in mehreren Bereichen vor, diese sind aber unterschiedlich. Dieselbe Art von Knotentyp wird nicht mehrfach definiert. Darüber hinaus halten sich die Definitionen an die Standardknotentypen, die in JSR-170 definiert werden (KD-1 und KD-2).

Content Transformer: Dies ist die einzige Stelle in der Content-Bridge, in der Content in andere Formate umgewandelt wird (KD-4). Die Umwandlung passiert dabei auf dem Standard XSL (KD-1). Sofern die hier generierten Inhalte auch zur Anzeige kommen sollen, wird dafür der in der Portlet Spezifikation definierte Mechanismus des Resource Servings verwendet (KD-1).

Bridge Typ: Hierbei handelt es sich um einen Parameter, der durch die Standard Eigenschaften der Datei `portlet.xml` definiert wird (KD-1, KD-2). Die Werte, die dieser Parameter einnehmen kann bilden dabei alle Möglichkeiten der Ausprägung des Content-Bridge Portlets (KD-3, KD-4).

Content Bridge Context Integrator: Zur Laufzeit der Content-Bridge existiert nur eine Instanz des Integrators. Dieser stellt über Standard J2EE Schnittstellen (KD-1) eine Verbindung aus dem JCR zum Portal her. Dies bildet auch den einzigen Punkt, an dem Schnittstellen der Content-Bridge nach Außen sichtbar sind (KD-4).

Navigation Entry: Dies stellt das zentrale und einzige Objekt für die Darstellung der Navigation dar (KD-4) mit der alle Anwendungsfälle, d.h. alle Darstellungen von Navigation oder einzelnen Navigationspunkten abgedeckt werden können (KD-3). Soweit möglich, lehnt sich die Definition eines Navigation Entry Objektes an die JSR Definitionen an (KD-1, KD-2).

Content Bridge Response: Dieser stellt eine direkte Erweiterung des Portlet Responses der Portlet Spezifikation dar (KD-1, KD-2). Alle Responses, die von der Content-Bridge generiert werden, sind von diesem Typ (KD-3), einen weiteren Response Typ im Rahmen der Content-Bridge gibt es nicht (KD-4).

Dokumentaufbau: Der hier beschriebene Dokumentaufbau lässt sich einerseits mit den vorhandenen Spezifikationen des Java Content Repositories verbinden (KD-1, KD-2), darüber hinaus ist die Darstellung aller Anwendungsfälle, d.h. die Anzeige von Content Dokumenten, flexibel möglich (KD-4, KD-5). Eine Darstellung von Content Dokumenten, welche anders als mit dieser Spezifikation umgesetzt werden, ist nicht vorgesehen und auch nicht möglich (KD-3). Diese Begründung der Definitionen ist auch in gleichem Maße für die Darstellung von Schlagzeilen / Archiv, Teaser, Kalender, Formularen und Tabellen gültig.

Hilfe / Fehlertexte: Die Speicherung und Einbindung dieser Texte erfolgt an zentraler Stelle über das Repository (KD-1, KD-2). Eine eigenständige Definition von entsprechenden Texten innerhalb einer Applikationen ist nicht mehr möglich (KD-4). Gleiche

Texte können mehrfach verwendet werden (z.B. die Fehlermeldung beim Ausfüllen eines „Postleitzahlen" Feldes), ohne das dafür der Text mehrfach erstellt werden müsste (KD-4).

Linkaufbereitung: Die Aufbereitung der Links wird mit Hilfe der Klasse `Content-BridgeResponse` durchgeführt. Diese wurde schon näher beschrieben. Links werden, aufbauend auf dem Standard Portlet Mechanismus (KD-1, KD-2) erzeugt, die Erstellung selbst wird grundsätzlich nur an dieser einen Stelle durchgeführt (KD-4). Damit ist sichergestellt, dass die Content-Bridge eine stringente Art und Weise der Erzeugung von Portal Links verwendet. Auf diese Weise kann einfach zwischen verschiedenen Implementierungen von Portletcontainern gewechselt werden, da sich dabei auch der Aufbau der Links ändert.

Archiv: Aus technischer Sicht ist für die Anzeige der Archivfunktion ein Parameter in der Portlet Definition notwendig und darüber hinaus ein entsprechender Knotentyp im Repository. Die Suche nach dem entsprechenden Dokument bzw. das rekursive Iterieren über einen Baum im Repository wird über die JCR Standard Funktionalität umgesetzt (KD-1, KD-2).

Rolleninfo: Rollen und Rechte Informationen werden zentral über eine Funktionalität im Content Management System gewartet (KD-4). Diese Information wird bei der Synchronisation der Navigationsstrukturen in das Portal weiter gegeben (KD-1,KD-2).

Statistiken: Diese Information wird über eine Erweiterung der Knotentype gespeichert und zwar entsprechend zu einem Objekt mit der Standardfunktionalität für das Speichern (KD-1,KD-2). Eine Auswertung ist über die Knoten- und Ablagestruktur im JCR möglich. Weitere statistische Infos an anderer Stelle sind nicht vorhanden (KD-4).

Sitemap: Die Sitemap verwendet zur Anzeige die Standard Knotentypen (`NavigationEntry`). Der Aufruf der Darstellung ist über eine Funktion im `ContentBridgePortlet` möglich (KD-4), wobei hier bereits berücksichtigt ist, ob es sich beim aufrufenden Benutzer um einen angemeldeten oder anonymen Benutzer handelt und welche Rolle diesem zugeordnet sind.

5.2.2 Methoden

Ebenso wie bei den Definitionen, werden auch für die Methoden Kriterien festgelegt. Diese Kriterien werden im folgenden jeder der einzelnen Methoden zugeordnet. Die Kriterien werden, analog wie bei den Definitionen, durchnummeriert, wobei sie das Präfix KM[77] erhalten.

---

[77] KM= Kriterium Methode

KM-1: Die Methoden sollen sich in die JSR Spezifikationen einfügen. Es sollen keine Methoden definiert werden, welche nicht von den Spezifikationen unterstützt werden oder zu diesen im Widerspruch stehen.

KM-2: Die Methode muss eine hohe Verwendbarkeit aufweisen. Dies beinhaltet die Fähigkeit, die Aufgaben, für die die Methode gedacht ist, zu erfüllen.

KM-3: Die Methode muss auf effizientem Weg zum Einsatz gebracht werden können. Darunter wird eine einfache Verwendung verstanden.

KM-4: Generalisierung: die Methode soll für alle möglichen Implementierungen von Portalen und Content Management Systeme anwendbar sein, welche die JSR-286 und JSR-170 unterstützen. Generalisierung sollte vor allem in den Bereichen vorkommen, die von den JSR nicht oder nur ungenau definiert wurden.

KM-5: Die Methoden müssen umfassend sein. Für alle in den Fallstudien aufgetauchten Probleme soll es einen Methodenvorschlag geben

KM-6: Die Methoden sollen eine einfachere Lösung möglich machen, als sie in den Fallstudien gewählt wurde.

Diese Kriterien werden für die Methoden nachfolgend zugeordnet. Insbesondere die Betrachtung des letzten Kriteriums wird in einem späteren Kapitel durchgeführt.

Initialisierung (allgemein): Die Initialisierung der allgemeinen Funktionen wird durch bzw. im Rahmen der Standard Portlet `init()` Methode durchgeführt (KM-1), dadurch ist auch eine einfache Verwendbarkeit gegeben (KM-2, KM-3). Da die `init()` Methode einen Teil der JSR-286 Spezifikation darstellt, ist sichergestellt, dass die Initialisierung bei allen JSR-286 Implementierungen funktionieren wird (KM-4). Eine weitere Initialisierung ist in diesem Bereich nicht vorgesehen, eine ähnliche Aufgabe wird im Rahmen der Initialisierung der Navigation durchgeführt (KM-5).

Common Interface (allgemein und Navigation): Diese Schnittstelle wird außerhalb der JSR Spezifikation angeboten, z.B. als Webservice oder EJB Aufruf. Dadurch ist sowohl eine hohe Verwendbarkeit als auch eine einfache Anwendung gegeben (KM-2, KM-3). Da auch in diesem Bereich Standard Technologien verwendet werden, ist ein Funktionieren im Rahmen einer jeden Implementierung eines Portlet Containers gegeben (KM-4). Jegliche Kommunikation von außerhalb mit der Content-Bridge, welche allgemeine Funktionen betrifft, läuft über diese Schnittstelle (KM-5).

Erzeugung von Content URLs: Die Funktionalität zur Erzeugung von Content URLs basiert direkt auf dem Mechanismus der Erzeugung von Portlet URLs aus `Render` bzw. `ActionResponse` Objekt und fügt sich daher in die JSR Spezifikation ein und ist bei allen Portlet Container Implementierungen verwendbar (KM-1, KM-4) und stellt dabei auch dieselbe Verwendbarkeit wie bei der Erzeugung von Portlet URLs zur Verfügung (KM-2). Alle Anwendungsbereiche in den Fallstudien werden damit abgedeckt, da

es außerhalb von dieser Methode keine Erzeugung von URLs, welche auf Content Dokument verweisen, gibt (KM-5).
Dokumentanzeige: Die Darstellung eines Dokumentes stützt sich in wesentlichen Teilen auf den Ablagepfad im Java Content Repository und liest von dort die Daten aus, die dann über die Standard Anzeigemethode (`doView()`) des Portlets dargestellt werden (KM-1). Durch Angabe des Content Typs, und sofern für das Portlet auch ein entsprechendes Content Dokument im Repository vorhanden ist, kann dieses ohne weiteres zur Anzeige gebracht werden (KM-2, KM-3). Da die Standard Funktionalität von Java Content Repositories als auch die `doView()` Methode verwendet werden, ist eine Verwendung mit beliebigen Portlet Containern und Java Content Repositories möglich (KM-4). Eine losgelöste Dokumentenanzeige außerhalb dieses Mechanismus ist in der Content-Bridge nicht vorgesehen (KM-5).
Dokumentensuche: Für die Dokumentensuche ergeben sich ähnliche Aspekte wie für die Dokumentenanzeige. Die Suche erfolgt über das Repository, die Anzeige über die Standard Funktionalität in einem Portlet (KM-1, KM-2, KM-3). Eine weitere Suchmöglichkeit außerhalb dieser Funktionalität ist nicht vorgesehen (KM-4).
alternative Anzeige zu HTML: Die Anzeige von Content in einem anderen Format als HTML betrifft vor allem den Aspekt der Darstellung, die Datenspeicherung an sich wird dabei nicht verändert bzw. es wird jener Datenspeicher verwendet, welcher auch für die normale HTML Anzeige von Content Dokumenten verwendet wird (KM-2, KM-3). Um die Darstellung zu erreichen, wird auf den in JSR-286 definierten Standard Mechanismus der `ResourceURL` zurückgegriffen und ist damit für alle Portlet Container Implementierungen verwendbar (KM-4). Eine Darstellung von nicht HTML Inhalt außerhalb dieses Mechanismus ist in der Content-Bridge nicht vorgesehen (KM-5).
Initialisierung (Navigation): Die Initialisierung der Navigation folgt einem ähnlichen Prinzip wie die Initialisierung der allgemeinen Funktionen. Wesentliches Element bildet dabei die `init()` Methode, wodurch die Kriterien KM-1, KM-2, KM-3 und KM-4 erfüllt werden können. Mit diesem Ansatz ist auch eine Abbildung von allen Problemen, die in den Fallstudien aufgetaucht sind, möglich (KM-5).
Navigationsanzeige: Die Anzeige der Navigation wird, so wie die Anzeige des Contents auch, über ein Standard Portlet und dessen Methode `doView()` abgebildet. Voraussetzung dafür ist die Definition des Portlet Typs „`navigation`" in der Datei `portlet.xml` (KM-1, KM-2). Diese Methode ermittelt automatisch aus der Struktur der Portal Pages die aktuell gültige Navigation (inkl. der Rechte und Rollen des Benutzers) und stellt diese in einem Baum von `NavigationEntry` Objekten dar (KM-3). Da das Auslesen der Portal Page Navigation über ein Interface durchgeführt wird, steht es für jede Portlet Container Implementierung offen (KM-4). Das hier vorgestellte Kon-

zept unterscheidet sich von den in den Fallstudien gewählten Konzepten, ist allerdings in der Lage, alle dort aufgetretenen Fragestellungen abzubilden (KM-5).

Style Klassen: Die Style Klassen stellen eine Erweiterung der in der Portlet 2.0 Spezifikation enthaltenen Style Definitionen dar und erweitern diese dort, wo es noch keine Definitionen gibt (KM-1, KM-2). Aufgrund der Erweiterung können diese Definitionen gemeinsam mit den bereits bestehenden verwendet werden (KM-3) und sind, da es sich hierbei um die Ebene von HTML handelt, für alle Portlet Container einsetzbar (KM-4). Da diese Style Definitionen aufgrund der in den Fallstudien gewählten Anzeigetypen erstellt wurden, bieten sie dafür eine umfassende Lösung (KM-5).

5.2.3 Kriterien

In diesem Kapitel soll abschließend untersucht werden, inwieweit die vorgeschlagene Lösung (Content-Bridge) einen Vorteil gebracht hätte, sofern sie in einem der Projekte der Fallstudien zur Anwendung gekommen wäre (bzw. zur Anwendung kommen würde).

Eine detailliertere Beschreibung dieser Tätigkeit findet sich in [Jenkins1985]. Dort werden die bereits in [Yin1994] und [Yin2003] beschriebenen Tätigkeiten erweitert und auf die speziellen Gegebenheiten der Management Information Systeme angepasst. Der Forschungsprozess gliedert sich dabei in die Abschnitte:

- Idea
- Library Research
- Research Topic
- Research Strategy
- Experimental Design
- Data Capture
- Data Analysis
- Publish Results

In diesem Kapitel sollen vor allem die Abschnitte Data Capture und Data Analysis durchgeführt werden, wobei der Fokus auf der Analyse der Daten liegt. Die Daten selbst wurden im Rahmen einer teilnehmenden Beobachtung gesammelt und werden anhand einer ex-Post Betrachtung analysiert. Anhand dieser empirischen Studie sollen die aufgestellten Theorien und Lösungen überprüft werden, das Ergebnis soll sein, dass die Lösung einen Vorteil bei der Entwicklung von ähnlichen oder besseren Technologien bietet.

Die zentrale Fragestellung für die Analyse der Lösungen in den Fallstudien ist, was es für einen Vorteil gebracht hätte, wenn die Content-Bridge in der Fallstudie X angewandt worden wäre.

Die Vorteile können dabei konkret mit den folgenden Fragestellungen untersucht werden:
- Zeit (und direkt damit verbunden die Kosten): Wie viel Zeit wurde aufgewendet um nach einer eigenen Lösung zu suchen, wie viel Zeit wurde aufgewendet, um für jene offenen Problemfelder eine Lösung zu suchen, für die es zum Zeitpunkt der Umsetzung keine allgemein Gültigen Lösungen gab.
- Offenheit der Lösung: wo würde es jetzt im Moment bei den einzelnen Fallstudien Probleme geben, wenn das ausgewählte Portal Produkt bzw. das ausgewählte Content Management System Produkt ausgetauscht werden würde.
- Funktionalität: Welche Vorteile an Funktionalität bietet die Content-Bridge im Vergleich zur bestehenden Lösung.

Diese Fragestellungen werden jeweils anhand der identifizierten Problembereiche (Datenablage, Navigation, Anzeige/Darstellung und zentrale Services) untersucht. Die Bereiche allgemeine Funktionen und Konfigurationsparameter bilden dabei eine neue Gruppe, die erst in der Content-Bridge eingeführt werden und stellen einen Querlieger dar. Da diese Querlieger in den bisherigen Lösungen in den Fallstudien nicht vorhanden waren, können sie auch nicht mit den Fallstudien verglichen werden. Da die anderen Problembereiche bzw. deren Lösungen allerdings auf diese Querlieger zugreifen, werden diese damit auch indirekt bewertet.

Untersucht man diese vier Bereiche mit den drei Fragestellungen, so ergibt sich eine Matrix von 12 Feldern. Die jeweiligen Felder dieser Matrix können dabei die Ausprägung gering, mittel oder stark annehmen, je nachdem, ob der Einsatz der Content-Bridge in diesem Bereich geringe Auswirkung gehabt hätte, eine mittlere Auswirkung oder eine starke Auswirkung. Im Sinne einer starken Auswirkung wird dabei immer eine positive Auswirkung verstanden (da es ja theoretisch auch starke negative Auswirkungen geben könnte). Abbildung 51: Matrix Problemfelder und Fragestellung zeigt eine Übersicht über die Matrix und die sich daraus ergebenden Felder, welche für jede Fallstudie untersucht werden.

	Fragestellung		
Problemfeld	Zeit	Offenheit	Funktionalität
Datenablage			
Navigation			
Anzeige / Darstellung			
Zentrale Services			

Abbildung 51: Matrix Problemfelder und Fragestellung

Die interne Validität wird dadurch geprüft, dass sich in den einzelnen Feldern in den einzelnen Fallstudien jeweils eine mittlere bis starke Ausprägung ergibt. Die externe Validität wird dadurch erreicht, das die erarbeitete Lösung (Content-Bridge) nicht nur für die angeführten Fallstudien Gültigkeit besitzt, sondern für all jene Konstellationen von Portalen und Content Management Systemen, welche die entsprechenden Java Specification Requests (JSR-286 und JSR-170) unterstützen.

5.2.4 Die elektronische Sozialversicherung - eSV

Im Folgenden wird für die Lösung, welche im Projekt eSV – elektronische Sozialversicherung eingesetzt wird, eine Bewertung erarbeitet, die abschließend in einer zusammenfassenden Matrix dargestellt wird. Grundsätzlich besteht in diesem Projekt eine mittlere Einbindung von Portal und Content Management System, das Portal stellt zwar die alleinige Oberfläche für den Benutzer dar, die Einbindung der Inhalte aus dem Repository, bzw. im vorliegenden Fall aus der Datenbank, erfolgt aber auf einem proprietären Weg.

5.2.4.1 Datenablage

Zeit: Die in diesem Projekt verwendete Datenspeicherung hat ihren Ursprung einerseits in der Art der Datenspeicherung, die von der ursprünglichen Version von Oracle Portal verwendet wurde, andererseits aber auch auf spezifischen Erweiterungen, welche später eingeführt wurden. Der Aufbau dieser eigenen Erweiterungen gestaltete sich in der Entwicklung sehr zeitintensiv, da die grundlegenden Datenablageformate erst definiert werden mussten, es zeigte sich aber beim Upgrade auf eine neue Version des Content Management Systems, dass auch im neuen System umfangreiche Anpassungen durchgeführt werden mussten, um diese proprietäre Ablagestruktur nachzubilden. Auch dieser Anpassungsprozess gestaltete sich sehr zeitintensiv.

Offenheit: Dieser Bereich wurde im vorliegenden Projekt teilweise erfüllt. Einerseits wird die Datenablage in einer relationalen Datenbank durchgeführt, wodurch sich eine leichte Zugriffsmöglichkeit auf Basis von SQL Abfragen von anderen Seiten her ergibt, andererseits wird durch diese Ablage und Speicherung aber noch nicht die Funktionalität erreicht, die durch ein Content Repository möglich ist. Insbesondere gibt es für die Zugriffs- und Suchmöglichkeit keine definierten Schnittstellen. Ein Wechsel des zugrunde liegenden Basisproduktes (Oracle Content Management System) ist deshalb nur sehr schwer, oder nicht möglich. Dennoch wurde durch die Speicherung als Standard SQL eine gewisse Offenheit erreicht.

Funktionalität: Dieser Bereich schließt sich direkt dem vorhergehenden an, und es kann hier vor allem auf die fehlenden oder erst nachträglich durch Anpassungen hinzugefügten Funktionen hingewiesen werden. Insbesondere geht es dabei um die Standard Funktionen, die von einem JSR zertifizierten Repository zur Verfügung gestellten Funktionen des Level 1 und Level 2. Dabei handelt es sich um die Suche, das Lesen sowie den Export. Im Level 2 das Schreiben, der Import, die Volltextsuche, die Zugriffskontrolle sowie die referentielle Integrität. Alle diese Funktionen wurden nachträglich eingebaut, oder werden durch eine ähnliche Funktionalität, welche die Datenbank bietet, bereitgestellt. Als Beispiel sei hier der Export von Daten genannt, dieser ist in einer Oracle Datenbank zwar möglich, allerdings nicht in der Struktur, wie er von einem Java Content Repository zur Verfügung gestellt werden könnte.

5.2.4.2 Navigation

Zeit: In diesem Projekt wurde die Navigation als alleinstehende Lösung erarbeitet, die sich nicht auf die Portal interne Navigation oder die Ablagestruktur des Content Managements Systems stützt. Wesentliche Funktionen mussten dabei angepasst bzw. selbst entwickelt werden. Insbesonders ist dabei die Möglichkeit zu nennen, dass ein Redakteur im Content Management System in der Lage ist, ein Dokument oder eine Applikation (=Portlet) einem Navigationspunkt zuzuordnen. Damit die Navigation in der Lage ist, ihren Status zu speichern bzw. auf jeder Seite die aufgerufen wird, an der richtigen Stelle geöffnet ist, war es notwendig, zwei Steuerparameter (die ID des aktuellen Menüpunktes und die ID das aktuellen Channels) bei jedem Request mitzugeben, um das Menü wieder an der richtigen Stelle zu öffnen. Die völlige Entkopplung zwischen den Strukturen des Portals und des Content Managements führte zwar zu einer höheren Flexibilität, allerdings mussten die Grundfunktionen des Menüs erst eigens implementiert werden.

Offenheit: Dieser Punkt gestaltet sich ähnlich zu dem vom vorherigen Kapitel (Datenablage). Auch hier ist es möglich, auf die Navigation über die Datenbank selbst zuzugreifen. Eine andere Möglichkeit auf die Navigation zuzugreifen, besteht allerdings nicht. Ein Beispiel wäre der Zugriff über eine offene Schnittstelle, so wie ihn die API von den Portlet Containern ermöglichen. Da es, wie vorher schon angemerkt, weder eine Verbindung zur Portal internen Navigation gibt, noch zu der Ablagestruktur vom Content Management System, hätte es in diesem Fall einen sehr großen Vorteil bei einem Einsatz der Content-Bridge gegeben.

Funktionalität: In diesem Punkt sind vor allem jene Funktionen zu nennen, die bei der Verwendung der Portal internen Navigation standardmäßig vorhanden sind und die in der hier vorliegenden proprietären Implementierung fehlen bzw. selbst implementiert wurden. Dabei handelt es sich um die Erzeugung von Portal konformen URLs, vor allem zu jenen auf andere Portal Pages, als jene, auf der der Link angezeigt wird und die Möglichkeit der Navigation, auf einen angemeldeten Benutzer zu reagieren. Es ist im Moment nicht möglich, einem angemeldeten Benutzer eine, aufgrund seiner Rechte und Rollen, andere, umfassendere Navigation anzuzeigen, als einem Benutzer, der nicht am System angemeldet ist. Auf der anderen Seite müssen URLs im Moment durch einen komplexen Mechanismus erzeugt werden, um auf die gewünschte Seite verweisen zu können. Bei der Verwendung einer Portal internen Navigation basierend auf deren Struktur wäre dies einfacher möglich.

5.2.4.3 Anzeige / Darstellung

Zeit: Wie bereits in der Fallstudie dargestellt, ist dieser Bereich jener Bereich, der am besten gelöst werden konnte. Es liegt bereits eine zentrale Stylesheet Definition vor, welche für alle Portlets im Portal gleich genutzt wird. Dabei macht es keinen Unterschied, ob es sich um ein Content Portlet oder ein Portlet, welches einen Geschäftsprozess darstellt, handelt. Verbesserungen sind in diesem Bereich dort möglich, wo im Moment noch unterschiedliche Stylesheet Definitionen verwendet und die daher doppelt gewartet werden müssen um gleich auszusehen bzw. zu einem unterschiedlichen Ergebnis bei der Anzeige führen. Als Beispiel soll hier die Anzeige einer Datumseingabe angeführt sein. Insofern können die in der Content-Bridge zusätzlich definierten Style Elemente zu einer Zeitersparnis führen, da für diese Elemente keine neuerliche Definition notwendig ist, sondern diese sofort verwendet werden können.

Offenheit: Das Kriterium der Offenheit soll insofern beantwortet werden, als es hierbei nicht so sehr um die Verwendung von Stylesheets an sich ankommt, sondern vielmehr auch, wie diese Stylesheets verwendet und eingebunden werden. Ein Beispiel dafür wäre die Definition von Stylesheet Klassen innerhalb einer HTML Seite und nicht zentral an einer Stelle in einem externen und später eingebundenen Stylesheet Dokument. In der Fallstudie wurde dies dementsprechend umgesetzt, alle Definitionen werden zentral abgelegt und halten sich an die Vorgaben, welche innerhalb der Cascading Stylesheets definiert werden. Ein Austausch dieser Definition oder eine Änderung der darunter liegenden Applikationen ist daher einfach möglich. In Bezug auf die Offenheit wäre der Vorteil des Einsatzes der Content-Bridge und der Definitionen, die dort gegeben werden, nur ein geringer.

Funktionalität: Die Funktionalität im Bereich der Stylesheets kann nur aus einer begrenzten Sichtweise heraus beurteilt werden, da Stylesheets an sich keine wirkliche Funktionalität bieten. Diese wird nur in Randbereichen bereitgestellt, nämlich dort, wo die Stylesheets bei der Darstellung, nicht Darstellung oder der Darstellung in einem definierten Aussehen von einzelnen Elementen zu einer Änderung oder Erweiterung der Funktionalität führen. Die Content-Bridge würde hierfür vor allem in dem Bereich der Darstellung eines Kalenderelementes oder in der Darstellung einer Tabelle einen Vorteil bieten. Wird allerdings die Gesamtheit der Stylesheet Definitionen betrachtet, so ist die Auswirkung in diesem Bereich gering.

5.2.4.4 zentrale Services

Zeit: Sehr viele der in diesem Bereich in der Content-Bridge definierten Funktionen sind in der aktuellen Version des Portals in der Fallstudie noch nicht enthalten. Würde man diese Funktionalität in die vorhandene Version einbauen, so würde sich ein sehr großer Aufwand ergeben, da es sich hierbei primär um proprietäre Anpassungen handeln würde. Die Content-Bridge würde in diesem Bereich eine erhebliche Zeitersparnis bringen, da sie nicht nur die Möglichkeit bietet, Funktionen zu nutzen, die bisher noch nicht vorhanden sind, sondern auch eine allgemeingültige Definition für diese Funktionen bietet.

Offenheit: Außerhalb der Content-Bridge gab es bereits einige proprietäre Anpassungen - vor allem die Realisierung der Kommunikation zwischen den einzelnen Portlets, welche mit einer eigenen Lösung bewerkstelligt wurde. Die in der Portlet 2.0 Spezifikation vorgesehenen Möglichkeit der Inter Portlet Kommunikation (IPC) wurden nicht verwendet. Darüber hinaus wird die Rechtevergabe auf Content Dokumente mit einem eigenen Mechanismus gelöst. Dies liegt einerseits daran, dass die Content Dokumente nicht als einzelne Portal Pages in das Portal eingebunden sind (damit wäre die Möglichkeit gegeben, die Standard Rechtevergabe des Portlet Containers für Portal Pages zu nutzen) es andererseits auch keine Synchronisation der Rechteeinstellungen auf Dokumente zwischen der Dokumentablage (im vorliegenden Fall die Datenbank) und dem Portal gibt.

Aus diesen Gründen würde die Content-Bridge diese Funktionen auf einer offenen und genormten Basis zur Verfügung stellen.

Funktionalität: Viele der Dinge, die in der Content-Bridge unter allgemeine Funktionen und zentrale Services definiert sind, sind in der vorliegenden Fallstudie nicht enthalten. Würden diese Funktionen in der Fallstudie zum Einsatz kommen, so hätte diese eine umfangreiche Erweiterung des bestehenden Angebotes an Funktionen zu Folge. Aufgrund der in der Fallstudie vorhandenen Architektur wären mit der Content-Bridge auch Funktionen möglich, die im Moment nicht möglich sind. Als Beispiel soll hier angeführt sein, dass es im Moment die einzige Möglichkeit, Texte aus Content Dokumenten in eine Applikation einzubinden jene ist, in der Applikation einen HTML Link auf dieses Dokument zu setzen. Ein Auslesen der Texte und deren direkte Einbindung in die Applikation ist nicht möglich. Ein Einsatz der Content-Bridge würde zu einer erheblichen Erweiterung des Funktionsangebotes führen und Funktionen bieten, die im Moment noch nicht angeboten werden (direktes Einlesen von Hilfetexten aus dem Content Repository, Rechtevergabe auf einzelne Content Dokumente, Protokollierung der Zugriffe auf Content Dokumente, usw.).

5.2.4.5 Übersicht

Die folgenden Matrix gibt eine Übersicht über die Auswirkungen des Einsatzes der Content-Bridge auf die einzelnen Problemfelder in der Fallstudie „eSV – elektronische Sozialversicherung". Dies stellt eine konzentrierte Darstellung der vorher beschriebenen Ausprägungen dar.

		Fragestellung		
		Zeit	Offenheit	Funktionalität
Problemfeld	Datenablage	stark	mittel	stark
	Navigation	stark	stark	stark
	Anzeige / Darstellung	mittel	gering	gering
	Zentrale Services	stark	stark	stark

Tabelle 4: Ergebnismatrix eSV

Als Summe der Matrix ergeben sich von den insgesamt 12 verschiedenen Feldern insgesamt acht Felder, welche das Kriterium stark enthalten, jeweils zwei Felder enthalten das Kriterium mittel und gering. Stellt man die einzelnen Ausprägungen der Kriterien als Ziffern von 1 bis 3 dar (wobei 1 für stark, 2 für mittel und 3 für gering steht), so ergibt sich ein Durchschnitt von 1,5. Dieser Wert würde bedeuten, dass die Anwendung der Content-Bridge in der vorliegenden Fallstudie eine Auswirkung haben würde, die zwischen stark und mittel angesiedelt ist.

Als Ergebnis der Prüfung ist festzustellen, dass die Anwendung der Content-Bridge in der Fallstudie „eSV – elektronische Sozialversicherung" im Vergleich zur bestehenden Lösung und zu den gewählten Lösungswegen einen erheblichen Vorteil gebracht hätte sofern sie zum Zeitpunkt der Umsetzung des Projektes bereits zur Verfügung gestanden hätte. Für zukünftige Änderungen an der Architektur würde, sofern die Content-Bridge dann eingesetzt werden würde, auch ein Vorteil entstehen.

5.2.5 Oberösterreichische Gebietskrankenkasse - Intranet

In diesem Kapitel wird die Lösung des Intranets der Oberösterreichischen Gebietskrankenkasse anhand der definierten Kriterien bewertet. Diese Lösung zeichnet sich dadurch aus, das es sehr wenige Berührungspunkte zwischen Content Management System (OpenCms) und dem Portal (JBoss Portal) gibt. In der Zusammenfassung der Bewertungen wird später deutlich werden, dass diese Tatsache einen großen Einfluss auf jede einzelne Bewertung haben wird. Dies führt zu zwei voneinander unabhängigen Systemen, die die Kernfunktionalität wie Login oder die Navigationsstruktur nicht gemeinsam nutzen. Der Hauptgrund für diese Architektur besteht darin, dass zum Zeitpunkt der Erstellung bzw. des Aufbaues dieses Systems keine Vorgehensweise für eine derartige Einbindung gab. Durch einen Proof-of-Concept, bei dem eben diese Einbindung getestet wurde, wurde festgestellt, das mit einem hohen Aufwand zu rechnen ist, sofern eine Verbindung zwischen Content Management System und Portal geschaffen werden muss.

5.2.5.1 Datenablage

Zeit: Die Datenablage besteht im vorliegenden Projekt aus der Standard Datenablage, die von OpenCms zur Verfügung gestellt wird. Die Daten werden im XML Format gespeichert, dabei wird das Datenformat von OpenCms verwendet bzw. erweitert. Diese Datenspeicherung ist bereits im Produkt vorhanden und muss nicht zusätzlich zum Content Management System eingebunden werden. Ebenso wird im Bereich des Portals die Standard Datenablage für die Portalnavigation verwendet, wodurch die Standardfunktionalität, wie z.B. Anzeige von Navigationspunkten aufgrund einer bestimmten Rolle, verwendet werden kann. Betrachtet man rein den Zeitfaktor für die Bereitstellung der Datenablage, so ergibt sich bei einem fiktiven Einsatz der Content-Bridge kein Vorteil, lediglich bei der Definition der Datenformate (z.B. der Aufbau eines Dokumentes in Textblöcke) kommt es zu einem geringen Vorteil, da diese bereits in der Content-Bridge definiert sind.

Offenheit: Bezüglich der Offenheit der Datenablage ist zuerst der Umstand anzumerken, dass die Daten zwar in einem Repository im XML Format gespeichert werden, allerdings dieses Repository nicht den JSR-170 Standard unterstützt und daher zu einem späteren Zeitpunkt schwierig austauschbar wäre. Darüber hinaus werden auch die Daten nicht in einem genormten Format gespeichert. Diese Tatsache und die Tatsache, dass es keine Import/Export Schnittstelle wie in JSR-170 beschrieben gibt, gestaltet das Exportieren oder Importieren der Daten schwierig. Bei den Daten des Portals, in diesem Fall ist vor allem die Navigationsstruktur zu nennen, stellt sich die Situation ähnlich dar. Zwar werden die Navigationspunkte durch die im Portal standardmäßig zur Verfügung gestellten Funktionalität abgebildet, allerdings ist diese Funktionalität nicht im JSR-286 Standard enthalten und somit je nach Implementierung von Portletcontainern unterschiedlich. Auch in diesem Fall würde es bei einem Einsatz der Content-Bridge zu einer normierten Datenablage bzw. Verwendung der Navigationspunkte kommen.

Funktionalität: Ein Teil der Funktionalität der in JSR-170 im Level 1 und Level 2 definiert ist (Zugriffsmöglichkeit, Import/Export, Suchmöglichkeit), ist auch im vorhandenen Content Management System zu finden. Allerdings fehlen manche Funktionen wie die Rechteverwaltung auf Objekte im Repository oder die referentielle Integrität der Objekte. Darüber hinaus ist es nicht möglich, über offene Schnittstellen auch schreibend auf den Datenspeicher zuzugreifen, wodurch eine Speicherung von Zugriffs- und Statistik Daten zu Objekten nicht möglich ist. Dadurch, dass es keine Verbindung zum Portal und der dort vorhandenen Navigationsstruktur gibt, fehlt außerdem eine wesentliche Komponente, welche in der Content-Bridge definiert ist. Eine Synchronisierung der Navigationsstruktur zwischen Portal und Content Management System ist in der vorliegenden Lösung nicht möglich, ebenso wenig eine Speicherung oder Wartung dieser Struktur, inkl. der Verwaltung der Zugriffsrechte durch eine definierte Schnittstelle. Aufgrund dieser Tatsachen würde die Anwendung der Content-Bridge für die Funktionalität gegenüber der bestehenden Lösung eine wesentliche Erweiterung bringen.

5.2.5.2 Navigation

Zeit: Der Faktor Zeit kann insofern schwer verglichen werden, da es in der vorliegenden Lösung kein Konzept gibt, welches dem der Content-Bridge (synchronisierte Navigationsstrukturen zwischen Portal und Content Management System) ähnelt. Es kann daher nur insofern eine Aussage getroffen werden, als die Umsetzung einer ähnlichen Funktionalität in die bestehende Lösung geschätzt wird. Eine solche Lösung müsste aus einer Komponente bestehen, welche in der Lage ist, die Navigationsstruktur aus dem Content

Management System in das Portal zu kopieren. Dabei müssten nicht nur alle Navigationspunkte synchronisiert werden, sondern auch deren Metadaten, wie zum Beispiel Zugriffsrechte für einzelne Rollen. Die im Portal vorhandenen Portlets, welche nicht zur Content Anzeige dienen, müssen durch eine Funktionalität im Content Management System der Navigationsstruktur zugeordnet werden können. Da sich diese Integration sehr umfangreich darstellen würde und daher als sehr zeitintensiv eingeschätzt wird, wäre die Verwendung der Content-Bridge von großem Vorteil.

Offenheit: Die in OpenCms verfügbare Navigationsstruktur ist von außen nicht zugreifbar, dies liegt einerseits an den fehlenden Schnittstellen, andererseits, wie bereits im Punkt Datenablage dargestellt in der Tatsache, dass die Datenspeicherung in einem proprietären Format erfolgt. Ebenso verhält es sich mit der Navigationsstruktur im Portal, diese ist im vorliegenden Projekt mit einer produktspezifischen API gelöst.

Funktionalität: Durch die vollständige Trennung der beiden Systeme Content Management und Portal ist bei der Funktionalität der Navigation die größte Einschränkung gegeben. Die in der Content-Bridge zur Verfügung stehende Basisfunktionalität besteht vor allem einerseits aus der Synchronisation der Strukturen und andererseits der Nutzung der Funktionalität des Portlet Containers. Im Moment ist es nicht möglich, Rechte auf Navigationspunkte zu setzen, diese Rechtevergabe würde für einzelne Content Dokumente gültig sein, die man damit für einen eingeschränkten Benutzerkreis freischalten könnte, aber es wäre möglich, diese Rechte auch auf beliebige andere Portlets zu setzen. Die Rechtevergabe in letzterem Fall würde voraussetzen, dass es eine Möglichkeit gibt, die Zuordnung von beliebigen Portlets zur Navigationsstruktur durchzuführen. Ein weiterer Nachteil ergibt sich durch die fehlende Möglichkeit der Verlinkung, durch die Trennung ist dies nur durch Setzen von einfachen HTML Links möglich, dies ist allerdings problematisch, da z.B. das Content Management System keine Kenntnis davon hat, welchen Zustand ein Benutzer am Portal hat, d.h. ob er angemeldet ist oder nicht und welche Rollen er besitzt und damit die entsprechenden Links nicht generieren kann. Die Content-Bridge bietet vor allem für die Generierung von Links einen Mechanismus, der sich an den der JSR-286 Spezifikation anlehnt und mit dem es möglich ist, Portal konforme Links zu generieren, welche auch den aktuellen Status des jeweiligen Benutzer mit einschließen.

5.2.5.3 Anzeige / Darstellung

Zeit: Trotzdem das System aus zwei Teilen besteht und auch die Definition der Cascading Style Sheets an zwei voneinander unabhängigen Stellen durchgeführt wird, wurde darauf geachtet, diese beiden Definitionen möglichst gleich zu halten. Eine Zeitersparnis würde daher bei der Verwendung der Content-Bridge insofern gegeben sein, wenn anstatt von zwei Sets nur noch eine Definition der Styles zu warten ist und diese Definition auch schon ein fertiges Set enthält, mit dem die Anzeige der Content Dokumente und der Applikationen möglich ist. Eine Basisdefinition für diese Styles sind in der Content-Bridge bereits enthalten.

Offenheit: Wie schon in der vorangegangenen Fallstudie, folgt auch in diesem Projekt der grundlegende Aufbau der Stylesheet Definitionen den allgemeinen Vorgaben. Erweiterungen und Änderungen können deshalb einfach vorgenommen werden. In diesem Fall kommt erschwerend hinzu, dass die Stylesheets nicht nur an einer Stelle, sondern an zwei Stellen definiert sind und Änderungen deshalb immer an beiden Definitionen synchron durchgeführt werden müssen; im Lauf der Zeit wird es allerdings nicht zu vermeiden sein, dass sich die beiden Definitionen aufgrund der spezifischen Erweiterungen auseinander bewegen und sich dadurch eine unterschiedliche Darstellung der jeweiligen Oberflächen ergibt. Ein Grund dafür ist unter anderem das Fehlen von definierten Standard Stylesheets für die grundlegende Anzeige (Content Dokument, Tabellen, usw.).

Funktionalität: Von der Sichtweise der Funktionalität her ist vor allem jener Bereich hervorzuheben, welcher die Definitionen der grundlegenden Stylesheets durch die Content-Bridge betrifft. Dadurch könnte im vorliegenden Projekt ein Großteil an eigenen Definitionen vermieden werden.

5.2.5.4 zentrale Services

Zeit: Die meisten der in der Content-Bridge definierten zentralen Services sind in der bestehenden Umsetzung nicht enthalten oder gar nicht möglich, da die beiden Systeme keine Verbindung miteinander besitzen. Als Beispiel sei hier die Funktion der Fehler- und Hilfetexte angeführt. Würde man diese Funktion in der bestehenden Lösung umsetzen müssen, so hätte dies einen hohen Aufwand zur Folge, da eine Verbindung zwischen Content Management System und Portal hergestellt werden musste, nämlich in der Art, dass vom Portal aus die Möglichkeit besteht, auf die Content Dokumente im Content Management System zuzugreifen. Ein Beispiel für solch eine Einbindung ist in der Lösung bereits vorhanden, allerdings in der entgegengesetzten Richtung. Im Portal ist eine Telefonbuch Funktion enthalten, welche die Daten der Mitarbeiter enthält. Diese Daten werden über eine proprietäre Schnittstelle exportiert, damit sie auch im Content Management System angezeigt und genutzt werden können.

Offenheit: Da nur wenige der Funktionen der zentralen Services umgesetzt sind, fällt eine Bewertung der Offenheit dieser Funktionen schwierig. Deshalb soll an dieser Stelle auf den Proof-of-Concept verwiesen werden, welcher im vorliegenden Projekt durchgeführt wurde und zum Ergebnis hatte, dass es aufgrund der allgemeinen proprietären Schnittstellen nur schwer möglich ist, eine Einbindung zu bewerkstelligen. Bezogen auf die zentralen Services soll die Umsetzung der Einbindung der Daten aus dem Telefonbuch angeführt werden, welche über eine proprietäre Schnittstelle und mit hohem Aufwand umgesetzt wurde.

Funktionalität: Auch in diesem Bereich hat die Teilung der Systeme einen wesentlichen Einfluss. Die in der Content-Bridge beschriebenen zentralen Services wurden aufgrund dieser Tatsache nicht umgesetzt. Aus diesem Grund ist es im Moment nicht möglich, die Content Dokumente aus dem Content Management System auch in den Applikationen als Fehler- oder Hilfetexte zu verwenden. Ebenfalls schwierig gestaltet sich das Setzen von Links zwischen den einzelnen Applikationen und den Content Dokumenten; eine Aufbereitung der Links, damit solch eine Funktionalität umgesetzt werden kann, ist nicht möglich. Darüber hinausgehende Funktionalitäten wie die Interpretation der Rollen des angemeldeten Benutzers fallen ebenfalls weg. Standardmäßig würden die Funktionen der zentralen Services, welche die Content-Bridge bietet, das Angebot an Funktionen erhöhen.

Abschließend ist für den Bereich der zentralen Services anzumerken, dass eine Verwendung der Content-Bridge gerade in diesem Bereich einen erheblichen Vorteil in Bezug auf den Umfang der Umsetzung, einer offenen Lösung und einer Erweiterung der Funktionalität bringen würde.

5.2.5.5 Übersicht

Tabelle 5 bietet eine einfache Übersicht über die Ergebnisse der Evaluierung, welche für das Projekt „Oberösterreichische Gebietskrankenkasse - Intranet" durchgeführt wurde. Eine wesentliche Tatsache, welche einen direkten oder indirekten Einfluss auf alle Felder der Matrix hatte, ist, das es im vorliegenden Projekt grundsätzlich keine Verbindung zwischen dem Content Management System und dem Portlet Container gibt und deshalb viele Dinge nicht oder nur unter sehr großem Aufwand umgesetzt wurden.

		Fragestellung		
		Zeit	Offenheit	Funktionalität
Problemfeld	Datenablage	mittel	stark	stark
	Navigation	stark	stark	stark
	Anzeige / Darstellung	mittel	mittel	stark
	Zentrale Services	stark	stark	stark

Tabelle 5: Ergebnismatrix Oberösterreichische Gebietskrankenkasse - Intranet

Ein wesentliches Merkmal fällt bei der Auswertung der Matrix stark auf, nämlich die Tatsache, das kein Feld vorhanden ist, in dem die Content-Bridge keinen Vorteil im bestehenden Projekte gebracht hätte. In Summe gibt es in dieser Bewertung insgesamt drei Quadranten, in denen es einen mittleren Vorteil beim Einsatz der Content-Bridge gegeben hätte, aber neun Quadranten in denen es sogar einen großen Vorteil gegeben hätte. Legt man auf diese Matrix wieder die Bewertung nach Zahlen (stark=1, mittel=2, gering=3) so ergibt sich für diese Matrix ein Durchschnitt von 1,25.

Dieser Wert ist noch geringer als jener, der für die vorhergehende Fallstudie ermittelt wurde und bedeutet deshalb einen noch größeren Vorteil beim Einsatz der Content-Bridge für das bewertetet Projekt. Auch in diesem Fall ist zu überlegen, ob für spätere Erweiterungen oder Migrationen das Konzept der Content-Bridge zur Anwendung kommt.

5.2.6 Projekt Konzernportal

In diesem Kapitel wird die Lösung bewertet, mit dem das Web Portal für einen gesamten Konzern umgesetzt wurde. Diese Lösung zeichnet sich durch den Versuch aus, eine sehr enge Bindung zwischen dem Content Management System und dem Portlet Container herzustellen. Eine Reihe der Dinge, welche in der Content-Bridge vorgeschlagen werden, wurden in dieser Lösung bereits umgesetzt. Da dadurch auch bereits Erfahrungen gesammelt werden konnten, konnten diese direkt in die Bewertung der Content-Bridge aber auch in die Konzeption der notwendigen Funktionen eingebracht werden.

5.2.6.1 Datenablage

Zeit: Bei dem in der vorliegenden Lösung eingesetzten Content Management System handelt es sich um das Produkt Firstspirit der eSpirit AG. Bei diesem Software Produkt handelt es sich um ein System, welches den gesamten Bereich des Content Management abbildet und die dafür notwendigen Funktionen bereits Out-of-the-Box zur Verfügung stellt. Unter anderem ist dabei auch ein Datenspeicher vorhanden, welcher es ermöglicht, alle Daten, wie Content Dokumente oder Mediendateien, strukturiert abzulegen und darauf zuzugreifen. Aufgrund des Template-Mechanismus ist es möglich, vorhandene oder selbst erstellte Vorlagen zu nutzen, um damit die Daten in einem Format zu speichern, welches später bei der Anzeige im Portal genutzt werden kann.

Offenheit: Ähnlich wie bei anderen kommerziellen Content Management System Produkten, aber auch beim Produkt OpenCms, basiert bei diesem Produkt der Datenspeicher auf einem proprietären Format, welches standardmäßig nicht kompatibel mit dem JSR-170 Standard ist. Vor allem der Import- und Export der Daten gestaltet sich schwierig. Um diese Funktionalität umzusetzen, wäre eine Vorformatierung der Daten notwendig. Aufgrund dieser Tatsache ist auch die Suche über die Inhalte oder die Speicherung der Navigationsstruktur in einem proprietären Format definiert und hat daher dieselben Probleme bzw. Einschränkungen, wie sie beim Intranet der Oberösterreichischen Gebietskrankenkasse aufgetreten sind.

Funktionalität: Ein großer Teil der in Level 1 und Level 2 vorgeschriebenen Funktionen der JSR-170 Spezifikation sind in diesem Produkt bereits vorhanden, allerdings ist damit nur die reine Funktionalität abgebildet, diese wurde allerdings auf einem proprietären Weg umgesetzt. Eine Kompatibilität mit anderen Produkten, welche den JSR-170 Standard umsetzen, ist nicht gegeben. Positiv anzumerken ist, das es im vorliegenden Produkt möglich ist, eine sehr granulare Rechteverwaltung inkl. Vererbung auf die einzelnen Objekte zu setzen, welche im Repository gespeichert werden. Dennoch fehlt auch hier die Möglichkeit, schreibend auf das Repository zuzugreifen, was allerdings notwendig wäre, wenn man Dinge wie die Zugriffsstatistiken oder ähnliches zu einzelnen Content Objekten speichern möchte.

Was diese Lösung von den anderen beiden bereits beschriebenen Lösungen unterscheidet, ist eine Integrationskomponente, welche die Ablage- bzw. Navigationsstruktur des Content Management Systems mit jenem des Portals synchronisiert und dort auch die im Content Management System gesetzten Rechte für einzelne Content- und Navigationsobjekte nutzbar macht.

5.2.6.2 Navigation

Zeit: Fehlte in der vorhergehenden Lösung eine Integrationskomponente für die Navigationsstruktur aufgrund der vollständigen Trennung zwischen Content Management System und Portlet Container noch völlig, so ist in dieser Lösung genau so eine Integrationskomponente, welche bereits einige Funktionen der Content-Bridge umsetzt, vorhanden. Diese Integrationskomponente wird aus dem Content Management System heraus angestoßen. Dabei wird die im Content Management System vorhandene Navigationsstruktur über die Integrationskomponente als Portal Navigation im Portlet Container angelegt, es werden auch alle Rechte, welche auf die Struktur gesetzt wurden, in die Portal Navigation mit übernommen. Das Anstoßen der Integrationskomponente wurde mit einer Standard Funktion des eingesetzten Content Management Systems realisiert, diese konnte sehr zeitsparend umgesetzt werden, hat allerdings den Nachteil, dass es sich dabei um eine proprietäre Lösung handelt.

Offenheit: Trotz des Fehlens von Standards (welche über die Content-Bridge vorgegeben werden würden) wurde versucht, eine weitgehend offene Lösung zu erstellen. Die Integrationskomponente hat daher nur eine Verbindungsstelle zum Portlet Container, darüber hinaus ist diese Verbindungsstelle über den in Java möglichen Interface Mechanismus umgesetzt. Ein Nachteil dieser Lösung ist im Moment allerdings die Tatsache, dass sich die Integrationskomponente rein mit dem Produkt JBoss Portal betreiben lässt. Die Export Funktion auf der Seite des Content Management Systems wurde mit einer Standard Funktionalität des eingesetzten Produktes umgesetzt. Dies führte zwar einerseits zu einer einfachen Lösung, allerdings mit dem Nachteil, das es sich auch hier um eine proprietäre Lösung handelt. Die eingesetzte Integrationskomponente weist zwar viele der Funktionen auf, die in der Content-Bridge beschreiben sind, allerdings wurde diese Funktionalität größtenteils durch proprietäre Ansätze umgesetzt.

Funktionalität: Die meisten der in der Content-Bridge beschriebenen Funktionen wurden hier bereits umgesetzt. Dabei handelt es sich um die Möglichkeit der Synchronisation der Navigationsstruktur mit jener des Portals. Dabei werden auch die zugewiesenen Rechte auf die Navigationsobjekte entsprechend übernommen und in der Portal Navigation gesetzt. Die Erzeugung der Links für die Navigation wird dabei vollständig über die Funktionen des Portlet Containers gesteuert; damit ist zu jedem Zeitpunkt sichergestellt, dass ein Benutzer nur jene Navigationspunkte aufrufen kann, für die er auch die entsprechenden Berechtigungen besitzt und die Navigation sich jeweils an den aktuellen Status des Portals anpasst. Die Synchronisation wird dabei über eine Integrationskomponente durchgeführt, welche über eine Funktion aus dem Content Management System heraus angestoßen wird.

5.2.6.3 Anzeige / Darstellung

Zeit: Durch die in diesem Projekt vorhandene Integrationskomponente, welche es ermöglicht, dass die Anzeige der Inhalte als auch die Einbindung der Applikation als Portlets durchgeführt werden ist eine große Übereinstimmung bei der Integration gegeben. Ebenso wurde versucht, den Standard Aufbau eines Dokumentes als auch die Darstellung der anderen Inhalte, so wie sie in der Content-Bridge beschrieben sind, umzusetzen. In diesem Bereich ist daher nur mit einem mittleren Zeitvorteil bei einer Verwendung der Content-Bridge zu rechnen. Für die Anzeige an sich wurde versucht, auf eine zentrale Stylesheet Definition zurückzugreifen und diese sowohl in den Inhalten des Content Management Systems als auch bei der Anzeige der Applikationen zu verwenden. Gerade in diesem Bereich würde es einen Vorteil durch die Verwendung der Content-Bridge geben, da sich die Erstellung des Styleguides für das Portal als sehr zeitintensiv herausgestellt hat, und eine vorhandene Definition an Style Bausteinen, so wie er in der Content-Bridge vorhanden ist, eine Hilfe gewesen wäre. Da jedoch zum Zeitpunkt der Erstellung diese Definition nicht vorhanden war, musste eine eigene, proprietäre, Definition erstellt werden.

Offenheit: Durch die Erstellung einer eigenen Stylesheet Definition (aufgrund des Fehlens einer vorhandenen) ist eine Offenheit, d.h. eine Wiederverwendbarkeit auf der Basis von definierten Standards nicht oder nur schwer möglich. Ebenso wird es für die Zukunft schwer sein, allfällige Erweiterungen in die Stylesheet Definition einzubauen, da die verwendete Struktur dafür nicht ausgelegt ist. Ein weiterer Punkt ist das einheitliche Aussehen von Elementen die sowohl in der Anzeige der Inhalte als auch in der Anzeige bzw. Darstellung der Applikationen verwendet werden. Durch das Fehlen einer einheitlichen Definition für die Struktur der Anzeige (vgl. den Aufbau eines Dokumentes nach Textblöcken), welche für alle Arten der Darstellung genutzt wird, ist auch in diesem Bereich ein Defizit und eine hoher Aufwand entstanden.

Funktionalität: Ein großer Teil der Funktionalität, welcher in der Content-Bridge für die Anzeige und Darstellung definiert ist, wurde in diesem Projekt bereits umgesetzt. Eine große Erweiterung der Funktionalität ist in diesem Bereich daher nicht zu erwarten, wie bereits im vorigen Absatz dargestellt würden die Vorteile vor allem im Bereich der Offenheit und der Verwendung von Standards liegen.

5.2.6.4 zentrale Services

Zeit: Wie bereits in den anderen Fallstudien aufgezeigt, so ist auch in diesem Beispiel die Umsetzung der in der Content-Bridge definierten zentralen Services nicht oder nur teilweise erfolgt. Einzig die Anzeige der Sitemap wurde umgesetzt, diese wird aus der Struktur der Portal Pages generiert und ist in der Lage, auf den aktuellen Status eines angemeldeten Benutzers zu reagieren. Eine flexible Generierung von Links, welche auch auf andere Inhaltsseiten bzw. Applikationen verweisen kann ist nicht möglich. Nicht verwendet wird das Content Management System zur Speicherung und zur Anzeige von Hilfe oder Fehlertexten. Ein flexibler Zugriff auf die Inhalte ist nicht möglich, da die Inhalte aus dem Content Management System exportiert werden und dann in einer definierten Stelle im Portal liegen, auf die kein Zugriff von einer anderen Stelle heraus möglich ist. Auf dieselbe Art und Weise wurde auch die Anzeige von Archivdaten umgesetzt. Auch in diesem Fall werden diese Daten aus dem Content Management System generiert und an eine definierte Stelle im Portal gehängt. Ein Rückspielen von Daten in das Repository, wie es für Rolleninformationen oder statistische Funktionen notwendig wäre, ist nicht möglich, da die eingesetzt Architektur eine Lesemöglichkeit auf das Repository und dessen Inhalte nicht möglich macht. Aus diesen Gründen und bei der Absicht die in der Content-Bridge vorhandenen, zentralen Services umzusetzen, hätte ein Einsatz der Content-Bridge zu einem hohen Zeitvorteil geführt.

Offenheit: Die Offenheit der zentralen Services ist in der bestehenden Lösung wenig bis gar nicht gegeben, da die Funktionalität, dort wo sie umgesetzt wurde, größtenteils mit proprietären Ansätzen erstellt wurde. Aber auch für die nicht umgesetzten Punkte wäre eine offene Umsetzung nicht möglich gewesen, da die dafür notwendigen Definitionen nicht vorhanden waren.

Funktionalität: Auch in diesem Bereich würde der Einsatz der Content-Bridge zu einem großem Vorteil führen, da dadurch die bestehende Funktionalität erheblich erweitert werden würde. Von den in der Content-Bridge definierten Funktionen wurden nur die Sitemap und in Ansätzen die Aufbereitung von Links umgesetzt.

5.2.6.5 Übersicht

		Fragestellung		
		Zeit	Offenheit	Funktionalität
Problemfeld	Datenablage	mittel	stark	mittel
	Navigation	mittel	stark	mittel
	Anzeige / Darstellung	mittel	stark	mittel
	Zentrale Services	stark	stark	stark

Tabelle 6: Ergebnismatrix Projekt Konzernportal

Aus der Ergebnismatrix wird sehr schnell ersichtlich, dass viele der Funktionen der Content-Bridge in diesem Projekt bereits vorweggenommen wurden. Aufgrund der fehlenden Standards führte dies allerdings vor allem im Bereich der Offenheit zu Problemen. Dieser Bereich und der Bereich der zentralen Services stellen daher jene Bereiche dar, in welchem die größten Vorteile bei einem Einsatz der Content-Bridge erreicht werden könnten. Als Durchschnitt der Matrix ergibt sich daher, so wie bereits im ersten Projekt, ein Wert von 1,5.

5.2.7 Zusammenfassung

Abschließend werden in der folgenden Tabelle noch die Durchschnittswerte der einzelnen Ergebnisse dargestellt. Darauf aufbauend ist dann die Berechnung eines Gesamtdurchschnittswertes über die Matrix möglich. Da in diesem Bereich, aufgrund der teilweisen Berechnung von Durchschnittswerten, sich keine ganzen Zahlen ergeben, werden folgende Zahlenbereiche definiert:

    1-1,5:   stark

1,6-2,5:   mittel
2,6-3:   gering

		Fragestellung		
		Zeit	Offenheit	Funktionalität
Problemfeld	Datenablage	mittel 1,67	stark 1,33	stark 1,33
	Navigation	stark 1,33	stark 1	stark 1,33
	Anzeige / Darstellung	mittel 2	mittel 2	mittel 2
	Zentrale Services	stark 1	stark 1	stark 1

Tabelle 7: Gesamtergebnismatrix

Als Gesamtwert aus dieser Matrix ergibt sich der Wert von 1,42. Wie bereits in der Einführung dargestellt befindet sich dieser Wert damit im Bereich von 1-1,5. Dies bedeutet, dass der Einsatz der Content-Bridge über die drei Fallstudien betrachtet zu einem großem Vorteil in Hinsicht auf Zeitersparnis, Offenheit der Lösung und Umfang der Funktionalität geführt hätte und damit ein theoretischer bzw. zukünftiger Einsatz zu einem Fortschritt führen würde.

6 Zusammenfassung und Ausblick

Der Zweck des abschließenden Kapitels soll darin bestehen, noch einmal einen Überblick über die wesentlichen Ergebnisse der vorangegangenen Kapitel zu geben, welche in der Arbeit erarbeitet wurden. Des weiteren soll dargestellt werden, welchen Einfluss die einzelnen Ergebnisse auf das Ziel der Arbeit, nämlich die Spezifikation einer Content-Bridge haben. Den Abschluss dieses Kapitels und gleichzeitig auch der gesamten Arbeit bildet ein Ausblick, in dem versucht wird, die nächsten Schritte und Potentiale zu skizzieren, die nun mit der vorliegenden Spezifikation der Content-Bridge möglich sind.

6.1 Ergebnisse der Arbeit

Die Ergebnisse der Arbeit wurden mit Hilfe der wissenschaftlichen Methode der Fallstudie und der Forschungsmethodik von March & Smith erarbeitet. Einerseits lag das Hauptaugenmerk bei der Fallstudie auf der ex post Betrachtung der mittlerweile fertiggestellten Projekte, andererseits wurde bei der Forschungsmethodik von March & Smith der Schwerpunkt auf die Erstellung und Evaluierung von Definitionen und Methoden gelegt. Wesentlich dabei ist, dass versucht wurde, die Ergebnisse sowohl anhand von Fallbeispielen herzuleiten, als auch die Ergebnisse an den Fallbeispielen, und damit an der realen Welt, zu prüfen.

Problembeschreibung

Dieses Kapitel stellt den Einstiegspunkt in die Arbeit dar und soll einen Überblick über den aktuellen Forschungsstand geben. Insbesondere werden hier die der Arbeit zugrundeliegenden Java Specification Requests JSR-168/286 und JSR-170 thematisiert, als auch die (unabhängige und parallele) Entwicklung von Portal und Content Management Systemen. Bei den Portalen werden die drei Ebenen der Integration von Applikationen, nämlich auf Daten-, Applikations- bzw. Präsentationsebene dargestellt, bei den Content Management Systemen wiederum die drei Generationen von Systemen, welche zum aktuellen Zeitpunkt vorliegen. Eine weitere Unterteilung der Systeme erfolgt in einer Definition bzw. Klassifizierung von Portalen. Der Fokus der Arbeit liegt auf jenen Portalen, welche den J2EE Standard bzw. den zugehörigen JSR implementieren. Außerdem wurde dieses Kapitel dazu genutzt, auch einen kurzen Überblick über die anderen am Markt befindlichen Techniken zu geben (Microsoft, Typo3 oder auch Cloud Computing). Eine ähnliche Einteilung erfolgte auch auf der Seite der Content Management Systeme, hier wird in Nominal Web Content Management System, Dynamic Website, Full Web Content Management System und Enterprise Content Management System unterschieden, der Schwerpunkt wurde in diesem Bereich auf das Full Web Content Management System gelegt.

Wie schon Eingangs erwähnt, beschäftigt sich ein großer Teil des Kapitels mit den entsprechenden Java Specification Requests, JSR-168 und JSR-286 über den Portlet Standard und JSR-170 über den Standard für Java Content Repositories für die Ablage von Inhalten. Durch die drei möglichen Betriebsarten von Portalen und Content Management Systemen (Content Management System neben Portal, Content Management System in Portal, Content Management System als Portal) und die dazu gehörigen Integrationslösungen (Integration auf Daten,- Applikations- bzw. Präsentationsebene) konnten insgesamt vier Problemfelder identifiziert werden welche bei der Integration von Portal und Content Management Systeme auftreten, wobei diese vier Problemfelder gleichzeitig die Schwachstellen von bestehenden Lösungen und Ansätzen darstellen. Die Bereiche portalweite, einheitliche Navigation, Datenablage von Inhalten und Metadaten, Anzeige und Darstellung von HTML Elementen und die Kommunikation zwischen den Applikationen und den zentralen Services bilden dabei diese vier Problemfelder.

Fallbeispiele

Die Basis des Kapitels Fallstudien bilden drei Projekte zur Einführung eines Portals, die der Autor der Dissertation jeweils als Software Architekt begleitet hat und dadurch einen guten Einblick in die Problemstellungen bei solchen Projekten gewinnen konnte. Die drei Projekte wurden zwischen 2006 und 2010 umgesetzt und hatten alle dieselbe Problemstellung, nämlich die Integration eines Content Management Systems in ein Portal.

Die elektronische Sozialversicherung ist ein Competence Center, welches den Auftrag hat, die Web Auftritte aller österreichischen Sozialversicherungsträger zu ermöglichen. Konkret hatte dieses Projekt das Ziel, eine proprietäre Lösung aus dem Jahr 2001 abzulösen und durch eine Portal/Content Management System Infrastruktur Kombination zu ersetzen. Die Integration der beiden Systeme basiert vor allem auf einer datenbankbasierten Integration, indem das Content Management System die Inhalte in einer Datenbank Struktur ablegt, von der sie für die Anzeige von speziellen Portlets wieder gelesen werden können. Als Probleme bei dieser Lösung stellt sich allerdings die Speicherung in der Datenbank dar, da diese nicht auf dem JSR-170 Standard basiert. Ebenso bildet auch die Funktion der Navigationsstruktur eine Einschränkung, da diese rein auf die Inhalte bzw. die Struktur der Inhalte abzielt, aber allfällige Navigationsstrukturen von Applikationen nicht mit einschließt. In gewisser Weise gelöst werden konnte das Problem mit den zentralen Stylesheets, obwohl auch in diesem Bereich noch einige Einschränkungen gegeben sind. Nicht umgesetzt wurden zentrale Services bzw. die Nutzung von Inhalten in Applikationen. Dieses Projekt zeigte bereits, dass die im vorangegangenen Kapitel aufgezeigten Problemfelder auch hier, in einer unterschiedlichen Intensität, aufgetreten sind.

Das Intranet der OÖGKK bildete die zweite Fallstudie, auch hier ging es darum, ein Content Management System in ein Portal einzubinden. Vor der Umsetzung des Projektes wurde eine Evaluierungsphase eingezogen, in der einerseits das Portal und Content Management System ausgewählt wurde (JBoss und OpenCms) und die Möglichkeiten der Integration dieser beiden Systeme untersucht wurde. Das Ergebnis der Evaluierung bestand in der Erkenntnis, das eine Verbindung der beiden Systeme nur sehr schwer möglich ist, unter anderen deshalb, da eine genormte Vorgehensweise bzw. Spezifikation dafür (welche die Content-Bridge bietet) fehlt. Aufgrund dieser Tatsache mussten das Portal und das Content Management System parallel zueinander aufgebaut werden, was dazu führte, dass keine einheitliche Navigation, keine genormte Datenablage, keine zentralen Services und keine einheitlichen Stylesheets verwendet werden können.

Das Projekt Konzernportal stellt die Ablöse eines seit 2000 im Einsatz befindlichen Systems dar. Dieses System war dadurch gekennzeichnet, dass das Content Management System als Portal fungierte und eine Reihe von Applikationen im Rahmen des Content Management Systems umgesetzt wurden. Als Ziel das neuen Portals wurde eine möglichst enge Integration von Portal und Content Management System gesetzt, dieses wurde dadurch erreicht, dass das Portal die einzige Schnittstelle zum Kunden ist und das Content Management System sowohl die Navigation als auch die Inhalte vollständig in das Portal synchronisiert. Auf diese Art und Weise konnten eine Reihe der Probleme vermieden werden, dennoch gibt es in Teilbereichen noch Verbesserungspotential, dies ist insbesondere die Datenspeicherung, die Integration von Navigationsstrukturen von Applikationen, eine Stylesheet Definition, welche sowohl für Applikationen als auch Inhalte Gültigkeit besitzt als auch die Verwendung von Inhalten in Applikationen.

Als Fazit kann festgestellt werden, dass alle Projekte in jeweils unterschiedlicher Ausprägung zeigten, dass auch hier in den zuvor identifizierten Bereichen Probleme bestanden bzw. noch immer bestehen.

Lösungsvorschlag – Content-Bridge

Dieses Kapitel versucht für die im Kapitel Problemstellung und im Kapitel Fallstudien aufgezeigten Probleme eine Lösung zu bieten. Kern dieser Lösung ist eine Verbindungsschicht, welche zwischen das Portal und das Content Management System geschaltet wird und sich dabei an den Java Specification Requests 168/186 und 170 orientiert. Sofern diese beiden JSRs von den angebunden Systemen unterstützt werden, funktioniert die Content-Bridge (d.h. die Vermittlungsschicht) mit allen diesen Systemen. Gemäß der Forschungsmethodik von March & Smith wurden für die Content-Bridge Definitionen erstellt, welche die grundlegenden Artefakte und darauf aufbauende Methoden, welche die Interaktion zwischen diesen Artefakten, beschreiben. Das Konstrukt der Content-Bridge an sich ist angelehnt an eine bestehende Technologie, welche es ermöglicht, beliebige Applikationen (z.B. auf JSF oder Struts Basis) in ein Portal zu integrieren, dabei spricht man von sogenannten Portletbridges. Diese Bridges funktionieren dabei, analog zur Content-Bridge, als eine Art Adapter zwischen Portal und Applikation. Im Fall der Content-Bridge stellt diese das Bindeglied zwischen Portal und Content Management System dar. Die Funktionalität der Content-Bridge, d.h. die Definitionen und die Methoden, sind dabei auf sechs Bereiche aufgeteilt, vier Bereiche stellen dabei die schon bekannten Problemfelder dar (Datenablage, Navigation, Anzeige/Darstellung und zentrale Services), bei den beiden zusätzlichen Bereichen handelt es sich um Querlieger in den Kategorien allgemeine Funktionen und Konfigurationsparameter. Für die Content-Bridge ergaben sich dabei in allen Bereichen zusammen insgesamt 30 Definitionen und 10 Methoden. Damit wird versucht, alle aufgetretenen Probleme, welche in den vorigen Kapiteln beschrieben wurden, zu lösen.

Anwendung der Content-Bridge
Das abschließende Kapitel beschäftigt sich mit der Frage der Evaluierung der im vorangegangenen Kapitel erstellten Content-Bridge. Diese Evaluierung wird dabei auf zwei Arten durchgeführt: einerseits werden für die erstellten Definitionen und Methoden jeweils sechs Kriterien definiert, die im Anschluss an der Content-Bridge überprüft werden. Der zweite Teil der Evaluierung besteht in der theoretischen Anwendung der Content-Bridge in den Projekten der Fallstudien und der Evaluierung, welchen Vorteil dieser Einsatz im Vergleich zur bestehenden Lösung gebracht hätte. Auch für diese Evaluierung wurden Kriterien definiert. Diese Kriterien sind der Zeitfaktor, d.h. ein Einsatz der Content-Bridge hätte einen Zeit- und damit Kostenvorteil bei der Implementierung des Projektes gebracht, als weiterer Faktor die Offenheit der Lösung, d.h. das die jeweilige Implementierung des Portals und des Content Management Systems austauschbar sind und zuletzt die Funktionalität, was bedeutet, dass es durch den Einsatz der Content-Bridge zu einem erweiterten Angebot an Funktionalität gekommen wäre.
Diese Kriterien wurden jeweils an den vier Problemfeldern geprüft und mit den Werten „stark", „mittel" und „schwach" für die jeweilige Auswirkung bewertet. Legt man diesen Ausprägungen die Werte 1 (stark), 2 (mittel) und 3 (schwach) zugrunde, so erreichte das Portal „elektronische Sozialversicherung" den Wert 1,5, das Intranet Portal der OÖGKK den Wert 1,25 und das Konzernportal den Wert 1,5. Bei einer mögli-

chen Bewertung zwischen 1 und 3 ergibt sich in Summe daher der Wert 1,42, welcher besagt, das es in jedem der Projekte zu einer Verbesserung in Bezug auf Zeit, Offenheit und Funktionalität bei einem theoretischen Einsatz der Content-Bridge gekommen wäre.

6.2 Ausblick

Als wesentliches Ergebnis der vorliegenden Arbeit kann die Spezifikation für die Content-Bridge angeführt werden, welche als Adapter zwischen einem Portal und einem Content Management System fungiert. Der Wert dieses Ergebnisses wird unter anderem dadurch untermauert, dass die vorliegende Spezifikation einer theoretischen Anwendung unterzogen wurde. Diese Anwendung fand auf Basis von drei realen Projekten statt, welche jeweils als Ziel die Einbindung eines Content Management Systems in ein Portal hatten. Als Ergebnis dieser Anwendung wurde insgesamt festgestellt, das es eine Verbesserung in den Projekten in Hinblick auf Zeit und Kosten, Offenheit und Funktionsumfang gegeben hätte, falls die Content-Bridge zur Verfügung gestanden wäre.

Betrachtet man die Thematik der Einbindung von Portal und Content Management Systemen, so kann das Ergebnis der vorliegenden Arbeit als ein erster Schritt auf dem Weg gesehen werden, eine funktionsfähige Implementierung der Content-Bridge zu entwickeln. Spätere Arbeiten können auf den theoretischen Ergebnissen aufsetzen und diese in eine praktische Implementierung einsetzen. Sollte dieser Schritt durchgeführt werden, so ist eine neuerliche Schleife anzuraten, in dem die Spezifikation der Content-Bridge, aufgrund der Erfahrung die mit einer realen Implementierung gemacht werden kann, angepasst wird. Eine weitere Möglichkeit besteht darin, aus der vorliegenden Arbeit, bzw. der Spezifikation einen Java Specification Request zu starten, der die Spezifikation erweitert und fortführt und auch in einer realen Implementierung münden kann.

Unabhängig von den konkreten Implementierungen, welche möglicherweise in zukünftigen Arbeiten erstellt werden, kann auch die bestehende Spezifikation eine Hilfestellung und einen Leitfaden in Projekten geben, welche eine ähnlichen Anforderung haben, wie bei jenen, welche in der Arbeit dargestellt wurden.

7 Abkürzungsverzeichnis

AJAX:	Asynchronous JavaScript and XML
API:	Application Programming Interface
ASP:	Active Server Pages
ASVG:	Allgemeines Sozialversicherungsgesetz
CC:	Competence Center (Kompetenzmanagement)
CDS:	Content Display System
CGI:	Common Gateway Interface
CMS:	Content Management System
CRM:	Customer Relationship Management
CSS:	Cascading Style Sheets
DIV:	Division, Block/Bereich in HTML
DMS:	Dokumenten Management System
DMZ:	Demilitarisierte Zone
DOM:	Document Object Model
EJB:	Enterprise Java Bean
ESV:	Elektronische Sozialversicherung
FOP:	Formatting Object Processor
FTP:	File Transfer Protocol
HTML:	Hypertext Markup Language
HTTP:	Hypertext Transfer Protocol
HTTPS:	Hypertext Transfer Protocol Secure
IPC:	Inter Portlet Kommunikation
IT:	Informationstechnologie
JAAS:	Java Authentication and Authorization Service
JCP:	Java Community Process
JCR:	Java Content Repository
JNDI:	Java Naming and Directory Interface
JOSSO:	Java Open Single Sign On
JSP:	Java Server Pages
JSR:	Java Specification Request
JTA:	Java Transaction API
LDAP:	Lightweight Directory Access Protocol
MP3:	MPEG-1 Audio Layer 3
MPEG:	Moving Picture Experts Group
OASIS:	Organization for the Advancement of Structured Information Standards

ORM:	Object-Relational Mapping
PDF:	Portable Document Format
PHP:	rekursives Akronym für Hypertext Preprocessor
RMI:	Remote Method Invocation
SAAS:	Software as a Service
SEU:	Standard Entwicklungsumgebung
SQL:	Structered Query Language
UCM:	Universal Content Management
URI:	Uniform Resource Identifier
URL:	Uniform Resource Locator
UUID:	Universally Unique Identifier
VFS:	Virtuelles File System
WAR:	Web Archive
WCMS:	Web Content Management System
WML:	Wireless Markup Language
WSDL:	Web Service Description Language
WSRP:	Web Services for Remote Portlets
WYSIWYG:	What you see is what you get
WVCM:	Workspace Versioning and Configuration Management
XML:	Extensible Markup Language
XSL-FO:	Extensible Stylesheet Language – Formatting Objects

8 Literaturverzeichnis interne Dokumente

Das folgende Verzeichnis stellt eine Auflistung aller in den Fallstudien als Referenz zitierten Dokumente dar. Da es sich dabei um interne und vertrauliche Dokumente handelt werden diese zwar aufgeführt, können allerdings nur nach Rücksprache mit dem jeweiligen Unternehmen eingesehen werden.

[ESV1] Verbandsvorstand der SV: Beschluss des Verbandsvorstandes der österreichischen Sozialversicherung zur Einrichtung des Projektes eSV.

[ESV2] ITSV: Bericht der Task Force zur Analyse der Performanceprobleme des SV Portals.

[ESV3] Projektlenkungsausschuss eSV: Auftrag zur Migration des SV Portals in ein JSR-168 konformes Portalframework.

[ESV4] Wolfinger, U.: Präsentation des Ergebnisses des Proof-of-Concept von 3 Portal Produkten.

[ESV5] Hadek, M.: Alternativenbeschreibung zur Auswahl eines Content Management Systems.

....

....

[GKK1] Wolfinger, U.: Evaluierung der Möglichkeiten des Exports der Content Daten aus OpenCms.

....

....

[KPH1] Konzern Jahresbericht 2007.

[KPH2] Wolfinger, U.: Architekturkonzept für das Projekt Konzernportal.

[KPH3] Wolfinger, U.: Funktionsmatrix Portalserver Software.

[KPH4] e-Spirit AG: Produktdatenblatt FirstSpirit.

[KPH5] e-Spirit AG: Konzept Einbindung FirstSpirit in JBoss Portal.

Literaturverzeichnis

[Abdelnour2003] Abdelnour, A., and Heppner, S.: JSR-168, 2003.

[Abie2000] Abie, H.: An overview of firewall technologies, 2000.

[Akram2005] Akram, A. and Chohan, D. and Wang, X.D. and Yang, X. and Allan, R.: A service oriented architecture for portals using portlets, 2005.

[Akram2005a] Akram, A. and Allan, R. and Crouchley, R.: WSRP reincarnation of service oriented architecture, 2005.

[Alkan2003] Alkan, S.R.: Handbuch online-redaktion, 2003.

[Allan2003] Allan, R.; Awre, C.; Baker, M. & Fish, A., Portals and portlets 2003, 2003

[Anding2003] Anding, M. and Hess, T.: Was ist Content, 2003.

[Argerich2005] Argerich, L. and Coggershall, J. and Choi, W. and Egervari, K.: Professional PHP 4 programming, 2005.

[Armbrust2009] Armbrust, M. and Fox, A. and Griffith, R. and Joseph, A.D. and Katz, R.H. and Konwinski, A. and Lee, G. and Patterson, D.A. and Rabkin, A. and Stoica, I. and others: Above the clouds: A berkeley view of cloud computing, 2009.

[Arnold2005] Arnold, K. and Gosling, J. and Holmes, D.: Java (TM) Programming Language, The, 2005.

[Baker2005] Baker, G.L.; Bell, D.S. & Gong, Y., System, method and program product for a content viewer portlet, 2005

[Baker2006] Baker, M. and Lakhoo, R.: Application Reuse through Portal Frameworks, 2006.

[Baker2006a] Baker, M. and Lakhoo, R.: Integrating Portlets with Legacy Applications, 2006.

[Bass2003] Bass, L. and Clements, P. and Kazman, R.: Software architecture in practice, 2003.

[Bauer2005] Bauer, C. and King, G.: Hibernate in action, 2005.

[Bellas2004] Bellas, F.: Standards for Second-Generation Portals, 2004.

[Bellas2006] Bellas, F. and Paz, I. and Pan, A. and Diaz, O. and Carneiro, V. and Cacheda, F.: An Automatic Approach to Displaying Web Applications as Portlets, 2006.

[Bergsten2004] Bergsten, H.: JavaServer faces, 2004.

[Berners-Lee1994] Berners-Lee, T. and Cailliau, R.: The world-wide web, 1994.

[Blom2000] Blom, J.: Personalization: a taxonomy, 2000.

[Boiko2001] Boiko, B., Understanding content management, 2001

[Boles1995] Boles, D.: Elektronisches Publizieren, 1995.

[Bollella2000] Bollella, G. and Gosling, J.: The Real-Time Specification for Java, 2000.

[Bos1998] Bos, B. and Lie, H.W. and Lilley, C. and Jacobs, I.: Cascading style sheets, level 2 CSS2 specification, 1998.

[Brandt2008] Brandt, T.: Konzeption und Implementierung eines Portalframeworks zur Anbindung von Content Management Systemen auf Basis offener Standards, 2008.

[Brittain2003] Brittain, J. and Darwin, I.F.: Tomcat: the definitive guide, 2003.

[Brogard2007] Brogard, D., Entwicklung eines Unternehmensportals, 2007

[Butcher1998] Butcher, D. and Rowley, J.: The 7R's of Information Management, 1998.

[Buyya2008] Buyya, R. and Yeo, C.S. and Venugopal, S.: Market-oriented cloud computing: Vision, hype, and reality for delivering it services as computing utilities, 2008.

[Caceres2009] Caceres, Marcos: Widget Packaging and Configuration, 2009.

[Cavaness2002] Cavaness, C.: Programming Jakarta Struts, 2002.

[Chari2004] Chari, K. and Seshadri, S.: Demystifying integration, 2004.

[Daniel2006] Daniel, F.; Yu, J.; Benatallah, B.; Casati, F.; Matera, M. & Saint-Paul, R., Understanding UI Integration: A survey of problems, technologies, and opportunities, 2006

[Davydov2001] Davydov, M.M., Corporate portals and ebusiness integration, 2001

[Deshpande2002] Deshpande, Y. and Murugesan, S. and Ginige, A. and Hansen, S. and Schwabe, D. and Gaedke, M. and White, B.: WEB ENGINEERING, 2002.

[Dias2001] Dias, C.: Corporate portals: a literature review of a new concept in Information Management, 2001.

[Diaz2004] Diaz, O. and Rodriguez, J.J.: Portlets as Web Components: an Introduction, 2004.

[Diaz2004a] Diaz, O. and Paz, I.: Invoking web applications from portals: Customisation implications, 2004.

[Diaz2005] Diaz, O. and Paz, I.: Turning web applications into portlets Raising the issues, 2005.

[Diaz2005a] Diaz, O. and Rodriguez, J. J.: Portlet syndication: Raising variability concerns, 2005.

[Diaz2005b] Diaz, O. and Iturrioz, J. and Irastorza, A.: Improving portlet interoperability through deep annotation, 2005.

[Douglas2003] Douglas, K. and Douglas, S.: PostgreSQL, 2003.

[Eckhart2009] Eckhart, E.: Krankenversicherung in Österreich, 2009.

[English2007] English, B.: Microsoft Office SharePoint Server 2007: administrator's companion, 2007.

[Fielding2005] Fielding, R.T., Jsr 170 overview, 2005

[Fleisch2001] Fleisch, E. & Osterle, H., Vom elektronischen Schaufenster zum Prozessportal, 2001

[Foundation2009] The Apache Software Foundation: The Apache Software Foundation, 2009.

[Friedmann2009] Friedmann, M.: Portlet 1.0 Bridge Specification - for JavaServerTM Faces 1.2, 2009.

[Glantschnig2004] Glantschnig, P., Innovative content management Systeme im Betrachtungsfeld von Java 2 Enterprise edition, 2004

[Glesne1992] Glesne, C. and Peshkin, A.: Becoming qualitative researchers: An introduction, 1992.

[Gootzit2007] Gootzit, D., Phifer, G. and Valdes, R.: Magic Quadrant for Horizontal Portal Products, 2007.

[Grogan2006] Grogan, M.: JSR 223 Scripting for the JavaTM Platform, 2006.

[Gurzki2003] Gurzki, T. and Hinderer, H.: Eine Referenzarchitektur für Software zur Realisierung von Unternehmensportalen, 2003.

[Gurzki2003a] Gurzki, T.: Mitarbeiterportale-eine Technologie, IT-Strategie oder Philosophie, 2003.

[Gurzki2004] Gurzki, T., Kirchhof, A., Hinderer, H. and Vlachakis, J.: Was ist ein Portal? - Definition und Einsatz von Unternehmensportalen., 2004.

[Gurzki2006] Gurzki, T., Hinderer, H., Vlachakis, J. and Kirchhof, A.: Fraunhofer PA-DEM Portalsoftware Referenzarchitektur 2.0, 2006.

[Handschuh2003] Handschuh, S., Staab, S. and Volz, R.: On deep annotation, 2003.

[Heinrich2008] Heinrich, K., Das Management von Web-Content und Unternehmens-IKT, 2008

[Hepper2008] Hepper, S.: JSR-286, 2008.

[Herden2008] Herden, S. and Zwanziger, A.: Assessment of VLBA Architectures; System Landscape Engineering in Practice: A case study to rollout a global e-recruiting platform with SAP and OpenCms at the Bayer AG, 2008.

[Hoeller1998] Höller, J., Pils, M. and Zlabinger, R.: Internet und Intranet: Betriebliche Anwendungen und Auswirkungen, 1998.

[Hoyer2008] Hoyer, V. and Fischer, M.: Market overview of enterprise mashup tools, 2008.

[Jablonski2002] Jablonski, S. and Meiler, C.: Web-Content-Managementsysteme, 2002.

[Jaervinen2007] Järvinen, P.: Action research is similar to design science, 2007.

[Jenkins1985] Jenkins, A.M.: Research methodologies and MIS research, 1985.

[Jokela2001] Jokela, T.: Assessment of user-centred design processes as a basis for improvement action, 2001.

[Just2008] Just, S., Premraj, R. and Zimmermann, T.: Towards the next generation of bug tracking systems, 2008.

[Kalakota2001] Kalakota, R. & Robinson, M., e-Business 2.0: roadmap for success, 2001

[Kampffmeyer2003] Kampffmeyer, U.: Enterprise Content Management-zwischen Vision und Realitaet, 2003.

[Kampffmeyer2003a] Kampffmeyer, U., Enterprise Content Management-die unternehmensweite Informationsplattform der Zukunft, 2003

[Kampffmeyer2005] Kampffmeyer, U.: Dokumenten-Management-Systeme, 2005.

[Khosrowpour2008] Khosrowpour, M.: Best Practices and Conceptual Innovations in Information Resources Management: Utilizing Technologies to Enable Global Progressions, 2008.

[Kohler2009] Kohler, S.: Vergleich von Open-Source-Software zum Enterprise Content Management, 2009.

[Kremer2004] Kremer, S.: Information Retrieval in Portalen, 2004.

[Kropp2003] Kropp, A.; Leue, C.; Thompson, R. & for the Advancement of Structured Information Standards, OASIS (Organization, Web services for remote portlets specification, 2003

[Lawton2008] Lawton, G.: Developing Software Online With Platform-as-a-Service Technology, 2008.

[Leung2003] Leung, T.W.: Professional XML Development with Apache Tools: Xerces, Xalan, FOP, Cocoon, Axis, Xindice, 2003.

[Lie2005] Lie, H.W. & Bos, B., Cascading style sheets: designing for the Web, 2005

[Luck2006] Luck, Greg: Ehcache v1.2.4 User Guide, 2006.

[Maier2005] Maier, H., Konzeption und Realisierung einer universalen Portal-Layoutverwaltung und Integration von Java-basierten Portalen und Content-Management-Systemen, 2005

[March1995] March, S.T. and Smith, G.F.: Design and natural science research on information technology, 1995.

[McClanahan2003] McClanahan, C., Burns, E. and Kitain, R.: JavaServer™ Faces Specification, 2003.

[McKeever2003] McKeever, S., Understanding Web content management systems: evolution, lifecycle and market., 2003

[Moeller2004] Möller, R., Schmidt, J. and Spilker, D.: Integration von heterogenen Informationssystemen am Beispiel der Java Content Repository Spezifikation und der CoreMedia Smart Content Technology, 2004.

[Murray2006] Murray, G., JSR 154: JavaTM Servlet 2.4 Specification, 2006

[North2005] North, K. and Reinhardt, K.: Kompetenzmanagement in der Praxis: Mitarbeiterkompetenzen systematisch identifizieren, nutzen und entwickeln; mit vielen Fallbeispielen, 2005.

[Novotny2004] Novotny, J., Russell M. and Wehrens, O.: GridSphere: An Advanced Portal Framework, 2004.

[Novotny2008] Novotny, J., Russell M. and Wehrens, O.: Chapter 11. The Core Portal Architecture: JSR-168 Based Portals, 2008.

[Nuescheler2005] Nuescheler, D. and Boye, J.: JSR-170: What's in it for me, 2005.

[Nuescheler2006] Nuescheler, D.: JSR-170, 2006.

[Nuescheler2009] Nuescheler, D.: Content Repository for JavaTM Technology API Version 2.0, 2009.

[Oracle2003] Oracle: Oracle 9iAS Portal Release 1, 2003.

[Oracle2007] Oracle: Oracle Universal Content Management, 2007.

[Panda2007] Panda, D., Rahman, R. and Lane, D.: Ejb 3 in Action, 2007.

[Pawson2002] Pawson, D.: XSL-FO: Making XML Look Good in Print, 2002.

[Phifer2004] Phifer, G., Valdes, R., Gootzit, D., Underwood, K., Correia, J. and Andrews, W.: Magic Quadrant for Horizontal Portal Products, 2004, 2004.

[Poole2001] Poole, J.D., Model-driven architecture: Vision, standards and emerging technologies, 2001

[Posch2002] Posch, R., Karlinger, G., Konrad, D., Leiningen-Westerburg, A. and Menzel, T.: Weissbuch Bürgerkarte, 2002.

[Priebe2004] Priebe, T.: Integrative Enterprise Knowledge Portals--A User-oriented Integration Approach Utilizing Semantic Web Technologies, 2004.

[Puschmann2003] Puschmann, T.: Collaboration Portale, 2003.

[Richardson2004] Richardson, W.C., Avondolio, D., Vitale, J., Len, P. and Smith, K.T.: Professional Portal Development with Open Source Tools: Java Portlet API, Lucene, James, Slide, 2004.

[Roehricht2001] Röhricht, J. and Schlögel, C.: cBusiness, 2001.

[Rothfuss2003] Rothfuss, G.: Content Management mit XML: Grundlagen und Anwendungen, 2003.

[Ruetschlin2001] Rütschlin, J.: Ein Portal--Was ist das eigentlich, 2001.

[Rust2003] Rust, R.T. and Kannan, P.K.: E-service: a new paradigm for business in the electronic environment, 2003.

[Sandkuhl2005] Sandkuhl, K.: Wissensportale, 2005.

[Schmidtmann2002] Schmidtmann, A.: Content Management Systeme--Risiko oder Chance, 2002.

[Schumacher1999] Schumacher, M. and Schwickert, A.C.: Web-Portale--Stand und Entwicklungstendenzen, 1999.

[Schuster2000] Schuster, E. & Wilhelm, S., Content Management, 2000

[Schuster2000a] Schuster, E. & Wilhelm, S., Content Management Systeme - Auswahlstrategien, Architekturen, Produkte, 2000

[Schwarz2000] Schwarz, J., Mass Customization von Prozessen durch Unternehmensportale, 2000

[Shariff2006] Shariff, M.: Alfresco Enterprise Content Management Implementation,

2006.

[Sire2008] Sire, S. and Vagner, A.: Increasing Widgets Interoperability at the Portal Level, 2008.

[Sire2009] Sire, S., Paquier, M., Vagner, A. and Bogaerts, J.: A messaging API for inter-widgets communication, 2009.

[Song2006] Song, J., Wei, J., Wan, S. and Zhong, H.: A Presentation Feature Based Approach to Improving Interactive Web Service Discovery in Web Portals, 2006.

[Souer2008] Souer, J., Luinenburg,L., Versendaal, J., van de Weerd, I. and Brinkkemper, S.: Engineering a design method for web content management implementations, 2008.

[Stake1995] Stake, R.E.: The art of case study research, 1995.

[Sutherland2002] Sutherland, J. and van den Heuvel, W.J.: Enterprise application integration and complex adaptive systems, 2002.

[Ted2003] Ted, N.H., Dumoulin, C., Franciscus, G. and Winterfeldt, D.: Struts in Action, Building web applications with the leading Java framework, 2003.

[Tellis1997] Tellis, W.: Introduction to case study, 1997.

[Thompson2006] Thompson, R., Web Services for Remote Portlets Specifications, 2006

[Trabold2008] Trabold, C., Hasenau, J. and Niederlag, P.: TYPO3 Kochbuch, 2008.

[Vlachakis2005] Vlachakis, J., Kirschhof, A. and Gurzki, T.: Marktübersicht Portalsoftware 2005, 2005.

[Volkel2007] Volkel, M., A semantic web content model and repository, 2007

[Wege2002] Wege, C.: Portal Server Technology, 2002.

[Weinreich2005] Weinreich, R. and Ziebermayr, T.: Enhancing presentation level integration of remote applications and services in Web portals, 2005.

[Weinreich2007] Weinreich, R., Ziebermayr, T. and Wiesauer, A.: A Component Model for Integrating Remote Applications and Services via Web Portals, 2007.

[Werres2008] Werres, T.: CMS-Potenziale und Grenzen von TYPO3, 2008.

[Widom1999] Widom, J.: Data management for XML: Research directions, 1999.

[Wu2001] Wu, M.W. and Lin, Y.D.: Open source software development: an overview, 2001.

[Yang2006] Yang, X., Wang, X.D. and Allan, R.: JSR 168 and WSRP 1.0-how mature are portal standards, 2006.

[Yin1994] Yin, R.K. and others: Case study research, 1994.

[Yin2003] Yin, R.K.: Applications of case study research, 2003.

[Zhang2005] Zhang, Y., Chen, H. and Xie, J.: Study on Intelligent Information Integration of Knowledge Portals, 2005.

[Zschau2000] Zschau, O., Traub, D. and Zahradka, R.: Web Content Management, 2000.

Die VDM Verlagsservicegesellschaft sucht für wissenschaftliche Verlage abgeschlossene und herausragende

Dissertationen, Habilitationen, Diplomarbeiten, Master Theses, Magisterarbeiten usw.

für die kostenlose Publikation als Fachbuch.

Sie verfügen über eine Arbeit, die hohen inhaltlichen und formalen Ansprüchen genügt, und haben Interesse an einer honorarvergüteten Publikation?

Dann senden Sie bitte erste Informationen über sich und Ihre Arbeit per Email an *info@vdm-vsg.de*.

Sie erhalten kurzfristig unser Feedback!

VDM Verlagsservicegesellschaft mbH
Dudweiler Landstr. 99
D - 66123 Saarbrücken

Telefon +49 681 3720 174
Fax +49 681 3720 1749

www.vdm-vsg.de

Die VDM Verlagsservicegesellschaft mbH vertritt

Printed by Books on Demand GmbH, Norderstedt / Germany